新环境下图书馆服务与资源开发

《图书情报工作》杂志社　编

海洋出版社

2012年·北京

图书在版编目(CIP)数据

新环境下图书馆服务与资源开发/《图书情报工作》杂志社编. —北京:海洋出版社,20012.6

(名家视点. 第3辑)

ISBN 978-7-5027-8302-0

Ⅰ.①新… Ⅱ.①图… Ⅲ.①图书馆服务-研究 Ⅳ.①G252

中国版本图书馆CIP数据核字(2012)第130526号

责任编辑:杨海萍 王传清

责任印制:赵麟苏

海洋出版社 出版发行

http://www.oceanpress.com.cn

北京市海淀区大慧寺路8号 邮编:100081

北京旺都印务有限公司印刷 新华书店发行所经销

2012年6月第1版 2012年6月北京第1次印刷

开本:880mm×1230mm 1/32 印张:10

字数:288千字 定价:45.00元

发行部:62132549 邮购部:68038093 总编室:62114335

目　录

第一章 国外图书馆法内容演变趋势研究

第一节 适用于图书馆的技术措施规避例外现状剖析*

1 适用于图书馆的技术措施规避例外的现状

技术措施规避例外是著作权法律针对技术措施能够给予著作权人在技术层面和法律层面的保护这一前提下，对著作权人权利行使的一种有效限制。同时，受技术措施保护的版权作品，其使用人在利用这类作品时可以享有的技术措施规避例外也受到严格限制。这一点在地区性和各国现行著作权法律中都可以得到充分体现。

1.1 主要国家当前可适用于图书馆的技术措施规避例外的概况

随着 World Copyrigrt Treaty（WCT）的颁布实施，各国著作权法律有关禁止规避技术措施的规定有了国际性的法律依据。据 World Intellectual Property Orgahization（WIPO）有关统计，目前已经有 65

* 本文系《图书情报工作》杂志社出版基金重点项目“国外图书馆法内容演变趋势研究”（项目编号：2010CB001）研究成果之一。

个签约国承认了禁止规避技术措施这一概念。当然，这并不意味着这些国家已经在本国的著作权法律中将禁止规避技术措施加以体现。据Kenneth D. Crews于2008年启动的调查表明[1]，当前WIPO的成员国中，已经有79个国家在本国的著作权立法中明确禁止规避技术措施。

虽然许多国家的著作权法律明确禁止规避技术措施，但也有一些国家在本国法律中规定了技术措施规避的例外。根据Kenneth D. Crews的调查，目前，在本国著作权实体法中规定了技术措施规避例外的国家共有26个。这些国家包括[1]：比利时、克罗地亚、塞浦路斯、丹麦、爱沙尼亚、芬兰、法国、德国、希腊、匈牙利、爱尔兰、意大利、拉脱维亚、立陶宛、卢森堡、马耳他、荷兰、挪威、葡萄牙、斯洛伐克、西班牙、瑞典、英国、澳大利亚、新加坡和美国。

美国是较早响应WCT立法保护技术措施这一规定的国家之一。通过1998年颁布的Digital Millennium Copyright Act of 1998（DMCA）（相关规定已被纳入到美国于2007年10月修订的著作权法典中），美国既禁止规避技术措施，也相应规定了技术措施规避的例外条款。比如，DMCA允许出于以下目的规避版权作品的技术措施[2]：出于法庭调查的目的，出于保护个人隐私信息的目的，出于实现软件兼容性的目的等。更为重要的是，美国法律授权美国国会图书馆，由其详细列举适用于技术措施规避的例外情形，并形成反馈机制，每三年修订一次这些例外是否适合实践活动的需要。自2000年首次启动以来，美国国会图书馆已分别在2000年、2003年和2006年共三次颁布了有关技术措施规避的例外规定。虽然这些例外规定涉及多个方面，但可适用对象和可适用范围都非常狭窄，可灵活应用的幅度不大。

1.2 地区性著作权法律有关图书馆可适用的技术措施规避例外

在规定了技术措施规避例外的地区性著作权法律中，《欧盟信息社会版权指令》较有代表性。虽然该指令并未就适用于图书馆的技术措施规避例外做出明确的规定，但其有关技术措施例外的立法指导思想，却对欧盟各成员国在著作权法律中制定与本国国情符合的、可适用于图书馆的技术措施规避例外产生了深远影响。概括而言，《欧盟信息社会版权指令》有关图书馆可适用的技术措施规避的例外规定可以归纳为以下三方面[3]。

1.2.1 规定适用于图书馆的技术措施规避例外立法的一般性指导

《欧盟信息社会版权指令》为其成员国制定与图书馆有关的技术措施规避例外的规定提供了一般性指导。该指令第6条第4款规定，尽管第1款规定了法律保护，在权利人没有采取自愿措施的情况下，包括权利人和其他相关各方之间达成协议的情况，成员国应采取适当的措施，保证权利人使受益方从国内法规定的例外或限制中获益，国内法规定的例外或限制的方式应符合第5条第2款（a）、（c）、（d）、（e）项、第3款（a）、（b）或（e）项的规定。该例外或限制以获益的必要程度为限，且受益方需对有关的受保护作品或其他相关客体有合法的访问权。该指令还强调，成员国也可以依据第5条第2款（b）项规定的例外或限制对受益方采取此种措施，除非权利人已经在从有关例外或限制中获益的必要范围内，并根据第5条第2款（b）项和第5款，使为私人使用的复制成为可能，但不得阻碍权利人按照这些条款在复制的数量方面采取适当的措施。

1.2.2 规定与技术措施的规避装置、产品、组件或服务有关的例外

针对与技术措施规避有关的规避装置、产品、组件或服务，《欧盟信息社会版权指令》专门就此规定了例外情形。该指令规定，就有关技术措施提供此类法律保护，能有效地限制未经任何版权、相关权利以及数据库特殊保护权的权利人授权的行为，但不得阻碍电子装置的正常运行及其技术发展。此种保护也不要求装置、产品、组件或服务的设计必须符合技术措施的要求，只要这些装置、产品、组件或服务不违反本指令第6条所禁止的行为。此种法律保护应适当尊重而不是禁止那些并非规避技术保护的有显著商业目的或用途的装置或行为。尤其是此类保护不应妨碍研究密码术。

1.2.3 规定与私人复制相关的技术措施规避例外

技术措施一般会限制作品使用者对作品的使用，如下载、打印、复制等。为此，《欧盟信息社会版权指令》专门规定与私人复制有关的技术措施规避情形。该指令规定，当适用根据第 5 条第 2 款（b）项规定的私人复制的例外或限制时，成员国也应鼓励采取自愿措施，以促成调节该例外或限制的目标。如果在合理期限内不可能采取为私人使用目的进行复制的自愿措施，成员国可采取措施，使有关例外或限制的受益方从中受益。权利人采取的自愿措施，包括权利人与其他有关当事方，或者成员国采取的措施，不应妨碍权利人与依据第 5 条第 2 款（b）项在国内法中规定的例外或限制不相抵触的技术措施，在这一规定中需考虑合理补偿的条件以及符合第 5 条第 5 款的各种使用条件的可能差别，如控制复制的数量。为了防止滥用这些措施，任何在实施中适用的技术措施均应享有法律保护。

1.3 我国大陆适用于图书馆的技术措施规避例外

与国外相比，我国在技术措施规避例外的立法规定方面十分薄弱，而专门适用于图书馆的技术措施规避例外，更是相当模糊，甚至缺失。根据笔者调查，2001 年颁布的《中华人民共和国著作权法(2001)》并没有规定技术措施的规避例外。相反，直到 2006 年，随着《网络信息传播保护条例》的实施，我国有关技术措施规避的例外，才有了明确可行的法律依据。

《网络信息传播保护条例》第 12 条规定[4]：

属于下列情形的，可以避开技术措施，但不得向他人提供避开技术措施的技术、装置或者部件，不得侵犯权利人依法享有的其它权利：(一）为学校课堂教学或者科学研究，通过信息网络向少数教学、科研人员提供已经发表的作品、表演、录音录像制品，而该作品、表演、录音录像制品只能通过信息网络获取；（二）不以营利为目的，通过信息网络以盲人能够感知的独特方式向盲人提供已经发表的文字作品，而该作品只能通过信息网络获取；（三）国家机关依照行政、司法程序执行公务；（四）在信息网络上对计算机及其系统或者网络的安全性能进行测试。

根据该条款的规定，第1款、第2款和第4款所规定的适用于技术措施规避的例外情形，虽然没有将图书馆作为适用主体明确加以规定，但是从图书馆自身的服务职能来看，则可以适用技术措施规避例外。不过，对于图书馆履行自身职能、充分发挥自身在人类文化遗产保存方面的价值的至关重要的活动——数字资源长期保存，我国现行著作权法律并没有为此做出专门的规避例外规定，即，允许图书馆出于数字资源保存的目的，享有规避数字资源技术措施的例外。

2　主要国家著作权法律有关图书馆可适用的技术措施规避例外规定的特点剖析

从当前多数国家现行著作权法律有关技术措施规避例外的规定来看，美国、英国、澳大利亚、德国、法国、意大利和日本等国家的著作权法律均禁止规避技术措施的行为、设备和服务，甚至禁止与技术措施规避服务相关的广告等。与此同时，这些国家也都规定了技术措施规避例外，而且这些例外也有图书馆可适用的情形。

表1　主要国家现行著作权法律有关图书馆可适用的技术措施规避例外规定

法律名称	禁止的内容	图书馆可适用的规避例外
《美国著作权法(2007)》	规避行为：禁止规避技术措施。 规避设备：禁止制造、进口、分销、提供及传播规避工具。 规避服务：禁止提供规避服务。	允许非赢利图书馆、档案馆及教育机构在版权法所规定的合理目的下，对商业传播的版权作品进行复制。
《英国著作权、设计与专利法案(2007)》	规避行为：当有这种倾向时，就应该禁止。 规避设备：禁止制造、进口、销售规避工具。 规避服务：禁止提供规避服务及相关的广告服务。	如果Technological Protection Measures（TPM）不允许版权例外，用户可以要求政府下发允许规避的命令，以使例外条款得以执行。相关的例外包括上述归纳的图书馆的例外。

续表

法律名称	禁止的内容	图书馆可适用的规避例外
《澳大利亚著作权法(2008)》	规避行为：禁止规避行为。 规避设备：禁止制造、进口、分销、提供及传播规避工具。 规避服务：禁止提供规避服务。	允许图书馆、档案馆及教育机构对版权作品进行技术措施的规避，如为了做出采购该作品的决定或当本机构没有该作品时可以规避。如果规避行为没有侵权，且是法规所允许的，可以允许规避。
《德国著作权法（2007）》	规避行为：禁止规避技术措施。 规避设备：不得出于向公众销售、出借、租赁或提供的目的，制造、进口或拥有专门用于规避技术措施的设备。 规避服务：禁止提供技术措施规避服务。	虽然德国著作权法律对技术措施规避的例外做出规定，并要求版权权利人有义务遵守这种例外规定，确保这种例外规定发挥实际效果。但是，技术措施规避例外的条款并不适用于研究或学习的目的，也不适用于图书馆为用户提供的复制。
《法国著作权法（2006）》	规避行为：禁止有规避行为。 规避设备：不得出于向公众销售、出借、租赁或提供的目的，制造、进口或拥有专门用于规避技术措施的设备。 规避服务：不得提供任何规避技术措施的服务。禁止诱导使用规避技术措施的设备。	版权权利人必须确保，即便采取了技术措施，也得使得版权规定的例外，包括专门适用于图书馆的例外，能够发挥实质的作用。
《意大利著作权与邻接权保护法(2003)》	规避行为：禁止使用规避技术措施的手段。 规避设备：禁止制造、进口、分销、零售、租用规避工具，禁止持有规避工具以获取商业利益的行为。 规避服务：禁止提供规避服务及相关的广告服务。	图书馆可以采取适当的措施，也可与代表自身利益的协会签署特定协议以保证图书馆例外的执行，从而有利于图书馆的复制（Art. 68（2））。还可根据其他特定的法律去争取更多的例外权利。

表1列举了包括美国等6个国家在内的著作权法律有关技术措施规定的保护内容、图书馆可适用的技术措施规避例外及其限制条件等。从表1可以看出，这些国家著作权法律均对与技术措施规避有关的行为、设备和服务以及其相关操作加以明确禁止，而图书馆可适用的技术措施规避例外，也有明确的条件限制。从整体上分析，当前多数国家现行著作权法律有关技术措施规避例外的规定呈现出三方面的特点。

2.1 概括性例外与个别性例外并存

当前多数国家现行著作权法律有关技术措施规避例外包括概括性例外与个别性例外。概括性例外适用于执行法律、开展情报活动及其他政府活动等。个别性例外主要针对两种情形。第一种是专门针对禁止规避访问控制技术或使用控制技术的保护措施，如《美国著作权法（2007）》第1201条第（a）项第（1）款第（A）目；第二种是专门针对禁止制造或提供规避技术措施的设备、服务或信息。如《美国著作权法（2007）》第1201条第（a）项第（2）款和第（b）项第（1）款。

以《美国著作权法（2007）》为例，第一种例外包括图书馆为决定是否选购馆藏所进行的技术措施的规避、出于解码技术研究目的的规避、出于保障个人隐私目的的规避、出于维护计算机网络系统安全的规避以及模拟格式转换为数字技术的规避等；第二种例外涉及计算机程序作品合法使用者的逆向工程、保护未成年人等。这些例外规定均明确由《美国著作权法（2007）》做出规定，并不需要行政部门再以实施条例的方式加以确认。

2.2 对图书馆可适用的技术措施规避例外实施严格限制

虽然图书馆依据著作权法律的规定可以享有规避技术措施的例外，但是，这种例外的适用却受到严格的限制。以《美国著作权法（2007）》为例，虽然该法明确规定了6项技术措施规避例外[5]，但是，与此同时，该法第1201条（d）（1）还要求图书馆必须承担一定的著作权责任[5]。为落实前述条款的相关规定，图书馆需要承担的著作权责任还体现在该法的另外4项规定中[5]。

与美国类似，德国、法国、意大利等国家也对图书馆可适用的技术措施规避例外做出明确限制。比如，《德国著作权法（2007）》规定[6]，技术措施规避例外条款并不适用于计算机程序。《法国著作权法（2006）》规定享有技术措施规避例外的受益人必须拥有该作品的合法访问权，还规定享有技术措施规避例外的受益人需要请示技术措施管理局（Authority of Regulation of Technological Measures）调解对作品使用各方的不同意见[7]。《意大利著作权与邻接权保护法（2003）》规定[8]：图书馆作为受益人应当合法占有作品的复制品，保证合法作品的复制品能合法获取，以便在法律允许的范围内合理使用。

2.3 建立可适用于图书馆的技术措施规避例外的定期修订机制

随着数字技术的发展，图书馆需要的技术措施规避例外也会发生变化。为确保法律规定的例外情形能够更好地满足图书馆实践活动的需要，目前个别国家的著作权法律在技术措施规避例外规定中，要求建立可适用于图书馆的技术措施规避例外的定期修订机制。以美国为例，《美国著作权法（2007）》第1201条款的规定[5]，美国版权局每隔三年将召开一次立法听证会（rulemaking proceedings），其目的是为了审查对某一类版权作品而言，是否会因为第1201条款禁止规避技术措施的存在而影响该类作品的用户无法对其进行合法利用。一旦国会图书馆发现第1201条款的有关规定阻碍某一类作品的非侵权使用，即可提出相应的修订建议，并将该建议提交美国版权局，在被批准后的未来三年内，用户就可以对这类作品的访问控制技术措施享有规避例外。迄今为止，美国版权局已经举行了三次这样的立法听证会。

3 结　语

从国际著作权法制发展分析，著作权法律有关技术措施的保护规定，是数字网络环境下保护著作权的重要手段，也是以法律保护科技的典型，其目的在于确保技术措施的有效性。虽然技术措施并不赋予版权拥有人任何新的著作权专有使用权，但其却对版权拥有人的著作权专有使用权起到保护作用，可以视为一种隐形的、间接的专有权利，对版权保护具有重要影响。从平衡各方利益的立法宗旨考虑，著作权法律关于技术措施的条款，必须基于公益与私权的合理平衡。在给予技术措施保护的同时，规定一定的技术措施例外条款。实际上，随着 1996 年 WCT 将技术措施纳入著作权法律保护范畴加以保护，依据 WCT“文学和艺术作品作者的权利规定限制或例外”的著作权例外立法指导思想推演，允许技术措施规避例外的出现已成为一种必然。其中，可适用于图书馆的技术措施规避例外，正是这类例外的一种特殊情形。

参考文献

[1] Crews K D. Study on copyright limitations and exceptions for libraries and archives. [2010 - 07 - 28]. http://www.wipo.int/meetings/en/doc_details.jsp? doc_id=109192.

[2] Frwebgate. Digital Millennium Copyright Act. [2010 - 07 - 28]. http://frwebgate.access.gpo.gov/cgi - bin/getdoc.cgi? dbname = 105_cong_bills&docid = f:h2281enr.txt.pdf.

[3] EU. Directive 2001/29/EC of the European Parliament and of the Council of 22 May 2001 on the harmonisation of certain aspects of copyright and related rights in the information society. [2010 - 07 - 28]. http://www.euromedaudiovisuel.net/Files/2007/05/03/1178195806664.doc.

［4］ 国家版权局．网络信息传播保护条例．［2010－07－28］．http://www.ncac.gov.cn/GalaxyPortal/inner/bqj/include/detail.jsp? articleid=9400&boardpid=175&boardid=11501010111602.
［5］ U.S. Copyright law of the United States and related laws contained in title 17 of the United States code.［2010－07－28］．http://www.copyright.gov/title17/circ92.pdf.
［6］ Germanny. Gesetz über Urheberrecht und verwandte Schutzrechte (law on copyright and related rights).［2010－07－28］．http://bundesrecht.juris.de/urhg/BJNR012730965.html.
［7］ legifrance. Code de la propriété intellectuelle: Article L122－5.［2010－07－28］．http://www.legifrance.gouv.fr/affichCodeArticle.do;jsessionid=1F839E46ED3E29DB384F24FF2AED55A1.tpdjo13v_2? cidTexte=LEGITEXT000006069414&idArticle=LEGIARTI000006278912&dateTexte=20090228&categorieLien=cid.
［8］ UNESCO. Italian copyright statute: Law for the protection of copyright and neighbouring rights.［2010－07－28］．http://portal.unesco.org/culture/en/ev.php－URL_ID=27690&URL_DO=DO_TOPIC&URL_SECTION=201.html.

作者简介

黄国彬，男，1979年生，讲师，硕士生导师，发表论文80余篇，参编著作4部。

周玲玲，女，1980年生，馆员，发表论文10篇。

肖　明，男，1969年生，副教授，系主任，发表论文50余篇。

第二节 美丹韩印四国图书馆法比较分析*

1 引 言

从1910年实施《拟定京师图书馆及各省图书馆通行章程》[1]，到2001年文化部正式启动我国《图书馆法》立法项目以及2003年发布《中国图书馆员职业道德准则（试行)》[2]，可以说我国图书馆事业在规范化和法制化方面一直处于探索之中。目前，我国迫切需要一部图书馆法来规范行为和保障权益，国内一些学者从图书馆立法目的[3]、立法基础和必要性[4]以及立法影响因素[5]等角度进行了研究，这对加快我国图书馆立法有着积极的影响。笔者拟通过对美国、丹麦、韩国、印度四国的图书馆立法进行分析，得出针对我国图书馆立法的一些启示和建议。

2 基本信息比较

2.1 立法模式比较

四国图书馆法立法模式上的差异如表1所示。

表1 四国图书馆法立法模式对比

国别 级别	美国	丹麦	韩国	印度
国家级	有（联邦法）	有	有	无
地方级	有（州图书馆法）	无	无	有（邦）

---

* 本文系《图书情报工作》杂志社出版基金重点项目“国外图书馆法内容演变趋势研究”（项目编号：2010CB001）研究成果之一。

其中，美国主要采用“联邦图书馆法 + 州图书馆法”的形式；丹麦和韩国都采用统一由议会通过的图书馆法；印度虽然在政治体制上与美国类似，都是共和制，但目前仍没有一部联邦级图书馆法，而只有“邦图书馆法”（类似美国的州图书馆法）。

四国图书馆法的立法模式反映了各自图书馆事业法制化进程现状，而图书馆事业法制化进程又直接受该国图书馆事业发展整体状况的影响。李国新教授曾提出图书馆发展基本规律有三大特点[2]：一是受经济发展的制约；二是受国民受教育水平制约；三是与经济发展相比普遍呈现一个相对滞后期。可见，美国图书馆法的相对完善与其经济实力和国民受教育水平不无关联。而丹麦与韩国虽然都属于发达国家，但国土面积和人口数量相对少些，从规范和保障角度上没有设立地方级图书馆法的必要。印度尽管在政治、经济、科技、教育等方面不断发展，但毕竟在综合实力上仍属于发展中国家，因此，目前还没有出台一部国家级图书馆法。

2.2 立法过程比较

四国图书馆法的起源概况见表 2。其中，美国在 1848 年通过世界上第一部公共图书馆法[6]，即波士顿市公共图书馆法案。丹麦在 1920 年颁布了第一部公共图书馆法[7]。韩国在 1963 年颁布了第一部图书馆法[8]，印度在 1948 年通过了第一部公共图书馆法，即马德拉斯邦公共图书馆法[9]。

表 2　四国第一部图书馆法概况

比较角度 \ 国别	美国	丹麦	韩国	印度
年份	1848	1920	1963	1948
名称	波士顿市公共图书馆法	图书馆服务法	图书馆法	马德拉斯邦公共图书馆法
适用范围	波士顿市	全国	全国	马德拉斯邦

美国图书馆立法过程是按照从局部到整体的顺序来开展的：第一部

是1848年通过的波士顿市图书馆法；1849年，新罕布尔州通过了第一个州图书馆法；1956年，美国出台了第一部国家级图书馆法，即《图书馆服务法》[10]。目前，美国各州都有公共图书馆法，联邦政府还通过了一些面向专业图书馆和高校图书馆等机构的图书馆相关法令，并将其纳入到最新的联邦级图书馆法——《图书馆服务和技术法》中。丹麦和韩国的图书馆法立法过程基本相似，都是随时代发展的需要而不断更新国家级图书馆法，具体修订过程将在下一小节中详细讨论。印度图书馆法的立法过程则是从局部到局部，最早制定的《马德拉斯邦公共图书馆法》是印度图书馆发展史上具有里程碑性质的一部法律，后续的其他各邦图书馆法都借鉴了该法律。据不完全统计，截止到2002年，印度的29个邦和6个联邦属地中已有12个邦颁布了图书馆法[11]。

2.3 修订情况比较

由于印度到目前为止还没有出台一部国家级图书馆法，所以本小节主要介绍美国、丹麦、韩国这三个国家的情况（见表3）。

图书馆法的修订情况不仅直接反映了该国图书馆事业的发展脉络，而且间接反映了该国文化教育的综合实力。从表3可以看出，美国不仅是世界上最早为图书馆立法的国家，也是积极推动图书馆事业发展、更新图书馆服务理念的国家。早在20世纪80年代，美国就将图书馆定位为信息中心，为其他国家图书馆立法和修订提供了参照。丹麦是世界上较早出台图书馆法的国家之一，并逐步完善和规范了其图书馆服务，尤其是其2000年通过的最新图书馆法中对图书馆服务和付费服务进行了区分，这对其他国家有一定的借鉴作用。韩国尽管在图书馆立法时间上晚于美国和丹麦，但其优势在于立法和实施并重，不刻意追求法理上的完美而是注重阶段性实效，并且根据需求不断加以调整。目前，韩国是修订图书馆法次数最多的国家之一。

表3　美丹韩三国图书馆法修订情况

国家	名称	年份	备注说明
美国	图书馆法	1956	目的是解决城市与农村图书馆服务不平等问题，促进乡村地区图书馆服务
	图书馆服务和建设法	1966	基金不仅可以用于图书以及其他图书馆资料的购买，还可以用于图书馆设备、工资以及其他运作开销
		1970	图书馆服务对象扩大到残疾人，范围延伸到不发达的农村和郊区
		1973	增加了针对老年读者的服务
		1983—1984	将图书馆定位为地方信息中心；延长联邦补助金的拨给年限及增加金额，扩大补助范围；增加外文资料收集及图书馆消除文盲计划
		1989	批准实施《新图书馆服务改善法》，对政府资助、特殊用户服务、网络建设、资源共享等进行了完善
	图书馆服务和技术法	1996	打破面向公共图书馆与研究图书馆的资助局限性，囊括中小学图书馆、大学图书馆等其他机构，强调通过技术手段来加大信息利用及通过特殊服务来扩大信息的提供范围
丹麦	公共图书馆法	1920	规定了公共图书馆的目的和经费分配，确立公共图书馆的法律地位；宗旨是促进知识和信息的传播与发展
	第二部（名称不详）	1964	建立“公共借阅权”；国家拿出对图书馆财政补助的6%用于改善作者及其遗孀和子女的经济状况，另外拿出小部分给译者
		1983	政府统一资助政策改为划区限制拨款，公共图书馆以市为单位进行财政规划
		1993	确保公众通过网络获取图书馆馆藏信息，确保图书馆网站的开发以及电子服务的发展
	图书馆服务法	2000	提出“网络综合图书馆”概念；建立以互联网为基础的综合性联盟目录，促进馆际互借服务；规范各项服务（包括基本免费服务和付费服务等）

续表

国家	名称	年份	备注说明
韩国	图书馆法	1963	目的是广泛收集、保存国内外图书资料，并且提供最大限度的灵活使用，促进国民文化的发展
		1987	增加现代图书馆概念，将图书馆按不同性质划分为国立中央图书馆、公共图书馆、大学图书馆、学校图书馆、专业图书馆以及特殊图书馆；将图书馆员划分为一级正馆员、二级正馆员和准馆员三种类型
	图书馆振兴法	1991	成立由文化部长官直接领导的图书馆发展委员会；国立和公立图书馆的馆长必须是图书馆馆员；确定大学图书馆建馆标准等
	图书馆及读书振兴法	1994	放宽建立公共图书馆所必须达到的馆舍和藏书要求；以法律条文规定政府可以建立“图书馆及读书振兴基金”，用于图书馆和“文库”建设
		1997	建立兵营图书馆，进一步放宽对私立公共图书馆管理权限
		1999	
		2000	
		2003	
	图书馆法	2006	将图书馆定位为国家核心知识机构以及国民体验生活和学习的空间；强化各级政府对图书馆的行政支持和财政支持方面的义务；关注知识获取弱势群体，致力于消灭知识鸿沟，建立“国立残疾人图书馆服务中心”

3 图书馆法发展背景

3.1 丹麦立法背景分析

开放理念一直植根于丹麦的社会文化生活当中。早在 1775 年，P. F. Suhm 就将其私人图书馆中的 10 万册馆藏面向哥本哈根市民开放。20 年后，丹麦皇家图书馆也开始逐步面向公众开放其馆藏[7]。

19 世纪以后，更多的非公开书册向市民开放；到 19 世纪末，几乎每个城镇都拥有一个面向公众开放的独立图书馆。20 世纪初，在私人馆藏不断向公众开放的风潮下，丹麦于 1920 年颁布了第一部《公共图书馆法》，宗旨是“促进知识和信息的传播与发展”。正是这部图书馆法的出台，加速了丹麦社会开放风气的形成，最终促使政府为人民自由获取信息和知识提供相关保障。

近一个世纪以来，几乎每一部丹麦图书馆法都充分体现了“促进知识和信息的传播与发展”这一宗旨，并且从 18 世纪末的个人行为逐渐发展到机构行为乃至国家行为。在 2000 年颁布的最新版《图书馆服务法》中就明确规定，政府鼓励图书馆界合作并且努力保证读者通过公共图书馆获得研究图书馆的资料。丹麦的研究图书馆包括国家图书馆、大学和研究机构的图书馆以及专业图书馆，它们都有义务为公共图书馆提供图书、期刊以及其他资料，并且提供全国性和国际性外借服务。

3.2　韩国立法背景分析

韩国第一部图书馆法颁布于 1963 年，正值朴正熙担任总统期间（1962—1979 年），韩国经历了近 20 年的经济高速发展，使韩国一跃成为亚洲四小龙之一[12]。1987 年，卢泰愚发表“6·29 宣言”，象征着韩国向“民主化”转型。同年，韩国对其图书馆法进行了修订，其中提出“现代图书馆”概念。1993 年，金泳三被选举为总统，由于自朴正熙以来韩国总统一直都是由军人担任，所以军人就成为韩国政治生活中的重要力量，社会生活也被高度军事化了。1994 年，韩国出台了新的图书馆法，其中包括了建立兵营图书馆等内容。2004 年，执政一年多的卢武铉遭到弹劾。两年后，韩国出台了最新的图书馆法，将图书馆定位为国家核心知识机构。

从上述事件的简单回顾中不难看出，韩国图书馆法中较重要的修订都与其政治发展有较大关联。例如，在韩国第一部图书馆法修订时，该国处在“经济发展第一”的大背景下，所以将图书馆定位于广泛收集国内外图书资料，提供最大限度的灵活使用，促进经济发展等角色。在金泳三统治的高度军事化时期，韩国图书馆法中增加了建立兵营图书馆等内容，目的是为了提高韩国军人综合素质，巩固其政权地位。

3.3 印度立法背景分析

尽管印度目前尚未出台联邦级图书馆法，但邦图书馆法的制定也能给我们提供一些有益的启示。考虑到经济因素对图书馆事业发展的直接制约作用，不妨从财政支出角度[13]来展示经济发展中的印度是如何发展其图书馆立法事业的，如表4所示：

表4 印度各阶段财政支出与图书馆立法情况

五年计划	年份	教育经费（百万美元）	图书馆经费（百万美元）	图书馆立法情况
	1947—1951	不详	不详	马德拉斯邦公共图书馆法（1948）
一五计划	1951—1956	280	1.05	无
二五计划	1956—1961	426.8	1.88	安德拉邦公共图书馆法（1960）
三五计划	1962—1967	1 178	6.8	卡纳塔克邦公共图书馆法（1965）；马哈拉施特拉邦图书馆法（1967）
四五计划	1969—1974	949.3	2.66	无
五五计划	1974—1979	1 927	不详	西孟加拉邦公共图书馆法（1979）
六五计划	1980—1985	2 749	31.79	无
七五计划	1985—1990	3 860	不详	曼尼普尔邦公共图书馆法（1988）；喀拉拉邦公共图书馆法（1989）；哈利亚纳公共图书馆法（1989）
八五计划	1992—1997	6 487	不详	果阿邦公共图书馆法（1993）；米拉佐姆邦公共图书馆法（1993）

除表4中提及的邦图书馆法以外，古吉拉特邦和奥里萨邦也都在2002年出台了本邦的公共图书馆法。随着经济的飞速发展，印度各个五年计划中的教育经费都在不断增加，用于图书馆设施建设和服务完善的资金呈上升趋势。同时，印度政府还意识到图书馆服务与整个国民教育的实施是密不可分的。因此，预计印度图书馆事业今后将会有较大的发展，法制化进程也会取得更多的新成果。

3.4 美国立法背景分析

众所周知，美国是目前世界上综合国力最雄厚的国家，这与其科技发达有着密切关系。为了彰显美国科技进步对其图书馆事业的积极影响，笔者选取了一些较具代表性的事件来体现科学技术为美国图书馆服务所带来的种种创新（见表5）。

表5 科学技术在美国图书馆服务中的应用

年份	科技应用情况
1962	布鲁克林的医学研究图书馆是第一家采用施乐914复印机为馆际互借提供论文副本的图书馆[14]
1963	加利福尼亚大学利用通用计算机（general purpose computer）来维护图书馆连续出版物的记录[14]
1965	伊利诺伊大学图书馆开发了包括购买、分配和库存功能的集成系统[14]
1966	伊利诺伊州立大学开始收集每天的流通数据，并在晚上使用IBM 1031进行处理[14]
1968	贝尔实验室图书馆使用IBM 1050，成为第一家实时跟踪借阅信息的图书馆[14]
1975	俄亥俄州克利夫兰公共图书馆安装了第一个基于小型机的流通控制系统[15]
1980	美国化学学会的出版部门首次尝试将其主要期刊以全文形式放在网上[16]
1981	印第安纳大学的图书情报学院开发了第一个媒体设备控制系统[16]
1999	北小岩城的公共图书馆首次引入无线网络[17]
2003	克利夫兰图书馆首次流通电子书[18]

科学技术不仅提高了美国图书馆的服务效率，更重要的是更新

了人们对传统图书馆的观念。事实上，现代图书馆并不是传统意义上的藏书楼，而是综合性信息中心。它所能提供的也不只是文献资料，还提供各种信息和知识以及帮助用户进行决策的相关建议。只有人们对图书馆理解越深入，图书馆的社会地位才会越来越高，进而得到政府部门的更多关注，获得更多的经费支持，从而能够为全社会提供更多、更好的服务，为提高全民素质、培养优秀人才提供强力保障。美国图书馆事业正是沿着这样一条道路快速发展的。

4 图书馆法实例比较

4.1 选取说明

由于印度目前没有出台联邦级图书馆法，所以本节仅选取印度卡纳塔克邦的图书馆法与其他三国的图书馆法进行对比，尽管一部邦图书馆法不能完全代表印度图书馆法的内容，但笔者希望此类对比能起到抛砖引玉的作用。

4.2 立法目的和服务理念

立法目的是一部法律的重要组成部分，对于图书馆这样的服务机构，其立法目的体现了图书馆法的宗旨及其服务理念。而对于图书馆的性质是社会法、行政法还是义务法，长期以来学术界存在着分歧[19]。其实，一部法律的性质可以从其立法目的法条中凸现出来。因此，通过比较四国图书馆法的立法目的，可以为我国制定图书馆法提供参考。

四国图书馆的立法比较概况如表 6 所示。

从表 6 中不难看出，在立法性质上，美国、丹麦、韩国倾向于社会法，图书馆立法的主要目的是保障国民的资源获取以及享受各种信息服务的权利；印度更倾向于行政法，重点放在图书馆的组织和管理上。笔者认为，图书馆的宗旨应该是为读者提供各种信息服务，促进文化教育活动，所以建议将图书馆法的性质定位于社会法，这样可能更贴切一些。

表6　四国图书馆立法目的比较

美国[20]	丹麦[21]	韩国[22]	印度[23]
1. 促进各种类型图书馆服务的提升，为美国人民提供更好的服务； 2. 促进图书馆各种类型资源的获取，致力于培养有文化及良好信息素质的市民； 3. 鼓励各种类型图书馆的资源共享，致力于实现为公众提供经济且有效的服务	1. 通过提供图书、期刊、有声读物、电子信息等各种资源来促进信息、教育、文化活动； 2. 在建设馆藏选取资源时，应该考察其质量、全面性及时效性，而不应考虑其宗教性、伦理性及政治性； 3. 鼓励政府与图书馆各部门之间的合作，保障用户可以通过公共图书馆获取政府资源以及其他公共资源	保障国民信息获取以及知情权的图书馆社会责任及其作用、运行必要的内容，强化图书馆培育和图书馆服务、向社会提供全面的有效的信息，消除获取信息及利用等方面的差距，促进终身教育，为国家及社会文化发展做出贡献	将与图书馆法案相关的法律统一起来，做好公共图书馆系统的维护，致力于城市、乡村以及其他各种类型图书馆的广泛发展和有效组织

4.3　具体内容剖析

在人员管理方面，丹麦、韩国和印度都在图书馆法中明确提出了图书馆要有具备相关专业背景且设有一定管理监督职能的图书馆委员会。不过，在图书馆委员会的人员构成上存在着一定差异。例如，印度邦图书馆委员会是由管理公共图书馆的部长担任委员会主席，从邦上下议院中各选取四名作为成员；韩国图书馆委员会的委员是中央行政机会的负责人，包括财政经济部部长、教育人力资源部部长、科学技术部部长、法务部部长、国防部部长、文化观光部部长等。美国图书馆法中没有这方面的明确规定[16]。

在图书馆经费方面，美国图书馆法明确规定每个财政年度各州都会得到不少于68万美元的图书馆经费。印度图书馆经费主要通过征收图书馆税来获得，每卢比收取3%的图书馆税，从土地和建设税、地区商品销售税、使用税、交通税等附加税中收取。丹麦图书馆法中尽管没有规定具体的经费数据（在每年的政府预算中有规定），但明确提出政府负责提供部分图书馆服务费用。例如，丹麦政府提供连接地方图书馆的费用（第12条）以及为发展公共图书馆和学校图书馆设立的补助金（第18条）。韩国图书馆法中只提到为了保证图书馆的有效运营，国家给地区代表图书馆提供一部分运营费（第25条）[17]。

在读者管理方面，丹麦和印度都提出了具体惩罚措施。例如，丹麦政府图书馆以及政府资助的图书馆都规定对用户逾期不归还资料进行罚款，每份借阅资料的罚款不得超过5丹麦克朗；如果逾期超过7天，罚款可升至25丹麦克朗；如果逾期30天以上，罚款可升至50丹麦克朗等。在印度图书馆闭馆期间逗留的读者会受到5卢比的罚款，若警告后不予理睬者罚款金额可升至50卢比[24]。韩国图书馆法中尽管也涉及到滞纳金问题，但没有规定具体金额。美国图书馆法中没有规定相关内容。

5 对我国图书馆立法的启示和建议

李国新教授将图书馆立法目标概括为“三个保障”和“三个规范”[25]。具体内容分别是：为图书馆事业的发展提供法律保障，为人民群众从图书馆获取知识和信息、享受文化服务提供法律保障，为图书馆有效开展各项工作提供法律保障；规范图书馆的行为，规范读者的行为，规范政府与图书馆的相关行为。笔者认为，这对明确我国制定图书馆法的目的提供了较为清晰和完整的依据。下文主要从保障和规范这两个角度出发，简要概括美、丹、韩、印四国图书馆法对我国图书馆立法的启示和建议。

从保障角度来看，图书馆法中应该尽可能地明确图书馆的社会地位、服务内容以及经费来源等内容。在我国现阶段，由于图书馆作为重要的公众教育文化场所这一观点并没有获得大众的正确认识，加上人们对图书馆所提供的信息服务并不十分了解，大部分用户对图书馆的认识还只停留在图书、杂志、报纸等单一纸质资料上。这一系列的问题不仅需要各级图书馆工作者的努力，更需要国家的重视和法律上的保障。目前，国外大多数图书馆法中都明确提出了图书馆作为信息中心、国家知识机构的定位，这就体现了国家的重视；在图书馆法或年度政府预算中明确提出用于图书馆的经费，为图书馆提供了坚实的资金基础。因此，我国亟待尽快出台一部国家图书馆法来保障和促进其健康发展。

从规范角度来看，图书馆法中应涉及图书馆馆员和馆长资格、读者管理以及政府与图书馆相关行为等内容。目前，国外图书馆法中都对馆员资格有明确规定，而我国目前担任图书馆馆长的人员中有很多并不具有图书馆学、情报学专业教育背景，为图书馆管理、馆藏建设等方面带来了一些问题。与国外相比，我国图书馆有关资料的滞纳金以及相关罚款都较轻，可以考虑适当提高部分项目的罚款金额，让用户意识到文献资源的重要性，增加其保护公共资源的意识。此外，对于可能涉及到政府与图书馆的相关行为，也应该在图书馆法中加以体现，使我国图书馆事业真正做到有法可依，有理可循。

参考文献

[1] 王丽娟．中国近代图书馆立法试析．辽宁大学学报(哲学社会科学版),2010(4):79－83,24.

[2] 李国新．中国图书馆法治建设的成就与问题(上)．图书馆建设,2004(1):1－4,9.

[3] 胡峻．论图书馆法的立法目的．图书馆论坛,2007(2):49－51.

[4] 杨玉麟,李国新,赵洗尘,等．《公共图书馆法》立法基础与必要性研究．中国图书馆学报,2010(3):9－15.

[5] 王英．中国《图书馆法》立法的影响因素分析和思考．咸宁学院学报,2010(5):125－126.

[6] 吕建明．浅谈美国图书馆的立法．法律文献信息与研究,1997(3):17－18.

[7] 肖书铭,傅文奇．丹麦图书馆法的立法进程及其对我国的启示．咸宁学院学报,2010(6):10－12,16.

[8] 王磊,李吉子．韩国图书馆法立法历程及其启示．国家图书馆学刊,2008(4):82－86.

[9] 吕建明．谈印度图书馆立法与图书馆发展．法律文献信息与研

究,1995(1):8－10.

[10] 罗曼．美国图书馆政策体系及其带来的思考．中国图书馆学报,2005(1):78－81.

[11] Wani Z A. Development of public libraries in India. Library Philosophy and Practice,2008,9(3):1－10.

[12] 刘铭赜．韩国民主政治转型——从金泳三到卢武铉[学位论文]. 济南:山东大学,2008.

[13] Jambhekar N. National policy on public libraries in India. World Libraries,1995,5(,2):9－21.

[14] Queens College. Library technology timeline. [2010－06－04]. http://www. york. cuny. edu/ ~ valero/1960－1970. htm.

[15] Queens College. Library technology timeline. [2010－06－04]. http://www. york. cuny. edu/ ~ valero/1970－1980. htm.

[16] Queens College. Library technology timeline. [2010－06－04]. http://www. york. cuny. edu/ ~ valero/1980－1990. htm.

[17] Queens College. Library technology timeline. [2010－06－04]. http://www. york. cuny. edu/ ~ valero/1990－2000. htm.

[18] Queens College. Library technology timeline. [2010－06－04]. http://www. york. cuny. edu/ ~ valero/2000－2005. htm.

[19] 高峰．图书馆法的法律属性及价值取向．图书与情报,2010(5):101－105.

[20] Public Law 108－81 Congress An Act. [2010－10－24]. http://www. imls. gov/pdf/2003. pdf.

[21] Act regarding library services. [2010－10－25.] http://www. bs. dk/publikationer/english/act/index. htm.

[22] 李炳穆,太贤淑,段明莲．韩国图书馆法．图书情报工作,2008,52(6):6－21.

[23] Karnataka (Mysore) Public Library Act. [2010 － 10 － 24]. http://www. karnatakapubliclibrary. gov. in/pdf/library-act1965. pdf.

[24] The Tamil Nadu Public Library Act. [2010 - 10 - 26]. http://www. lawsofindia. org/pdf/tamil_nadu/1948/1948TN24. pdf.
[25] 李国新．中国图书馆法治建设的成就与问题(下)．图书馆建设,2004(2):1 -6.

作者简介

肖　明，男，1969 年生，副教授，系主任，发表论文 60 余篇，出版著作（含合著、译著）14 部。

杨　楠，女，1986 年生，硕士研究生，发表论文 8 篇。

黄国彬，男，1979 年生，讲师，硕士生导师，发表论文 80 余篇，出版著作（含合著、译著）4 部。

第三节　国外图书馆法演变特点及对我国图书馆法的启示*

图书馆法是保证图书馆事业持续稳定发展的重要法律保障。目前，在我国《公共图书馆法》尚未正式颁布之前，本文对美国联邦图书馆法、丹麦图书馆法、韩国图书馆法、印度公共图书馆法的发展与特点进行总结与分析，以期为推进我国图书馆立法提供一点有益的借鉴和参考。

1　美国联邦图书馆法

美国图书馆法主要由联邦图书馆法和州图书馆法两部分组成。各州图书馆法数量众多，内容各异，因此，本文主要选取美国联邦图书

* 本文系《图书情报工作》杂志社出版基金重点项目“国外图书馆法内容演变趋势研究”（项目编号：2010CB001）研究成果之一。

馆法为研究对象，对它的发展历史、特点进行归纳分析。

1.1 美国联邦图书馆法发展简史

1956 年，美国联邦政府颁布第一部全国性图书馆法——《图书馆服务法》。此后联邦政府开始依法保障图书馆事业的发展，按照法律规定为各州图书馆提供经费，并不断提升各州公共图书馆的服务与设施。随着图书馆事业的不断发展和新需求的出现，该法经多次修订并逐步完善。此外，美国国会还颁布了一些图书馆相关法律，主要用于保障专业图书馆和高校图书馆，如《初等和中等教育法》、《高等教育法》及《医学图书馆资助法》等[1]。目前，这些法律涉及图书馆的内容大都已合并到最新的联邦图书馆法《图书馆服务与技术法》中。

1.1.1 《图书馆服务法》（Library Services Act, LSA）

1956 年，艾森豪威尔总统签署《图书馆服务法》，这是美国图书馆立法史上的重要里程碑。该法主要目的是为解决城市与农村图书馆服务的不平等，普及农村地区图书馆服务。其具体措施包括：在 1957 - 1964 年间联邦政府每年提供 750 万美元的补助金，促进各州人口少于 1 万人的农村地区的图书馆建设[2]。

1.1.2 《图书馆服务与建设法》（Library Services and Construction Act, LSCA）

随着人们对公共图书馆信息需求的不断增加，图书馆建筑空间的缺乏及馆舍老化问题逐渐突出。为顺应时势，1964 年，美国国会将《图书馆服务法》修改为《图书馆服务与建设法》。修订后的《图书馆服务与建设法》除进一步增加经费的拨款额度外，经费的使用范围也取消了人口 1 万人的限制，并且经费重点用于新建图书馆建筑或已有建筑物的修葺维护。此后，该图书馆法又经多次修订和完善，具体内容包括新增馆际合作和州立图书馆服务（1966 年）、加强自治行政体图书馆的建设（1970 年）、增设老年读者专门服务（1973 年）、图书馆重新定位作为信息资源中心建设（1984 年）和批准实施《新图书馆服务改善法》(1989年)等[3]。

1.1.3 《图书馆服务与技术法》(Library Services and Technology Act, LSTA)

1996年，克林顿总统签署《图书馆服务与技术法》，该法在《图书馆服务与建设法》及其他相关立法的基础上形成。新法案内容从只包括公共图书馆到开始包括中小学和大学图书馆、研究图书馆、专业图书馆等几乎所有的图书馆类型，突出强调了两大特点：①通过技术手段加大对信息的利用；②通过特殊服务扩大信息的提供范围。

1.2 美国联邦图书馆法发展特点

1.2.1 重视经费保障

联邦立法对图书馆的最大意义就在于保障了政府直接向图书馆提供经费。《图书馆服务法》、《图书馆服务与建设法》以及《图书馆服务与技术法》，这三部法律实际上是由第一部《图书馆服务法》发展演变而来的，他们之间是相互继承与发展的关系。在这三部法律中都授权联邦政府对美国各州拨款，援助地方政府提供公共图书馆服务，因此这三部联邦图书馆法实际上就是联邦的拨款法。法律中明确规定联邦政府对公共图书馆拨款事项：明确联邦政府对公共图书馆拨款责任；联邦政府拨款具体数量；资金的管理、分配和使用方式等。

1.2.2 大法覆盖各类馆

从美国图书馆法的发展历程来看，大致经历了一个从小法到大法，再到更大法的过程。图书馆法覆盖范围从最初的《图书馆服务法》和《图书馆服务与建设法》只针对公共图书馆，到1996年的《图书馆服务与技术法》不仅将其他图书馆法律中的内容吸收进来，同时法案包括中小学和大学图书馆、研究图书馆、专业图书馆等几乎所有类型的图书馆，法律的效力大大增强，为整体布局、图书馆之间的合作及统筹规划创造了条件。

1.2.3 以服务为宗旨

享受普遍均等的图书馆服务是公众的基本权利之一，为保障公民这种权利的实现，美国通过法律的形式将这一服务的宗旨贯彻落实。1944 年，美国只有不到一半的公众能享受到公共图书馆的服务[3]，绝大部分农村地区根本没有图书馆，为了解决当时公众在信息获取方面存在的问题，1956 年国会通过颁布《图书馆服务法》为农村地区提供经费以普及图书馆服务，1964 年国会又将其修改为《图书馆服务与建设法》来解决公共图书馆建筑空间紧张的问题，以向更多公众提供公共图书馆服务。到 1996 年时，法案修改为《图书馆服务与技术法》，在法案中直接阐明了图书馆服务的三项宗旨：①促进各类图书馆在服务上的不断完善，以便更好地服务于美国民众；②为公民在获取各类图书馆资源上提供方便，从而培养有良好教育、信息素养的公民；③鼓励各类图书馆间的资源共享，为市民提供高效益的图书馆服务[4]。

2 丹麦图书馆法

2.1 丹麦图书馆法发展简史

1775 年，Suhm 将其私人图书馆的 10 万册图书馆藏向哥本哈根市民开放，开创丹麦公共图书馆之先河[5]。19 世纪初，更多的非公开书籍逐渐向市民公开。直至 19 世纪末，几乎每个城镇都拥有一个独立的向公众开放的图书馆。然而当时公共图书馆的馆藏来源并不稳定，基本借助于赠送、慈善活动以及小笔的收入。因此，丹麦政府于 1882 年第一次对公共图书馆提供资金，用于维持公共图书馆的日常活动，这一措施推动了公共图书馆事业的发展。

1920 年，在私人馆藏不断向公众开放的风潮中和图书馆服务需要通过立法规范化发展的双重推动下，丹麦颁布了其历史上第一部《公共图书馆法》，规定了公共图书馆的目的和经费分配，确定了公共图书馆的法律地位。其宗旨定位于“促进知识和信息的传播和发展”，之后每一部丹麦图书馆法中都贯彻体现了该宗旨。1964年，《公共图书馆法》被修订为《图书馆法》，其在原有法案的基础上将“丰富文化活动”设为图书馆法的另一项重要宗旨。之后，丹麦政府分别于1987年和1994年对图书馆法做了修订。自20世纪90年代中起，国家开始将图书馆拨款重点用于图书馆网站的开发和图书馆的电子服务，以保障公众通过网络获取图书馆馆藏与信息。因此，2000年，丹麦颁布《图书馆服务法》将公共图书馆的网络获取服务确定为每个公共图书馆的基本业务，并指明信息社会环境下图书馆服务的发展方向，提出建立“网络复合图书馆”（networking hybrid library）的构想，并将复合图书馆定位为信息社会中图书馆的主要形态。

丹麦图书馆法的演变与发展依赖于两项重要原则：①公众自由获取信息和自由评论信息是民主发展的基本要求；②公众的人格发展与丰富依赖于知识和经验的自由获取[6]。通过自由获取信息以及自由评论信息来完善民主的发展实质上是对于公众人权的基本保障。同时，通过知识和经验的自由获取，公众的文化素养能够得到持续提高，国家才能够得到本质性的发展。

2.2 丹麦图书馆法发展的特点

2.2.1 法律的修订体现时代特征

1920年，丹麦《公共图书馆法》颁布之后，在经历了两次世界大战的洗礼与战后重建、经济复苏之后，原有法案不能适用于社会环境的巨大变化，1964年新的法案应运而生。之后于1983年和1993年政府对该法案进行的两次修正也是在社会发展、格局变更的大背景下引发的。2000年的《图书馆服务法》则诞生于信息时代，法案的内容也迎合了信息社会的需求，指出图书馆不再是提供有限馆藏的传统借阅室，其角色已经通过网络等多媒体平台转换为大量信息的中转中心。且其序言提出，本法案的目的在于为信息社会中的图书馆即网络复合图书馆提供一个完备的法律框架，要求图书馆在互联网信息时代必须坚持以传统图书馆服务为基础，不断加强电子平台服务。在保留传统图书馆服务的同时，大力开创适应信息社会需求、集传统纸本服务以及互联网等多媒体服务于一体的网络化图书馆服务。

2.2.2 建立图书馆服务体系

为了贯彻“促进知识和信息传播和发展”的服务宗旨，更好地保障公众对于信息的自由获取，丹麦图书馆法的修订也开始逐渐倡导建立图书馆服务体系，以贯彻图书馆系统化服务的理念。例如，1970年，为了使图书馆服务更为合理化和专业化，大量地区性的小型图书馆纷纷合并成为规模较大的图书馆。2000 年颁布的《图书馆服务法》要求，每个城市都有义务独自或者与其他城市联合建设一所面向所有居民的公共图书馆[7]。并且丹麦公共图书馆的服务要由丹麦各市政委员会进行统一部署和管理，政府鼓励各类图书馆之间的合作。公共图书馆除了与不同类型的图书馆进行合作外，也可以在公司和其他机构设立服务点，或与公司和其他机构就图书馆服务签订协议并向他们提供图书馆服务。这样每个图书馆不再是一个个独立的服务点，而已经成为一个完善的图书馆服务系统。通过各类不同图书馆之间的紧密合作，用户就可以便捷地通过图书馆网络系统提供的服务，例如馆际互借、统一编目系统等获取他们所需的信息。

3 韩国图书馆法[8]

3.1 韩国图书馆法发展简史

1963 年，韩国颁布了第一部《图书馆法》，此后 20 年间进行了几次局部的修订，直到 1987 年颁布了经过全面修订的《图书馆法》。1991 年，韩国出版界提出制定《读书振兴法》的建议，但由于内容过少，无法独立制定法律，因此采取与原有的《图书馆法》合并的方式制定了《图书馆振兴法》。图书馆的基本任务之一是“读书振兴”，因此 1994 年法律修订时为了保持法律体系的连贯性，将法律名称变更为《图书馆及读书振兴法》。但这一法律名称过于强调读书振兴，具有片面性，忽略了法律体系的均衡。因此，当 2006 年再次修订时，为明确法律是韩国图书馆基本法的性质，遂将法律名称改为

《图书馆法》[9]。

3.1.1 1963 年《图书馆法》

1963 年颁布的《图书馆法》是韩国最初制定的图书馆基本法。为了实施此法，1965 年公布《图书馆法实施令》后，先后 3 次修改了部分内容。1966 年公布《图书馆法实施规则》后，先后 2 次修改了部分内容。这部体现了图书馆界理念和愿望的最初立法，出台后实施了 24 年，为图书馆发展起到了一定作用，并为以后修订或制定一系列新的图书馆法奠定了基础并提供了经验，是韩国图书馆史上具有伟大历史意义的法案。

3.1.2 1987 年《图书馆法》

1987 年的《图书馆法》不仅修订了第一部《图书馆法》在实施过程中暴露出来的问题，而且为在急剧变化的现代社会，提高社会对图书馆作用的认识、强化图书馆功能、促进图书馆发展打下基础。该法在实施过程中，再次修订了部分内容，并重新制定了《图书馆法实施令》和《图书馆法实施规则》。

3.1.3 1991 年《图书馆振兴法》

1991 年颁布的《图书馆振兴法》，是政府在 1990 年把文教部（现更名为教育科学技术部）所管的图书馆行政业务移交给新设立的文化部（现更名为文化体育观光部）之后，废止了 1987 年的《图书馆法》而重新制定的法。该法制定后修改过一次。由于实施此法，同时制定了《图书馆振兴法实施令》和《图书馆振兴法实施规则》。《图书馆振兴法》共 9 章 46 条，其最大特征是把国立中央图书馆和公共图书馆等图书馆的行政权从文教部移交给了文化部。与 1987 年的《图书馆法》相比，《图书馆振兴法》在主要条款和内容要点方面，除图书馆行政业务移交，规定任命具有司书职称者担任公共图书馆馆长外，其他内容与 1987 年的《图书馆法》相同。

3.1.4 1994 年《图书馆及读书振兴法》

1994 年颁布的《图书馆及读书振兴法》，源于出版界以世界图书年为契机提出的《国民读书振兴法案》与图书馆界提倡的把读书振兴纳入图书馆功能中来的主张相吻合，是《国民读书振兴法案》的一部分内容，特别是其中文库内容的规定和《图书馆振兴法》存在相似之处，是吸收了两者的主张制定的。为了实施该法，《图书馆及读书振兴法实施令》制定后，部分内容修改了8次。《图书馆法及读书振兴法实施规则》颁布后修改了3次。总体而言，《图书馆及读书振兴法》就是把图书馆界与读书振兴委员会两方面的主张折中，是把图书馆振兴法与国民读书振兴法案两者融为一体。

3.1.5 2006年现行《图书馆法》

进入21世纪后，社会及各个领域更加强调作为图书馆核心内容的知识与信息的重要性，1994年制定的《图书馆及读书振兴法》不适应图书馆环境的急剧变化。为明确《图书馆法》的性质是图书馆基本法，《图书馆及读书振兴法》更名为《图书馆法》。在内容上，全部修改并删除了读书振兴方面的条文。而针对有关读书振兴的内容则另行制定了一部《读书文化振兴法》。现行的《图书馆法》与之前图书馆法的主要区别在于：法律名称变更、法律目标明确、在总统管辖范围内设立了“图书馆信息政策委员会”、制定图书馆综合发展计划、建立并管理国立残疾人图书馆支援中心等，恢复了图书馆基本法的纯正性。可以说，这部法律蕴涵了诸多划时代的内容。

3.2 韩国图书馆法发展的特点

3.2.1 建立法律保障体系

图书馆事业的法律保障并不能只靠一部图书馆专门法就解决所有的问题，还需要相关的配套细则和法规来建立法律保障体系，以营造图书馆事业的法治环境。在韩国，当每部图书馆法颁布后不久，都会出台图书馆法的实施令和实施规则，前者是总统令，后者是文教部令。通常总统令是执行相关法律而颁布的命令，不通过国会，由行政机关制定，这是实现相关法律要求或执行某种法律所必要的事项；文教部令属于总理令，由文教部部长根据总统令制定有关管辖事务的必要事项，此令亦不通过国会，由文教部制定。通常实施令在先，实施规则在后，都是为了更好地贯彻落实法律的实施而配套制定。

3.2.2 文化机构管理图书馆

在韩国，图书馆一直以来都是由文化机构管理的，只不过名称总是发生改变。1990 年韩国新设文化部，这样原来由文教部管辖的图书馆行政业务就移交给了这个新部门，这也成为 1991 年新制定的《图书馆振兴法》与 1987 年制定的《图书馆法》的最大区别，即国立中央图书馆和公共图书馆等图书馆的行政权从文教部移交给了文化部。文化部部长直接管理公共图书馆，除此之外，文化部部长还有权对私立公共图书馆、专业图书馆、特殊图书馆进行指导和审查登记，必要时将部分业务委托给市、道或图书馆协会。1994 年《图书馆及读书振兴法》颁布时，文化部又更名为文化体育部，之后再次更名为文化观光部，今又更名为文化体育观光部。虽然文化部的名称几经改变，但图书馆事业始终都是由文化机构进行管理，这与人们对图书馆作为文化机构的认识是相符的。

3.2.3 图书振兴被纳入到图书馆法中

韩国制定的图书馆法与图书振兴的思想紧密结合在一起，这从已经颁布出台的法律名称中就可窥见一斑，1991 年的《图书馆振兴法》和 1994 年的《图书馆及读书振兴法》都将该思想写入进去，力图通过图书馆的设立，促进读书活动，提供民众所需的知识信息，从而促进文化发展和民族的振兴。通过图书馆的设置，激励民众读书，从而振兴民族、振兴整个国家的想法在很多国家都存在，也成为图书馆发展的动力，但将其写进法律则比较罕见，这也是韩国图书馆法的一大特点。

4 印度公共图书馆法

截止到 2009 年底，在印度的 29 个邦和 6 个联邦属地[①]中共有 16

---

① 联邦属地（Union Territory）是印度的一种一级行政区划单位。在印度，“联邦属地”和“邦”的主要区别在于“邦”有自己的邦政府，而“联邦属地”则直接由中央政府管辖。

个颁布了自己的公共图书馆法，但作为一个联邦制国家，印度到目前为止还没有一部全国性的公共图书馆法。

4.1 印度公共图书馆法发展简史

1948 年，《马德拉斯公共图书馆法》颁布，它是印度公共图书馆法发展历史上一个里程碑，是印度取得独立后颁布的第一部公共图书馆法，此后拉开了印度公共图书馆法的序幕。

早在《马德拉斯公共图书馆法》颁布之前，印度就出台过一部法律，即 1945 年颁布的《科尔哈普公共图书馆法》，严格意义上讲，这才是印度公共图书馆立法发展史上的第一部法律，但这部法律在印度取得独立后就不复存在，所以今天人们谈到印度公共图书馆法发展历史时，都是从 1948 年的《马德拉斯公共图书馆法》开始[10]。1948 年《马德拉斯公共图书馆法》出台历经坎坷，两次提交均未获得通过，直到第三次在阮冈纳赞和教育部长 Chettiar 的推动下，才终于出台。此部法律基于阮冈纳赞在 1930 年起草的法律草案，重点在于对公共图书馆服务体系的保障，并首次设置了图书馆税。此部法律也成为之后各邦制定本邦法律的参照和榜样。

马德拉斯、海德拉巴、安得拉邦、卡纳塔克邦和马哈拉施拉特邦 5 部法律的制定都是以阮冈纳赞的图书馆法草案模型为基础的，而西孟加拉邦、曼尼普尔邦、喀拉拉邦、米佐拉姆邦、果阿邦、奥利萨邦、古吉拉特邦公共图书馆法的制定者和推动者，也都间接受到阮冈纳赞的影响，因此尽管各邦法律不统一，但由于它们的起源相似，我们可以通过不同邦公共图书馆法的对比分析，看出印度图书馆法的发展演变。

首先，这个变化体现在图书馆经费数量的规定。一种是新颁布的法律不断提高税收的比例，例如最初《马德拉斯公共图书馆法》规定在财产税或房屋税的基础上每卢比收取 3 派沙（1 卢比 = 100 派沙）的图书馆税。1972 年 4 月该法律修订，图书馆税收比例上升为每卢比收取 6 派沙[11]。实践证明，《马德拉斯图书馆法》中的图书馆税并不能为图书馆的运营提供充足的经费支持，吸取这个教训，阮冈纳赞在制定《安得拉邦图书馆法》时将土地税纳入到图书馆税中，同时增加图书馆税的比重，由本地政府从房产税和土地税中抽取8%（每卢比收取8派沙）作为图书馆税[12]；另一种是法律并没有图书馆税规定，而是采取政府每年支付一定数量的经费，例如《西孟加拉邦公共图书馆法》没有设置图书馆税，而是采取政府每年支付40 000万卢比的方式用于公共图书馆及其服务体系的发展。

其次，每个邦的图书馆法都根据自身的情况做了适当调整，如1965年的《卡纳塔克邦公共图书馆法》在Peeny设立了公共技术图书馆（public technical library），这是印度第一个技术类型的图书馆；1989年的《哈里亚纳邦公共图书馆法》将学术图书馆也包含在图书馆服务体系内；1989年的《喀拉拉邦公共图书馆法》设立了邦图书馆委员会、地区图书馆委员会和税收分区图书馆委员会的三层组织管理体系等。

4.2 印度公共图书馆法发展的特点

4.2.1 树立法律草案模板

在印度公共图书馆法的发展历史上，曾有过5个公共图书馆法模型草案，这些草案是各邦制定公共图书馆法的参照依据，为各邦提供了法律框架。草案通常包括序文、各级图书馆委员会（邦图书馆委员会、地方图书馆委员会）、公共图书馆董事会、城市和地区图书馆委员会、公共图书馆部门主管、邦中心图书馆、公共图书馆人力资源建设、图书馆经费（图书馆税及其他收入来源）和图书馆合作问题等9个主体部分。各邦在制定自己的法律时会根据实际情况，结合草案给出的大体法律框架，经邦图书馆委员会商议，修改后上报政府部门审批，最后形成正式法律并由政府颁布出台。

4.2.2 图书馆学家阮冈纳赞的参与和推动

印度公共图书馆法的发展离不开阮冈纳赞的参与和推动，最初确定要制定公共图书馆法就是阮冈纳赞的主张，并且他也给各邦起草和普及公共图书馆法律草案。1924年的留英经历，使阮冈纳赞感受到了英国公共图书馆服务体系的发达，1925 年回国后他开始致力于印度公共图书馆服务体系的建设，希望印度的图书馆网络能够覆盖印度的每一寸土地，而要实现这个梦想，他认为图书馆法是唯一的途径。从 1931 年起草图书馆法草案到 1972 年离世，阮冈纳赞将毕生的心血都投入到了公共图书馆服务体系的建设和法律的制定中，编写与图书馆立法相关的图书和手册 20 件，差不多印度每个邦公共图书馆法的制定都受到了他的影响[13]。

4.2.3 设立图书馆税保障经费

印度的图书馆法中设有图书馆税的规定，目的是为保障图书馆能够获取持续发展的资金。目前各邦已经出台的法律对于图书馆税的征收比例和金额都有明确的规定，为了保证图书馆税收的稳定，通常将其与财产税、房产税和土地税等联系在一起，正是有了这种图书馆专项资金的规定，才在一定程度上保障了印度图书馆的发展。

5 对我国图书馆法立法的启示

5.1 重视法律的修订和完善

当今社会是一个高速发展的社会，任何一个国家在制定和颁布一部法律的同时，都无可避免地要面临时代发展、社会进步以及地区差异所带来的问题，可持续发展是图书馆立法的应有之义。上述几个国家的立法实践也都形成了“制定—执行—修正—补充”这样的循环过程。例如，美国联邦政府相继颁布了 1956 年、1964 年、1996 年的图书馆法，每一部法历经多次的修改和完善。丹麦政府也先后颁布 1920 年、1964 年、2000 年图书馆法。韩国的图书馆基本法于 1963 年颁布之后，也历经 1987 年、1991 年、1994 年、2006 年几次重大的修订。因此，为了适应新形式的不断变化，要不断补充和完善现有图书馆法律体系。我们应当像高度重视图书馆法的立法工作那样同样重视法律制定后的补充与修订工作，从而形成一个更为完善、成熟的体系，保证制定出的图书馆法有长久的生命力，能够真正指导图书馆事业的持续发展。

5.2 政府及相关机构的积极推动

但凡图书馆法治较为完善的国家，都离不开政府及相关机构的积极推动，美国、丹麦、韩国和印度图书馆法律的制定都有政府主管部门或官员的直接介入。尤其在美国，肯尼迪总统还亲自向国会阐述了公共图书馆的重要地位，这是促进美国图书馆事业繁荣发展的一个积极因素，另外，图书馆协会或委员会等组织对推动图书馆立法进程也功不可没。美国图书馆协会设立了专门的立法委员会制定协会的立法政策，确立了协会在立法活动中的任务和策略，协调协会各单位的立法活动。协会通过游说活动，推动国会制定、修改图书馆法。我国图书馆学会在制定图书馆事业政策及政策制定咨询、维护图书馆工作者的合法权益等方面起到了重要作用，特别是在目前制定《公共图书馆法》的过程中起到了积极的作用，不仅提供专项资金资助“图书馆法”研究项目，而且也协调全国力量组建图书馆法立法支撑研究专项小组。今后，学会更应抓住有利时机，主动组织、领导、宣传图书馆立法活动，积极借鉴美国图书馆协会的经验，采取游说等策略争取更多立法相关政府部门的关注和支持。不难想象，没有政府的参与，就不可能有立法的实现和发展，而这种参与只有变被动为主动，才能在真正意义上实现法律体系的完善，正确指导图书馆事业向前迈进。

5.3 依法设置图书馆专业委员会

图书馆法的制定除了要有政府的大力推动、重要人物的大力倡导外，还需要有专业机构的参与。上述各国图书馆法实践中都有图书馆委员会的参与，委员会在法律的实施、完善方面具有重要作用。以印度为例，16 个邦公共图书馆法的出台均与图书馆委员会的努力有密切关系。法律草案的制定、修改以及后期的完善均由图书馆委员会负责。阮冈纳赞在 1930 年起草的图书馆法案中就认识到这一点，他呼吁要在图书馆法中明确规定图书馆委员会的设置情况，包括委员会的构成和人员的数量、选拔、培训和任期等问题。后来各邦出台的法案延续了这一传统，并不断摸索，如今已建立起由邦图书馆委员会、地方图书馆委员会、城市图书馆委员会和地区图书馆委员会的体系机构，1965 年《卡纳塔克邦公共图书馆法》和 1967 年的《马哈拉施拉特邦公共图书馆法》还明确规定了委员会的负责人由图书馆领域的专家担任[14]。我国图书馆法立法也可以借鉴这种委员会的模式，依法设置一个特定的机构来负责法律的实施、法律条文的完善和修订，使得图书馆法的发展同图书馆事业的发展同步。

5.4 保障图书馆专项经费

图书馆作为一个公益性事业，它的持续稳定性发展离不开经费的支持。国外立法实践也表明，经费问题是最早被涉及的内容之一。例如，美国 1956 年颁布的《图书馆服务法》的主要内容就是规定联邦政府对图书馆事业的拨款，此后为保障图书馆事业与社会经济同步发展，1964 年、1996 年的图书馆法也都根据环境的变化对图书馆经费的拨款额度和拨款方式进行了修改。但是，通过立法保障图书馆经费的来源和使用仍是其主要内容，它规定了公共图书馆经费的投入主体和投入方式、经费分配的重点和范围以及经费的使用规则等。又如，印度图书馆法规定设置图书馆的专项资金——图书馆税（通过从土地税和房产税中抽取一定的比例来获取），并且图书馆税的金额也根据各地的不同情况进了调整。因此，借鉴国外经验，在我国公共图书馆法中对公共图书馆经费的来源、数量和使用做出规定，对于图书馆事业的发展具有重要的意义。

6 结　语

各国的立法实践在带给我们启示的同时，也引发了我们对我国图书馆立法的思考。对于国外立法的精华部分，我们要积极吸取，一些成功的经验我们要借鉴，但同时也要结合国情进行适当调整。我国目前正在起草的《公共图书馆法》就没有像韩国 2006 年新出台的《图书馆法》那样涵盖各级各类图书馆，而主要以公共图书馆为主。在经过了立大法还是立小法的争论后，确立了以《公共图书馆法》作为我国立法工作的开端，伴随时机的不断成熟，再逐步制定其他各类专业图书馆的相关法律[15]。此外，由于国体不同，像美国和印度等联邦国家，他们各州、各邦都有自己的法律，结合我国的国情，我们不能为每个省份确立图书馆法，但可以为图书馆事业发展水平大体相当的地区制定地区性的法律法规，目前这还是一种设想，能否付诸实施，还有待慎重的考量。

参考文献

[1] 罗曼．美国图书馆政策体系及其带来的思考．中国图书馆学报,2005(1):78－83.

[2] Holley E G, Schremser R F. The Library Services and Construction Act: An historical overview from the viewpoint of major participants. Greenwich:JAI Press Inc,1983:33－34.

[3] James W. LSA and LSCA, 1956 － 1973: A legislative history. Library Trend,1975(24):7－26.

[4] Manjarrez C, Brooks L C, Langa L, et al. A catalyst for change: Lsta grants to state program activities and the transformation of library service to the pubic. Washington,D. C. : Institute of Museum and Library Services, 2009.

[5] Thorhauge J, Modigh B, et al. The nordic cultural sphere and its public libraries. København: Danish National Library Authority, 2002:1.

[6] The Danish National Library Authority. [2010－11－05]. http://www.statensnet.dk/pligtarkiv/fremvis.pl? vaerkid = 39866&reprid =0&filid =10&iarkiv =1.

[7] 肖书铭,傅文奇．丹麦图书馆法的立法进程及其对我国的启示．图书馆建设,2010(6):10－16.

[8] 李炳穆．韩国图书馆法．图书情报工作,2008,52(6):6－21.
[9] 王磊,李吉子．韩国图书馆法立法历程及其启示．国家图书馆学刊,2008(4):82－86.
[10] Patel J, Kumar K. Libraries and librarianship in India. [2010－10－14]. http://books. google. co. uk/books? id = KXVrsPSzeNAC&pg = PA82&lpg = PA82&dq = indian + library + legislation&source = bl&ots = eZnWFDcH3k&sig = ndpKV5bjlUOGrR4p － － bd00ZQnNo&hl = en&ei = hlC0TL71B9KL4Qbny － WgDQ&sa = X&oi = book_result&ct = result&resnum = 1&ved = 0CBoQ6AEwADgU # v = onepage&q = indian%20library%20legislation&f = false.
[11] Gnanamuttu S. Public library set up in Madras//Rout R K. Library Legislation in India. NewDelhi: Reliance Publishing House, 1986:231.
[12] Rout R K. What why & how of libray legislation//Rout R K. Library Legislation in India. NewDelhi: Reliance Publishing House, 1986:138.
[13] Satija M P. Ranganathan and the public library legislation in India. International Journal of Libraries and Information Services, 1987,37(4):307－320.
[14] Raman N R. Library acts in Indian states: A comparative assessment. [2010－10－12]. http://eprints. rclis. org/6152/1/Rangan2. pdf.
[15] 李国新．关于公共图书馆立法及其支撑研究．中国图书馆学报,2010,36(2):4－8.

作者简介

刘　璇，女，1981 年生，馆员，博士研究生，发表论文 22 篇，参编著作 2 部。

张　丽，女，1983 年生，博士研究生，发表论文 14 篇，参编著作 2 部。

冯　佳，女，1983 年生，博士研究生，发表论文 8 篇，参编著作 1 部。

第四节　国外图书馆法内容发展演变之法理剖析*
——以美国、丹麦、韩国为佐证

我国图书馆法立法工作于 2009 年被列入全国人大“十一五”重点立法项目，文化部也已经启动《公共图书馆法》立法相关工作。作为保障公共利益的重大举措之一，公共图书馆立法维系着教育、科学和文化事业的可持续性发展。如何准确分析国外较为成熟的图书馆立法法理本质并将其作为我国图书馆立法的国际导航是图书馆界不容忽视的问题。

1　图书馆立法的兴起源于公平合理原则

1.1　公平合理原则

公平合理原则起源于拉丁文中的“ex aequo et bono”，其含义是指依据对的和好的标准或者从平等意识而来[1]。公平是合理的目标，合理是公平的前提。公平和合理相辅相成，同为民事立法的最终目标之一。

公平合理原则在我国民事立法中占据着重要位置。依据《中华人民共和国民法通则》第 4 条规定，“民事活动应当遵循自愿、公

---

* 本文系《图书情报工作》杂志社出版基金重点项目“国外图书馆法内容演变趋势研究”（项目编号：2010CB001）研究成果之一。

平、等价有偿、诚实信用的原则"[2]。该条款作为原则性的条款，具有统领性的至高效力。在民事行为中，行为人必须遵守自愿、公平、等价有偿以及诚实信用等原则。

1.2 图书馆立法的兴起与公平合理原则

美国和丹麦最早的图书馆立法中体现了一个共同特点，即图书从私有化转型为公有化旨在满足公平合理原则的需求。

1775 年，P. F. Suhm 将其私人图书馆中的 10 万册图书馆藏向哥本哈根市民开放。20 年之后，丹麦皇家图书馆开始逐步向公众开放皇家馆藏[3]。19 世纪初，更多的非公开书册开始向市民公开。直至 19 世纪末，几乎每个城镇都拥有一个向公众开放的独立图书馆。然而，当时公共图书馆的馆藏来源并不稳定，基本借助于赠送、慈善活动以及小笔的收入。因此，丹麦政府于 1882 年第一次对公共图书馆藏提供资金，用于维持公共图书馆藏的日常活动。20 世纪初，以系统化服务为基础的图书馆框架慢慢形成并趋于成熟。这种框架的灵感来源于英美公共图书馆系统所倡导的"免费公共图书馆"[4]。图书馆服务的免费性由此成为丹麦社会的一项重要原则。

18 世纪中后期掀起的图书共有化浪潮反映了当时丹麦社会的一个发展需求，即所有民众都应当对图书和知识拥有平等获取权。从皇家私有化图书馆藏发展到公有化图书共享，本质上应验了公平合理原则在图书公开使用中的积极作用。

美国联邦政府在 1956 年出台了第一部全国性图书馆法——《图书馆服务法》（Library Services Act，LSA），这是美国公共图书馆立法史上的一个重要里程碑。该法由艾森豪威尔总统在 1956 年签署，其主要目标是为解决城市与农村图书馆服务不平等问题，促进乡村地区的图书馆服务。具体措施包括在 1957—1964 年，联邦政府每年提供 750 万美元的补助金，促进各州对人口少于 1 万人的乡村开展图书馆建设[5]。

《图书馆服务法》在立法宗旨上明确了民众对图书的平等获取权，又一次验证了公平合理原则推动图书馆立法兴起的重要枢纽作用。民众对图书的平等获取权也满足了人权平等的要求，因此，图书馆立法的兴起从本质上支持了人人平等的和谐理念。

2 图书馆立法的演变优化了公共利益和私人利益之间的平衡

图书馆立法的演变在遵循公平合理原则的基础上，不断协调公共利益和私人利益的平衡，将公平合理精神从图书馆角色定位与服务发展实践中真正地予以渗透。

2.1 “图书馆”角色的多元化

图书馆立法演变中一个不容忽视的共性是“图书馆”在不同社会发展阶段被赋予了不同的角色。尤其在数字时代，图书馆不断转换与丰富自身角色，不仅持续保留与发展传统（纸质）图书借阅事业，而且多元化地适应了数字信息共享的需求，快速推进数字资源服务。为适应社会发展的需求，图书馆慢慢从传统的藏书楼蜕变出来，将数字资源服务融入到自身工作中，逐步转型成为集传统资源和数字资源于一体的信息服务中心。

美国在颁布《图书馆服务法》后发现，人们对公共图书馆的信息需求不断增加，传统的图书馆定位已经无法满足人们的期待。因此，美国在《图书馆服务法》的基础上，颁布了《图书馆服务与建设法》（Library Services and Construction Act，LSCA）。该法对图书馆进行了重新定位，即摒弃单纯的“藏书楼”，换之以参考咨询中心的新形象[6]。

丹麦在2000年颁布的《丹麦图书馆服务法案》（简称《法案2000》）序言中明确了立法的宗旨，即“为图书馆在信息社会中创造一个完善的框架，也就是网络综合图书馆”[7]。丹麦立法部门依据网络时代的特点，通过立法将图书馆重新定位于网络综合图书馆，及时更新了图书馆的时代使命。《法案2000》序言同时明确了达成该宗旨可采取的战略措施，即法案力图通过将图书馆的定义延至媒体，通过为图书馆基础建设的发展提供更为灵活的原则，建立一个以互联网为基础、集搜索与订阅服务于一体的联盟目录，促使所有相关的学术性图书馆尽其义务贡献于馆际互借系统，通过建立不同地区之间的法规来支持更紧密的地区间合作，以实现其宗旨。关于达成法案宗旨的五项基本战略中，有两项战略——将“媒体”吸纳到图书馆的内涵中和通过建立一个以互联网为基础、集搜索与订阅服务于一体的联盟目录——都是以丰富图书馆网络多元化角色为基础的。不断拓展图书馆的定义并且将多媒体服务纳入图书馆服务战略中，能够保证图书馆充分满足用户的各种信息获取需求。建立一个以互联网为基础、集搜索与订阅服务于一体的联盟目录，能够为用户提供高效便捷的信息搜索系统。

图书馆角色与定义的多元化在韩国图书馆立法的演变过程中也相当明显。由于1963年颁布的《图书馆法》不能满足现代信息产业社会对多元化图书馆功能的要求，1987年韩国立法部门在第一部图书馆立法的基础上用现代意义重新定义了图书馆的概念，将图书馆分为国立中央图书馆、公共图书馆、大学图书馆、学校图书馆、专业图书馆以及特殊图书馆，使其特性更符合它的功能。该法根据现代图书馆的概念重新定义了“图书馆”这一术语，扩展了图书资料的收集、整理、保存及利用等传统功能。将“图书馆”定义扩展为“对社会各方面的知识和信息提供，促进信息与知识的传播，提供终身教育和推动文化发展的中介”，赋予图书馆更为多元的功能[8]。1990年，政府将文教部（现更名为教育科学技术部）所管的图书馆行政业务移交给新设立的文化部（现更名为文化体育观光部）之后，废止了1987年的《图书馆法》，重新制定了《图书馆振兴法》（1991年）。图书馆行政业务移交到文化部的重要理由是图书馆，特别是公共图书馆的文化功能应归文化部，但在之前却归文教部，而文教部则将大部分力量集中于义务教育，没有精力研究和管理图书馆。图书馆界在图书馆行政业务主管权从文教部移交给文化部方面起了积极的推动作用。图书馆行政管辖主管部门的转移从实质上赋予了图书馆新的功能，即从以文教为主体服务内容的平台转型为以文化发展和终身教育为主体服务内容的平台。

上述三国的图书馆立法演变清晰地体现了图书馆角色与定义多元化的发展趋势。作为数字时代的信息服务中心，图书馆广泛地将各种资源快捷地服务于公众，切实保障了社会公众利益。与此同时，图书馆在提供信息服务时严格遵守著作权相关法律法规，采取必要措施真正保障作者的私人利益。图书馆角色的多元化转型不仅适应了时代发展的需求，而且完善了公共利益和私人利益在数字环境中的平衡需求。

2.2 图书馆服务的系统化与产业化

图书馆作为面向公众的服务平台，其服务使命毋庸置疑。数字时代，图书馆应对各类服务人群的不同需求，不断延伸服务模式，开拓用户个性化服务项目，朝着系统化服务平台的方向迈进。

从美国联邦图书馆法的发展历程及图书馆立法的名称变更中可以分析得出，美国联邦图书馆法案正朝着系统化服务的方向迈进。图书馆系统化服务的开拓满足了不同服务对象的个性化服务需求，进而满足了公众对图书馆服务的迫切期待，最终实现了公共利益和私人利益的双赢。1956 年美国颁布的《图书馆服务法》已经开始重视促进各地图书馆服务的并行发展，对于农村地区图书馆的服务建设联邦制政府更是提供了大量补助金。在这之后颁布的《图书馆服务与建设法》（Library Services and Construction Act，LSCA）进行了多次修订和完善，尤其增加和丰富了图书馆服务内容。例如，1970 年该法案修订中将图书馆服务对象扩大到残疾人，范围延伸到不发达的农村和郊区；1973 年该法案为老年读者开设了专门服务[6]。1996 年克林顿总统签署的《图书馆服务和技术法》（Library Services and Technology Act，LSTA）突出强调的两大重点之一便是通过特殊服务扩大信息的提供范围[9]。

不仅美国的联邦图书馆立法朝着系统化服务发展，丹麦 2000 年颁布的《丹麦图书馆服务法案》也从多个方面体现了图书馆服务系统化和产业化发展的趋势。

首先，从1920年《丹麦公共图书馆法案》到2000年《丹麦图书馆服务法案》法案名称的变更可以清楚地看出，2000年法案着眼于图书馆各项服务的规范化。

其次，《法案2000》的一大重要突破体现在该法案适应信息社会，发展以传统图书馆服务为基础和以网络等多媒体服务平台为特色的综合型服务上。法案2000在其序言以及多条条款中强调了图书馆服务应结合信息社会的发展需求，在提供传统型纸本馆藏相关服务的同时，大力加强以互联网等多媒体平台为基础的便捷服务。信息社会知识的获取不再局限于纸本馆藏的传阅，通过互联网传输信息和知识已经成为图书馆服务中的重要途径。发展网络综合图书馆并不是将以互联网等多媒体为基础的图书馆服务取代传统型图书馆服务，而是在保留传统图书馆服务的同时，大力开创适应信息社会需求、集传统纸本服务以及互联网等多媒体服务于一体的网络型图书馆服务。

再次，《法案2000》强调图书馆的合理化开发必须坚持以传统免费服务为主轴、以有偿服务为辅佐的灵活型服务安排。从《法案2000》收费机制发展分析，法案不仅进一步完善了图书馆的基本免费服务，而且加强规范了图书馆对于额外相关服务向用户收取费用的细则。《法案2000》的序言指出，图书馆甚至希望建立新的收费体系，例如将快递服务纳入该体系来丰富学习和咨询的各项服务[8]。《法案2000》在其第三章中对于图书馆服务进行了系统的规划，明确了传统免费服务以及新型有偿服务的范畴[10]。《法案2000》在服务收费机制上的产业化发展进一步延伸和细化了服务系统化的特色。

最后，《法案2000》注重多角色、多方位合作统筹安排、促进图书馆服务系统化。该法案强调，“网络综合图书馆”的完善不但需要网络等高科技支持，更需要管理图书馆服务者的统筹安排。《法案2000》提出了三类图书馆服务与管理实体：政府、图书馆和企业。将企业纳入到图书馆服务与管理实体中实为图书馆服务系统化发展的创新与突破。此外，丹麦国家盲人图书馆通过为公共图书馆提供促进盲人、视障者、阅读困难者等所需的信息扮演着借阅中心的角色。丹麦国家盲人图书馆也负责建议图书馆如何提供盲人、视障者、阅读困难者等在使用图书馆服务时所涉及服务的条件[11]。

从美国及丹麦图书馆立法的发展动向可以清晰地看到，两国立法都非常重视图书馆服务的可持续性发展。两国应对社会不同发展阶段的实际需求，在图书馆传统服务的基础上，不断扩大服务对象，丰富服务内容，让更多的社会群体通过图书馆服务受益。在面临信息时代的挑战时，两国图书馆立法积极变换服务方式与战略，打破传统图书馆服务的束缚，有效更新和改善了图书馆服务结构，加强服务与社会需求的衔接，使图书馆灵活地转型为系统化信息服务中心。图书馆服务的系统化与产业化发展不仅让更多的人群获得更完善的服务，保障了服务对象的私人利益，而且在扩大服务对象和种类的同时从整体上延伸了服务范围，维护了社会公共利益。以系统化服务维护私人利益为基本战略，保障社会公共利益，正是各国图书馆立法的终极变革目标。

3 结　语

美国、丹麦和韩国在图书馆立法上的兴起有力地验证了公平合理原则的重要地位。为消除图书的私有化和不平等获取现状，三国先后掀起了图书馆立法的热潮，将图书馆藏服务于社会大众。应对社会不同阶段的发展需求，各国在原有图书馆立法的基础上不断更新和丰富图书馆角色，不断扩大和完善图书馆服务，将图书馆切实融入到社会改革中，在努力维护服务对象及作者私人权利的同时，积极保障公共利益，从而为社会革新提供了及时的服务机制支撑。

参考文献

[1] Reference Dictionary. [2009 - 07 - 08]. http://dictionary.reference.com/browse/ex%20aequo%20et%20bono.

[2] 《中华人民共和国民法通则》. [2011 - 08 - 10]. http://www.law - lib.com/law/law_view.asp? id = 3633.

[3] Jens T, Birgitta M. Nordic public libraries: The Nordic cultural sphere and its public libraries. Danish National Library Authority, 2002: 1.

[4] The Danish National Library Authority, written as entry for an Encyclopedia of Library and Information Science. [2011 - 08 - 10]. http://www.statensnet.dk/pligtarkiv/fremvis.pl? vaerkid = 39866&reprid = 0&filid = 10&iarkiv = 1.

[5] 稻川熏．关于美国图书馆法的制定过程与行政．国外社会科学文摘,1989(3):33 - 36.

[6] James W. LSA and LSCA, 1956 - 1973: A legislative history. Library Trend,1975(24):7 - 26.

[7] 《丹麦图书馆服务法案》(2000 版),序言．[2011 - 08 - 10]. http://archive.ifla.org/V/cdoc/danish.htm.

[8] 李炳穆．韩国图书馆法．图书情报工作,2008, 52(6):6 - 21.

[9] 崔晓文．美国图书馆立法发展及启示．图书馆建设,2008(8): 100 - 104.

[10] 《丹麦图书馆服务法案》(2000 版),第 15 条款．[2011 - 08 - 10]. http://archive.ifla.org/V/cdoc/danish.htm.

作者简介

周玲玲，女，1980 年生，馆员，博士，发表论文 10 篇。

黄国彬，男，1979 年生，讲师，硕士生导师，发表论文 80 余篇，出版著作（含合著、译著）4 部。

第二章 在校大学生对手机阅读的接受行为及其影响研究

第一节 上海地区在校大学生手机阅读使用行为分析*

1 引 言

根据2010年7月中国互联网络信息中心（CNNIC）发布的《第26次中国互联网络发展状况统计报告》，截至2010年6月底，我国网民规模达4.2亿人，而手机网民成为拉动中国总体网民规模攀升的主要动力，半年内新增4 334万，达到2.77亿人，增幅为18.6%[1]。在手机媒体化和网络化进程中，作为重要的手机应用之一的手机阅读备受多方关注。以中国移动为例，在试水“手机报”业务并取得较好的业绩之后，中国移动于2009年6月率先在浙江省建立了手机阅读基地[2]。此外，结合3G技术，中国移动还推出了专门电子阅读终端——G3阅读器。

作为一种全新的阅读方式，手机阅读到底能走多远？基于用户接

* 本文系《图书情报工作》杂志社出版基金项目“在校大学生对手机阅读的接受行为及其影响研究”（项目编号：2010CB08）和2009年上海交通大学文科科研创新计划项目（项目编号：09QN02）研究成果之一。

受视角的受众研究将有助于我们更好地回答这个问题。中国出版科学研究所连续几年定期开展大型国民阅读调查工作，其中涉及到用户手机阅读使用行为的调研。另外，易观国际 Enfodesk 产业数据库近期发布的《中国手机阅读市场用户调研报告 2010》也显示了用户手机阅读使用行为的一些信息（下面简称易观国际调研报告）[3]。本研究则重点选取上海地区在校大学生作为考察对象，对这一特定群体手机阅读的使用行为、使用动机和满足程度三个方面开展小型的调研工作。在开展数据收集工作之前，本研究将“手机阅读”的概念操作化为“用户利用手机终端以在线或离线的方式阅读和浏览手机报、电子书、网络杂志与网站新闻”。

2 研究方法

本研究采用在线问卷调查法。

本研究利用 OQSS 在线版设计了调查问卷。在经过预测试后，最终版问卷于 2010 年 9 月 5 日正式发布。本研究采取非随机抽样原则，但重点在复旦大学、上海交通大学、华东师范大学、上海大学、上海理工大学和上海对外贸易学院做了宣传工作。这 6 所大学分别代表上海地区的综合性大学和专业性大学，同时也代表了教育部重点大学和地方普通大学。截至 2010 年 9 月 20 日，共收到 205 份反馈问卷。通过对无效问卷的剔除，本研究最终保留的有效问卷为 183 份。

在研究样本人口统计变量方面，就性别而言，男性 75 人，占 41.0%；女性 108 人，占 59.0%。在年级方面，研究生为 65 人，占 35.5%；本科生为 118 人，占64.5%，其中包括低年级本科（包括大一和大二）56 人和高年级本科生（包括大三和大四）61 人。在学科方面，来自社科/人文的学生为 118 人，来自理工科的学生为 65 人，两者分别占样本总数的 64.5% 和 35.5%。另外，从使用手机类型的角度来看，3G 手机使用者和非 3G 手机使用者的人数分别为 61 和 122，其对应的比例为 33.3% 和 66.7%。

在资料分析方面，为了探索在校大学生的手机阅读使用行为是否受到性别、年级、学科和使用手机类型等控制变量的影响，本研究根据不同使用行为的变量类型采取不同的考察策略[4]。对于离散变量，本研究采用卡方检验和列联表分析。对于连续变量，本研究采用独立样本 T 检验或 ANOVA（单因素方差分析法）。也就是说，若控制变量只有两个属性，本研究采用独立样本 T 检验方法；若控制变量的属性在三个或三个以上，本研究采用 ANOVA 分析法，如果检验结果达到显著水平，用 LSD（最小显著性差异）检验法进行两两群体比较，以确定组别之间的差异。需要说明的是，为了节省版面篇幅，对于采用同一种策略进行数据分析的结果，只在第一次出现的时候才给予罗列。

3 研究发现

3.1 使用年限

研究发现，在已经利用手机开展阅读的在校大学生群体中，超过一半（占 50.3%）的学生的使用年限在 1 年或 1 年以上。与之对应的，使用年限为 1 年或 1 年以下的学生占样本总数的 49.7%。可见，在已经利用手机开展阅读的在校大学生中，使用年限在 1 年以上和在 1 年以下的学生各占半壁江山。如图 1 所示。

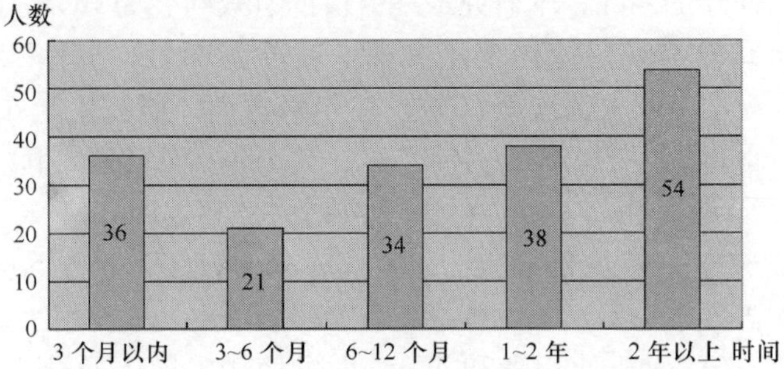

图 1　在校大学生手机阅读使用年限分布

通过独立T检验分析，本研究发现不同性别的在校大学生在手机阅读使用年限方面存在显著差异。通过进一步的均值比较，发现女生手机阅读的使用年限普遍高于男生。如表1所示。

表1　性别与阅读年限变量的独立T检验结果

独立样本T检验							
阅读年限	假设条件	方差齐性 Levene 检验		均值齐性T检验		
		F值	显著性	T值	自由度	显著性（双尾）
	假设方差相等	.274	.601	−2.321	181	.021
	假设方差不等	/	/	−2.302	154.581	.023

不同组群统计量

	性别	样本数量	样本均值	标准方差	均值标准误差
阅读年限	男	75	2.99	1.511	.174
	女	108	3.50	1.444	.139

3.2　使用频率

研究发现，在已经利用手机开展阅读的在校大学生群体中，日平均次数在2－3次的学生是其主要群体，共有71人，占样本总数的38.8%。而日平均次数在1次以上的学生数量占样本总数的77.6%，这一数据远远高于易观国际调研报告的对应数据——45%。这也充分说明了在校大学生较其他人群更为频繁地利用手机开展阅读。

通过独立T检验和ANOVA分析，本研究发现性别、年级、学科和使用手机类型这4个控制变量对在校大学生手机阅读的使用频率均无干扰作用。如图2所示。

3.3　使用时长

研究发现，在已经利用手机开展阅读的在校大学生群体中，大多数用户每次利用手机开展阅读的时间都在5～15分钟或15～30分钟，两者累计共104人，占样本总数的56.9%。而每次利用手机开展阅

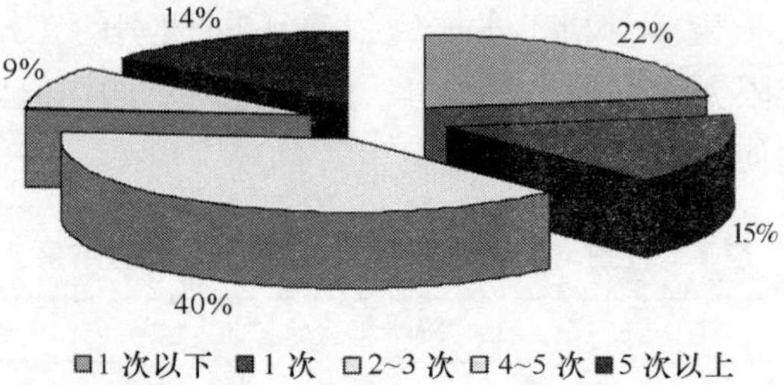

图 2　在校大学生手机阅读使用频率分布

读的时间在 1 个小时以上的用户数量则只有 14 人，只占样本总数的 7.7%。相对于其他阅读方式，从事手机阅读的用户主要是利用被现代生活碎片化了的时间[5]，本研究关于使用时长方面的发现进一步验证了用户手机阅读的这一特征（见图 3）。

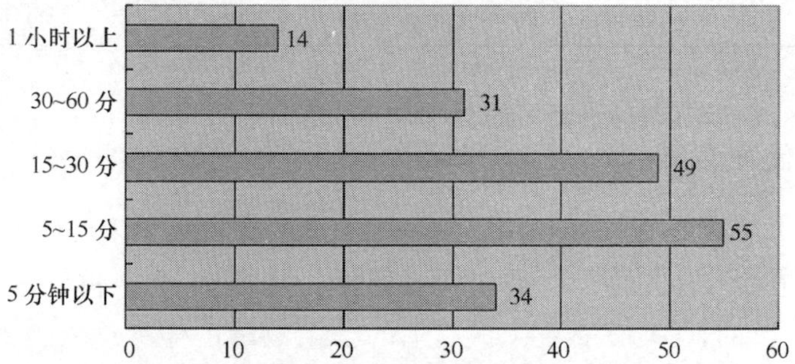

图 3　在校大学生手机阅读使用时长分布

通过独立 T 检验分析，本研究发现不同性别的在校大学生在手机阅读的使用时长方面存在显著差异。通过比较，笔者发现女生手机阅读的使用时长普遍高于男生，即女生每次手机阅读所持续的时间要多于男生。考虑到男女学生在使用频率方面并无显著差异，笔者判定女生每天手机阅读的时间要显著多于男生。据第六次国民阅读调查，在手机阅读的时间和费用方面，男性均显著高于女性[6]。这与本研究的这一发现有较大出入。另外，通过 ANOVA 分析，本研究发现不同年级的在校大学生在手机阅读的使用时长方面同样也存在显著差异。具体而言，低年级本科生手机阅读的使用时长高于研究生手机阅读的使用时长。如表2所示。

表2　年级与使用时长变量的 ANOVA 分析结果

ANOVA						
		离差平方和	自由度	均方	F值	显著性
使用时长	组内	8.970	2	4.485	3.273	.040
	组间	246.647	180	1.370		
	总量	255.617	182			

两两组间比较

(I) 年级	(J) 年级	均值差异 (I-J)	标准误	显著性	95% 置信区间	
					下限	上限
低年级本科生	高年级本科生	.251	.216	.246	-.17	.68
	研究生	.544 (*)	.213	.012	.12	.97
高年级本科生	低年级本科生	-.251	.216	.246	-.68	.17
	研究生	.293	.208	.161	-.12	.70
研究生	低年级本科生	-.544 (*)	.213	.012	-.97	-.12
	高年级本科生	-.293	.208	.161	-.70	.12

3.4　阅读场所

通过先导访谈，本研究发现在校大学生开展手机阅读的主要场所集中在教室、宿舍和公共交通工具。为此，在本次调查问卷中，本研究采用李科特五级量表对用户在上述场所的阅读频次进行了测量工作。分析表明，公共交通（比如公交、地铁或火车等）是在校大学生手机阅读最为频繁的场所，教室（专指上课、听讲座的时候）是在校大学生手机阅读最不为频繁的场所。

通过独立T检验分析，本研究发现不同学科的在校大学生在手机阅读场所方面存在显著差异。相对于理工科学生，来自社科、人文学科的学生在教室（专指上课、听讲座的时候）利用手机开展阅读的频次更高。这也许跟来自这两大类学科的学生的听课认真程度有关。通常而言，理工科学生在课堂上更加专心听课，而来自社科、人文学科的学生则更容易在课堂上分心做其他事情。如图 4 所示。

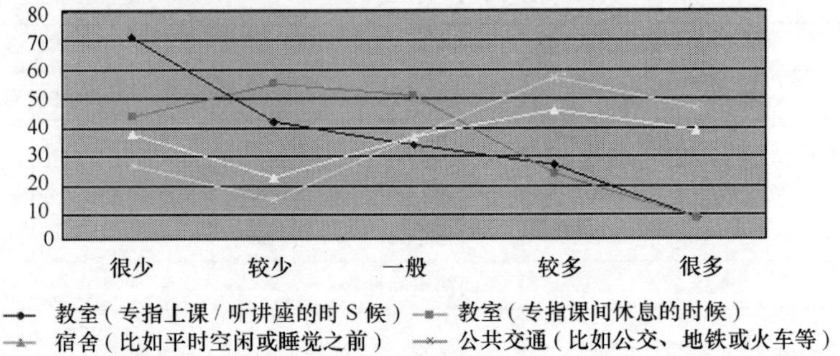

图 4　在校大学生手机阅读主要场所使用频率分布

3.5　阅读方式

研究发现，首先在已经利用手机开展阅读的在校大学生群体中，将近一半（46%）的在校大学生都采用直接登录 WAP、WWW 在线阅读的方式，这与易观国际调研报告数据大体是吻合的。其次，采用通过收取短信、彩信的方式也是在校大学生的阅读方式之一，占样本总数的 19%。再者，通过客户端软件离线阅读较采用通过客户端软件在线阅读的方式更为普遍。前者即通过客户端软件离线阅读占样本总数的 20%，而后者即通过客户端软件在线阅读只有 7%。如图 5 所示。

卡方检验表明，不同手机类型使用者在手机阅读方式方面存在显著差异。通过进一步的列联表分析，笔者发现，相对而言，非 3G 手机使用者更倾向于通过收取短信、彩信的阅读方式，而 3G 手机使用者更倾向于通过客户端软件进行阅读，包括在线阅读和离线阅读。这种差别在很大程度上可以被归因为 3G 手机相对于非 3G 手机的独有优势：即 3G 的宽带宽和高速率以及更为友好的用户界面[7-8]。如表 3、表 4 所示。

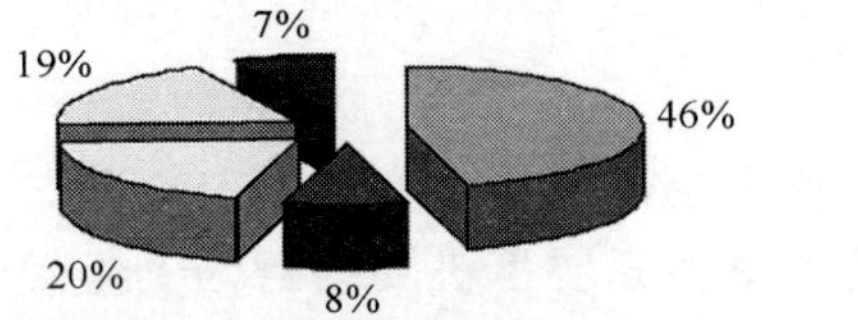

图5　在校大学生手机阅读方式分布

表3　使用手机类型与阅读方式变量的卡方检验结果

指标	统计量	自由度	双侧近似概率
皮尔森卡方	11.216	4	.024
似然比卡方	11.340	4	.023
线性相关卡方	.036	1	.851

表4　使用手机类型与阅读方式变量的列联表分析结果

手机类型	项目	直接登录WAP、WWW在线阅读	通过客户端软件在线阅读	通过客户端软件离线阅读	通过收取短信、彩信	其他阅读方式
3G手机使用者	数量	25	7	19	6	4
	% within 手机类型	41.0%	11.5%	31.1%	9.8%	6.6%
	% within 阅读方式	29.8%	46.7%	51.4%	17.1%	33.3%
非3G手机使用者	数量	59	8	18	29	8
	% within 手机类型	48.4%	6.6%	14.8%	23.8%	6.6%
	% within 阅读方式	70.2%	53.3%	48.6%	82.9%	66.7%

3.6 付费方式

研究发现，在已经利用手机开展阅读的在校大学生群体中，包月方式是目前在校大学生开展手机阅读行为的主要付费方式。共有96位在校大学生采用按包月方式支付浏览费用的方式，其占样本总数的比例超过50%。另外，表示“只阅读免费的手机读物”的用户人数也占样本总数的1/4。这一比例与易观国际调研的结果完全吻合。

通过卡方检验，本研究发现不同年级的学生在手机阅读付费方面存在显著差异。具体而言，在利用手机开展阅读时，本科生更倾向于按包月方式或按流量支付浏览费用，而研究生更倾向于阅读免费的内容。这应该跟学生长期免费使用网络资源所养成的习惯有关。一般来说，研究生比本科生接触互联网时间会更久，在长期的网络使用中，他们关于网络资源免费使用的观念也就越强[9]。很显然，这种观念也同时反映到他们对于手机阅读付费方式的选择倾向上面。如图6所示。

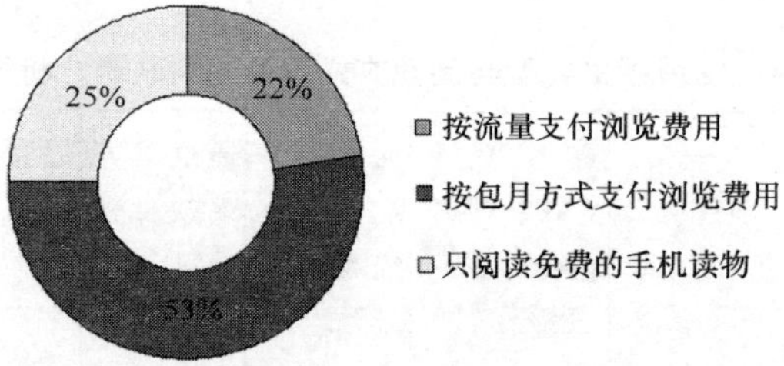

图6　在校大学生手机阅读付费方式分布

3.7 读物类型

正如前面所言，本研究将“手机阅读”的概念操作化为“用户利用手机终端以在线或离线的方式阅读和浏览手机报、电子书、网络杂志和网站新闻”。为此，本研究采用李科特五级量表对用户阅读这些不同类型的读物的频次进行了测量工作。分析表明，网站新闻是在校大学生利用手机开展阅读时最为经常浏览的读物类型，而网络杂志是他们开展手机阅读时最不经常浏览的读物类型。在校大学生对手机报和电子书的阅读频次则介于网站新闻和网络杂志之间，而且对这两者的阅读频率大致相当。

通过独立T检验和ANOVA分析，本研究发现学科和使用手机类型对在校大学生利用手机阅读不同读物的频次存在干扰作用。就使用手机类型的角度来看，3G使用者比非3G使用者在阅读手机报、电子书和网络杂志这三类读物类型方面的频率都更高。就学科的角度来看，来自社科、人文的学生比理工科的学生更为频繁地利用手机阅读手机报和电子书，但后者比前者更为频繁地利用手机阅读网站新闻。这很大程度上与学生手机阅读的主要动机密切相关，相对于理工科学生获取信息的阅读动机，来自社科、人文的学生不仅希望通过手机阅读获取信息，同时也实现消遣娱乐的目的。而目前手机阅读所提供的电子书大多都是消遣娱乐性质的小说[10]，这也就很好地解释了为什么来自社科、人文的学生比理工科学生更为频繁地利用手机阅读电子书这一现象。如图7所示。

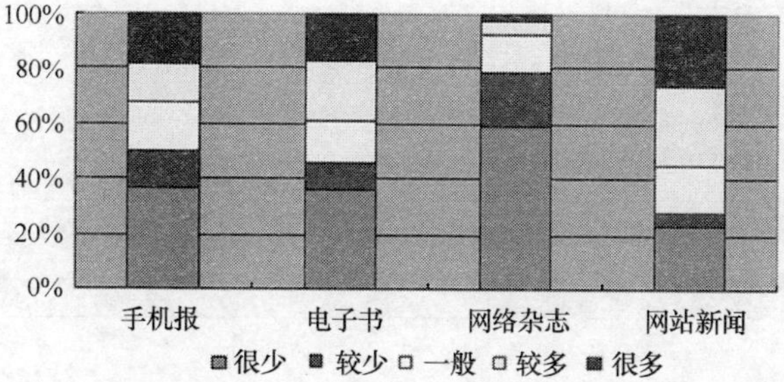

图7　在校大学生手机阅读主要类型读物使用频次分布

3.8　依赖程度

本研究采用李科特五级量表对用户手机阅读依赖程度进行测量，其中1表示“一点都不依赖”，2表示“不太依赖”，3表示“一般”，4表示“比较依赖”，5表示“非常依赖”。通过考察，本研究发现已经利用手机开展阅读的在校大学生对手机阅读的依赖程度呈现较为典型的负偏态分布。其中，对手机阅读“较为依赖”的学生数量最多，占39.3%；紧随其后的是对手机阅读依赖程度为“一般”的学生，占30.1%。而对手机阅读“一点都不依赖”和“非常依赖”的学生的数量分布在两端，其数量占样本总数的比例分别为8.2%和10.4%。

通过独立T检验和ANOVA分析，本研究发现使用不同手机类型对在校大学生的手机阅读依赖程度存在干扰作用。通过进一步比较均值，笔者发现3G使用者对手机阅读的依赖程度要显著高于非3G手机使用者对手机阅读的依赖程度。这种现象与前面提到的发现（包括3G手机使用者更倾向于通过客户端软件进行阅读，3G使用者比非3G使用者在阅读手机报、电子书和网络杂志这三类读物类型方面的频率都更高）一样，都可以解释为3G手机相对于非3G手机所具备的宽带宽和高速率以及更为友好的用户界面特征，所以用户使用3G手机阅读会有更加强烈的愉悦感，从而加深他们对手机阅读的依赖程度。具体数据如图8所示。

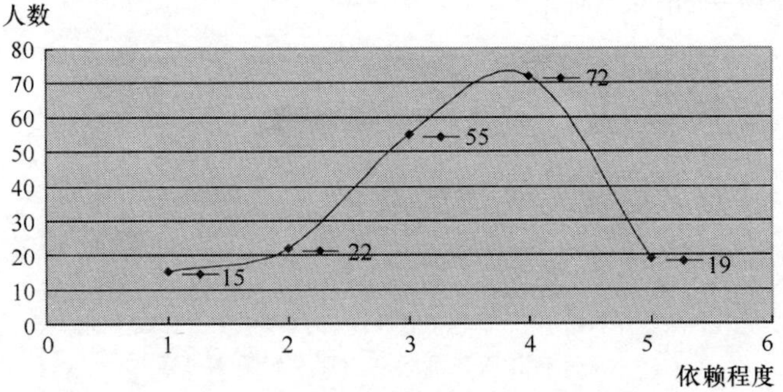

图8　在校大学生对手机阅读依赖程度分布

4　结　论

通过问卷调查，本研究初步揭示了上海地区在校大学生手机阅读的基本使用行为，包括使用年限、使用频率、使用时长、阅读场所、阅读方式、付费方式、读物类型和依赖程度。比如，从使用频率和使用时长的角度来看，大多数在校大学生日平均手机阅读次数在2～3次，而每次利用手机开展阅读的时间都在5～30分钟之间。同时，本研究也进一步揭示了性别、年级、学科和使用手机类型这4个变量对在校大学生手机阅读行为的干扰作用。以学科为例，本研究发现该控制变量对用户的阅读场所和读物类型均有干扰作用。相对于理工科学生，来自社科、人文学科的学生在教室（专指上课、听讲座的时候）利用手机开展阅读的频次更高，同时，他们更为频繁地利用手机阅读手机报和电子书。

这些研究发现对笔者更加系统全面地了解上海在校大学生手机阅读的行为无疑具有很好的参考价值。但是，本研究在抽样方法上采取非随机抽样，这也就限制了本研究结论的适用性。也就是说，本研究的结论具有明确的适用条件，将本研究的结论推论到上海地区在校大学生这一总体的时候要极其慎重，否则就容易出现以偏概全的错误。同时，从数据分析的角度来看，本研究基本停留在描述性研究阶段，并未对相关变量之间的关系进行深入的数据挖掘工作，这也不得不说是本研究的另一缺憾。作为后续研究，笔者将仍以上海地区为例进一步考察在校大学生手机阅读的主要动机、满足程度以及影响他们手机阅读满意度的影响因素。

参考文献

[1] CNNIC. 第26次中国互联网络发展状况统计报告．[2010－10－08]. http://research.cnnic.cn/html/1279173730d2350.html.

[2] 中国移动浙江阅读基地今天将正式运营．网易科技报道．[2010－09－21]. http://tech.163.com/10/0505/08/65THA3PJ000915BE.html.

[3] 易观国际．中国手机阅读市场用户调研报告2010. http://wenku.baidu.com/view/5aa33efff705cc1755270977.html.

[4] 邱皓政．量化研究与统计分析:统计分析方法丛书．重庆:重庆大学出版社,2009.
[5] 张樊．手机阅读是“轻阅读”时代的产物?．信息网络,2010(3):67.
[6] 第六次国民阅读调查研究成果．[2010-10-08]. http://wenku.baidu.com/view/efec9a75f46527d3240ce004.html.
[7] 肖倩,杨成．2009手机媒体:迈入3G新时代．传媒,2009(12):30-33.
[8] 刘冬冬,何人可．3G手机用户界面设计探讨．包装工程,2007(5):98-100.
[9] 夏皮罗,瓦里安．信息规则:网络经济的策略指导．张帆,译．北京:中国人民大学出版社,2000.
[10] 哇哈哈．手机阅读革命．百姓,2009(3):71-72.

作者简介

李　武，男，1980年生，助理研究员，发表论文30余篇。
谢　蓉，女，1971年生，副研究馆员，发表论文10余篇。
金武刚，男，1973年生，副教授，发表论文30余篇。

第二节　在校大学生手机阅读使用与满足分析*
——以上海地区为例

1　引　言

随着移动增值业务的发展和移动终端功能的提升，手机已经成为继报纸、广播、电视和互联网之后的“第五媒体”。在手机媒体化和网络化的进程中，手机阅读得到了蓬勃发展。根据中国出版科学研究所第七次国民阅读调查，与2008年相比，2009年国民每天平均接触纸质图书和报刊的时间有所下降，而上网和进行手机阅读的时间则在增加。2009年人均手机阅读的时长为6.06分钟[1]。那么目前用户手机阅读使用行为呈现哪些特征？主要动机是什么？满足程度如何？影响手机阅读满意度的影响因素又有哪些呢？这些都是非常值得深入研究的问题。

传播学一直重视媒介与受众之间的关系研究，并通常基于使用与满足的视角研究这个问题。自20世纪40年代以来，使用与满足理论经历了所谓的“传统”和“现代”两个发展时期[2]。新媒体的发展和扩散使它又迎来了第二次复兴机会[3]，许多学者以互联网和手机为考察对象进一步验证并发展该理论[4]。本文以使用与满足为理论基础，同时参考罗森格伦所提出的范式构建研究框架[5]，以上海市在校大学生为考察对象，重点探讨用户手机阅读的“使用行为”、“使用动机”、“满足程度”和“人口特性”这4个维度，并探索彼此

* 本文系《图书情报工作》杂志社出版基金项目“在校大学生对手机阅读的接受行为及其影响研究”（项目编号：2010CB08）和2009年上海交通大学文科科研创新计划项目（项目编号：09QN02）研究成果之一。

之间的关系（其中关于“使用行为”方面的发现已单独撰写成文，本文不做详细介绍），如图1所示。

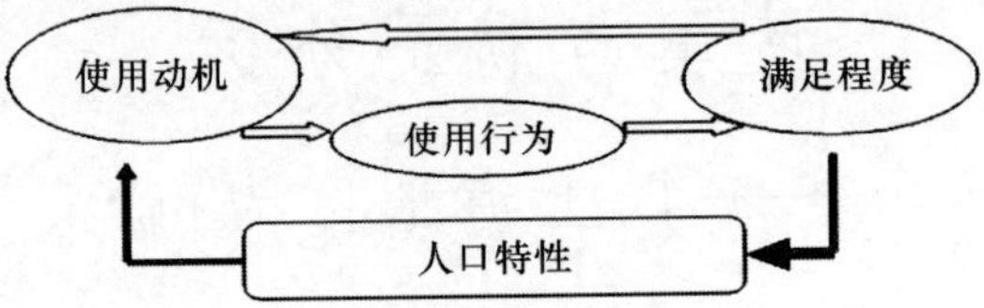

图1　本文的研究框架

2　研究方法

2.1　选择样本

本文的调查对象为上海市在校全日制大学生，包括本科生和研究生。在抽样方面采取非随机抽样，但重点在复旦大学、上海交通大学、华东师范大学、上海大学、上海理工大学和上海对外贸易学院做了宣传工作。这6所大学分别代表上海市综合性大学和专业性大学，同时也代表了教育部重点大学和地方普通大学。

2.2　问卷预测试

第一轮预测试旨在发现问卷内容及其问项表述方面的问题，预测试对象为上海交通大学媒体与设计学院2009级文化管理专业15位本科生。第二轮预测试则重点考察利用OQSS在线版设计的调查问卷在技术方面是否还存在问题，预测试对象为上海交通大学媒体与设计学院2009级传播学专业10位研究生。两轮预测试共历时12天。

2.3　在线问卷发放与数据回收

问卷于2010年9月5日正式发布，截至9月20日，收到205份反馈问卷。由于事先做了技术限定，所有问卷均无缺失值。剔除无效问卷后，最终保留有效问卷183份。只要符合下述两条原则之一，即可判定为无效问卷：①连续10道题目答案相同且来自同一个IP；②在学科题项上填写的内容答非所问或无法识别。

2.4 研究样本构成

在性别方面，男性75人，占41.0%；女性108人，占59.0%。在学历方面，研究生为65人，占35.5%；本科生为118人，占64.5%，其中包括低年级本科56人和高年级本科生61人。在学科方面，来自社科/人文的学生为118人，来自理工科的学生为65人，两者分别占样本总数的64.5%和35.5%。另外从使用手机类型的角度来看，3G手机使用者和非3G手机使用者的人数分别为61和122，其对应的比例为33.3%和66.7%。

3 数据分析与结果

3.1 动机与满足量表因子分析

由于在测量使用动机和满足程度这两个变量方面所设置的问项较多，为了方便后续分析，本文首先利用因子分析法减少变量维度。以操作动机量表为例，运用主成分分析法提取公共因子，并采用Varimax法对初始公共因子进行方差最大正交旋转。经由分析后萃取出的5个公共因子矩阵如表1所示。

表1 经过旋转后的动机量表因子分析结果

量表因子	构面				
实际问项	1	2	3	4	5
我希望通过手机阅读打发无聊时间（比如等待或坐公交/地铁的时间）	.897	.192	.135	.276	.093
我希望通过手机阅读利用零碎时间（比如等待或坐公交/地铁的时间）	.835	.230	.192	.373	.099

续表

量表因子	构面				
实际问项	1	2	3	4	5
我希望通过手机阅读获取到通过传统纸质阅读方式不能获取的读物	.199	.875	.161	.110	.175
我希望通过手机免费或低成本地开展阅读活动	.167	.740	.213	.417	.100
我希望通过手机阅读方便地发表和转发评论	.227	.154	.880	.169	.153
我希望通过手机阅读与作者和其他读者产生互动	.081	.236	.844	.225	.244
我希望通过手机阅读及时获取资讯信息	.375	.244	.198	.811	.190
我希望通过手机阅读随时了解新闻动态	.415	.195	.285	.775	.091
我希望通过手机阅读赶上潮流和时髦	.051	.140	.215	.160	.924
我希望通过手机阅读满足自己尝试新事物的欲望	.306	.547	.305	.047	.590

通过观察，本文将第一公共因子命名为“工具性期望”，具体是指用户希望将手机阅读作为打发无聊时间或利用零碎时间的有效工具；将第二公共因子命名为“替代性期望”，具体是指用户希望手机阅读在某些方面可以替代传统阅读，包括阅读成本的可接受度和阅读内容的可获得性；将第三公共因子命名为“互动性期望”，具体是指用户希望在阅读过程中能与作者或其他读者进行交流和互动；将第四公共因子命名为“资讯性期望”，具体是指用户希望利用手机阅读及时方便地获取新闻动态和资讯信息；将第五公共因子命名为“创新性期望”，具体是指用户希望利用手机阅读满足自己尝试新事物的欲望或赶上潮流和时髦。这 5 个公共因子解释的总体方差量累计高达 89.6%。

随后，本文以同样的方法对满足量表进行了因子分析。通过因子分析，本文对满足量表也萃取了 5 个公共因子，并分别命名为“工具性满足”、“替代性满足”、“互动性满足”、“资讯性满足” 和 “创新性满足”。这 5 个公共因子解释的总体方差量累计为 87.9%。

同时，本文还对动机变量和满足量表进行了信度测试。测试结果表明，整份包含 10 个问项的动机量表的 Cronbach α 值达到了 0.909，基于标准化问项的 Cronbach α 值为 0.910。整份包含 10 个问项的满足量表的 Cronbach α 值达到了 0.887，基于标准化问项的 Cronbach α 值也高达 0.889。这充分说明了本文的动机量表和满足量表的信度都非常好。

3.2 用户使用动机和满足程度分析

在完成因子分析之后，本文分别考察了在校大学生手机阅读的主要动机和满足程度，所采用的方法为基本的描述统计分析，具体包括两个统计指标：均值和标准差，结果如表 2 所示。

表 2 动机与满足变量的均值和标准差列表

变量	均值		标准差	
	绝对值	降序排序	绝对值	升序排序
动机				
资讯性期望	4.114 8	2	1.134 11	2
工具性期望	4.322 4	1	1.101 89	1
互动性期望	3.174 9	4	1.191 56	4
替代性期望	3.672 1	3	1.216 48	5
创新性期望	3.016 4	5	1.151 80	3
满足				
资讯性满足	4.084 7	2	1.086 73	2
工具性满足	4.155 7	1	1.064 70	1
互动性满足	2.975 4	5	1.175 85	5
替代性满足	3.505 5	3	1.157 86	4
创新性满足	3.035 5	4	1.144 79	3

在使用动机方面，在校大学生手机阅读最为主要的两大动机是“工具性期望”和“资讯性期望”；同时这两个变量的标准差最小，说明这两大动机在在校大学生群体中个体差异也最小。而“创新性期望”是五大动机中最弱的一个动机。在满足程度方面，在校大学生对手机阅读在“工具性”和“资讯性”方面所提供的服务最为满意；同样，这两个变量的标准差也最小，也充分说明了这两大满足维度在在校大学生群体中个体差异最小。而在校大学生对手机阅读在“互动性”方面所提供的服务最不满意。

从变量均值排序对比来看，在校大学生手机阅读的使用动机和满足维度大致是一一对应的，其中排名前三位的使用动机和满足维度完全对应，只有后两位的顺序有所出入。接下来，本文利用相关分析探索这两个变量之间的关系。在操作层面，考虑到所有的动机变量和满足变量都属于连续变量，本文利用皮尔森相关系数判断两两变量之间的密切程度[6]。结果如表3所示。

表3　动机变量与满足变量的相关分析结果

变量	资讯性满足	工具性满足	互动性满足	替代性满足	创新性满足
资讯性期望	.900（**）	.627（**）	.434（**）	.550（**）	.334（**）
工具性期望	.696（**）	.802（**）	.331（**）	.520（**）	.303（**）
互动性期望	.516（**）	.365（**）	.770（**）	.406（**）	.502（**）
替代性期望	.578（**）	.451（**）	.400（**）	.714（**）	.389（**）
创新性期望	.489（**）	.374（**）	.579（**）	.456（**）	.726（**）

** 相关是在0.01水平（双尾）上显著的。

上述相关分析表明：①所有的动机变量和对应的满足变量的相关强度均高于该动机变量与其他任何满足变量的相关强度。以“资讯性期望”为例，该动机变量与“资讯性满足”变量之间的相关系数高达0.900，位居该变量与所有满足变量的相关系数之首。②所有的动机变量除了与对应的满足变量存在显著相关关系之外，与某些其他满意变量也在不同程度上存在显著的相关关系。以“工具性期望”

为例，该动机变量不仅与“工具性满足”显著相关，与“资讯性满足”和“替代性满足”这两个变量的相关系数也都在0.5以上。

3.3 用户满意度的影响因素分析

为了更加深入地了解在校大学生手机阅读的使用与满足之间的关系，本文将以使用行为、使用动机及人口变量作为自变量，以用户满意度作为因变量，进行多元回归分析。考虑到解释变量之间存在特定的先后关系，本文采取阶层回归分析方法。换言之，将人口变量作为第一区组，将使用动机变量作为第二区组，将使用行为变量作为第三区组。另外，为了将所有自变量纳入回归分析，对其中的5个定类变量做了对应的虚拟变量转换工作。结果如表4所示。

分析表明，人口变量（第一区组）对用户满意度没有显著的解释力（$R^2=0.018$，$p=0.523$）；使用动机变量（第二区组）的投入能显著有效地提升模型的解释力（$\triangle R^2=0.716$，$\triangle p=0.000$）。而且，这5个动机变量对用户满意度的解释力都达到显著水平。其中，“工具性期望”变量的贡献程度最大（Beta = 0.275），其次分别是“创新性期望”、“互动性期望”、“资讯性期望”和“替代性期望”。同时，在投入使用行为动机变量后，第一区组中的“使用手机类型”变量对用户满意度的解释力也具有了统计意义（$p<0.05$）。

分析进一步表明，使用行为变量（第三区组）的投入对模型的解释力有所提高，但效果非常有限（$\triangle R^2=0.054$，$\triangle p=0.005$）。而这有限的贡献来源于“依赖程度”、“使用频率”、“阅读场所”和“阅读方式”这4个变量。另外，在投入使用行为变量之后，“替代性期望”变量已不足以解释用户满意度（$p>0.05$），“工具性期望”变量对用户满意度的贡献程度降低（Beta =0.176），而“使用手机类型”、“资讯性期望”、“互动性期望”和“创新性期望”这4个变量的贡献程度在某种程度上都有所增加。

表 4　用户满意度的阶层回归分析结果摘要

变量	模型内的变量	第一区组			第二区组			第三区组		
		t	p	Beta	t	p	Beta	t	p	Beta
人口变量	性别_虚拟	-. 011	-. 146	. 884	-. 053	-1. 218	. 225	-. 048	-1. 137	. 257
	年级	-. 012	-. 162	. 871	-. 007	-. 169	. 866	. 018	. 422	. 674
	学科_虚拟	. 087	1. 124	. 263	-. 030	-. 713	. 477	-. 056	-1. 233	. 219
	使用手机类型_虚拟	. 099	1. 319	. 189	. 080	2. 006	. 046	. 095	2. 275	. 024
使用动机	资讯性期望				. 199	3. 130	. 002	. 234	3. 476	. 001
	工具性期望				. 275	4. 545	. 000	. 176	2. 608	. 010
	互动性期望				. 203	3. 785	. 000	. 213	3. 895	. 000
	替代性期望				. 161	2. 904	. 004	. 111	1. 950	. 053
	创新性期望				. 243	4. 477	. 000	. 290	5. 203	. 000
使用行为	使用频率							. 124	2. 524	. 013
	阅读场所_公共交通							. 155	3. 154	. 002
	阅读方式_通过收取短信/彩信的方式阅读							-. 171	-2. 276	. 024
	依赖程度							. 206	2. 342	. 020
模型摘要	R^2	. 018	. 734	788						
	P	. 523	. 000	. 000						
	ΔR^2	. 018	. 716	. 054						
	ΔP	. 523	. 000	. 005						

备注:模型中使用行为变量共有 18 个(包括虚拟变量)。限于篇幅,本表只列出对因变量具有显著解释力的使用行为变量。

4 讨　论

在使用动机方面，本文发现在校大学生手机阅读最为主要的两个动机是“工具性期望”和“资讯性期望”。这与路易斯和巍然等人关于手机使用动机的研究发现基本是吻合的[7]。碎片化是当前社会的一个重要特征[8]。时间同样也被碎片化了，即整块的时间往往被割裂了。对于学习和生活在上海和北京这样的大都市的人们，时间的碎片化更为明显，很多时间都被浪费在乘坐公共交通或排队等待上，在校大学生这一群体同样也不例外。作为一种新的媒介，手机媒体是手机本身和网络的结合体[9]。也就是说，手机不仅具备贴身移动性，同时也具备网络可接入性的特性。因此，用户希望借助手机这一媒介特性随时随地都可以利用零碎时间和获取信息资讯，这也就较好地解释了为什么“工具性期望”和“资讯性期望”会成为在校大学生手机阅读的两大主要动机。

交互性和创新性是新媒体相对于传统媒体的媒介特征。有研究表明用户使用互联网的主要动机就包括网络媒体所提供的交互功能和创新特质[10]。但是，本文发现“互动性期望”和“创新性期望”在在校大学生手机阅读的动机中是比较次要的。用户对手机阅读的“互动性期望”较低的原因可能是目前大多数用户手机阅读的阅读时长通常较短（本次调查证实了这一点）。因此在短短的几分钟内，用户更多地是希望阅读文本和获取信息本身。另外目前大多数学生使用的手机都是非3G手机（本次调查也证实了这一点），而传统手机对互动功能的支持较差[11]，这也很有可能降低了学生对手机阅读的“互动性期望”。“创新性期望”是所有动机中最弱的一个动机，这或许是因为手机阅读在学生当中已经不再是新鲜的事物。大家都觉得手机阅读是“正常”的行为，因此也就不会太期望利用手机阅读这一行为来满足自己尝试新事物的欲望了。

在满足程度方面，本文发现在校大学生对手机阅读在“工具性”、“资讯性”、“替代性”、“互动性”和“创新性”方面所提供的服务的满意度认知与他们对手机阅读使用动机的重要性认知大致是一一对应的，其中前三项完全吻合。本文也进一步发现，在校大学生手机阅读的满足程度与其使用动机呈现不同程度的相关关系，且所有的动机变量和对应的满足变量的相关强度均高于该动机变量与其他任何满足变量的相关强度。使用与满足理论告诉我们，人们使用媒介的目的都是满足自己的需求[12]，而且使用动机越强，满足程度越高[13]。这也就很好地解释了本文在满足与使用变量两者关系方面的发现。使用与满足理论最主要的意义在于改变了人们对媒介效果的传统思考方式[14]。但是由于提出时间的缘故，传统的使用与满足理论并未考虑到计算机和手机等新媒体的用户使用与满足情况。从这个角度来看，本文的这一发现也进一步验证了传统的使用与满足理论在手机阅读领域的适用性和解释力。

在用户满意度影响因素方面，本文发现在校大学生手机阅读使用动机是影响他们使用满意度的重要因素。除此之外，本文还发现使用频率、依赖程度、阅读场所、阅读方式和使用手机类型也是影响用户满意度的重要因素。其中，使用频率和依赖程度与用户满意度密切相关，因此不难理解它们在影响用户满意度过程中所发挥的重要作用。对于阅读场所变量，本文发现用户在公共交通上手机阅读越频繁，满意度也越高。正如前面提到的，用户手机阅读的首要动机是“工具性期望”，即利用零碎时间或打发无聊时间。而在公交或地铁等公共交通上开展手机阅读活动无疑是利用碎片化时间的最好方式，这也就较为充分地解释了阅读场所对于用户满意度的重要性。对于阅读方式变量，在将其转换为虚拟变量时，本文选择以“直接登录 WAP、WWW 在线阅读的方式”作为参考类。相对于选择直接登录进行阅读的用户，通过收取短信、彩信进行阅读的用户满意度显著低些（Beta $= -0.171$，$p<0.05$）。这种现象的产生或许可以解释为前者大多属于主动阅读型用户，后者大多属于被动阅读型用户，而通过被动阅读所获取的满意度往往不如通过主动阅读所获取的满意度。对于使用手机类型变量，在将其转换为虚拟变量时，本文选择以非 3G 手机使用者作为参考类。相对于非 3G 手机使用者，3G 手机使用者对手机阅

读的满意度要显著高些（Beta = 0.095，$p < 0.05$）。这种差别在很大程度上可以归因为3G手机相对于非3G手机的独有优势：3G的宽带宽和高速率以及更为友好的用户界面[15-16]。

5 结 论

通过调查分析，本文获取了关于上海市在校大学生手机阅读的使用动机、满足程度和用户满意度影响因素等方面的一手数据，后续研究可以基于这些研究发现为手机阅读的推广提出切实可行的建议。这可以说是本文的现实意义。本文在学术层面的贡献则主要体现为通过手机阅读这一用户媒介消费行为再次验证了使用与满足理论在新媒体领域的适用性。当然，在运用传统使用与满足理论时，本文也充分考虑到了手机媒体区别于传统媒体的特征，包括移动性、工具性和互动性等。这为今后的类似研究提供了有益的参照。

本文也存在诸多不足之处，比如非随机抽样就在很大程度上限制了本次研究结果的推广意义。另外，考虑到经费成本的预算控制，本文采用的是在线问卷调查法。本次调查是在2010年9月初开展的，导致了部分大一本科新生由于尚未购置电脑或开通网络连接服务而未能顺利填写调查问卷，这恐怕也是本次调研样本中大一学生的数量要明显少于其他年级学生的主要原因。另外，相对于发放纸质问卷而言，利用在线问卷，研究者无法对被调查者填写问卷的时间和地点进行适当的调节和控制，这也在一定程度上影响了被调查者答题的正确程度。

参考文献

[1] 中国出版科学研究所．第七次全国国民阅读调查．[2010-08-02]. http://news.163.com/10/0420/09/64N1QPJS000146BD.html.

[2] 殷晓蓉．美国传播学受众研究的一个重要转折——关于“使用

与满足说"的深层探讨．中州学刊,1999(5):58 61.
[3] 斯坦利·丹尼斯．大众传播利理论:基础、争鸣与未来．曹书乐,译．北京:清华大学出版社,2004.
[4] Ruggiero T E. Uses and gratifications theory in the 21st century. Mass Communication & Society, 2000(3):3 –37.
[5] Rosengren K E. Uses and gratifications: A paradigm outlined// Blumler J G, Katz E. The uses of mass communication. Beverly Hills: Sage Publications,1974.
[6] 邱皓政．量化研究与统计分析:统计分析方法丛书．重庆:重庆大学出版社,2009.
[7] Louis L, Ran W. More than just talk on the move: Uses and gratifications of the cellular phone. Journalism and Mass Communication Quarterly, 2000(2):308 –320.
[8] 费瑟斯通．消费文化与后现代社会．刘精明,译．南京:译林出版社,2005.
[9] 邓瑜,陶涛．手机媒体:移动媒体的终极形态．中国记者,2006(4):64 –65.
[10] Kaye B K. Uses and gratifications of the World Wide Web: From couch potato to web potato. The New Jersey Journal of Communication, 1998(6):21 –40.
[11] 匡文博,王权．手机媒体发展的三大趋势．传媒,2010(5):59 –60.
[12] Wall M. Blogs of war: Weblogs as news. Journalism, 2005(2): 153 –172.
[13] Palmgreen P. Uses and gratifications: A theoretical perspective// Bostrom R N. Communications years book. Beverly Hills: Sage Publications, 1984.
[14] McQuail D. With more handsight: Conceptual problems and some ways forward for media use research. Communications, 2001(4): 337 –350.

[15] 肖倩，杨成．2009 手机媒体：迈入 3G 新时代．传媒，2009(12)：30－33.
[16] 刘冬冬，何人可．3G 手机用户界面设计探讨．包装工程，2007(5)：98－100.

作者简介

李　武，男，1980 年生，助理研究员，博士，发表论文 30 余篇。

第三节　高校图书馆如何推广手机阅读*

——基于对在校大学生手机阅读的调查结果

1 引　言

有研究者[1]把 Web2.0 时代的网络阅读称为阅读 2.0。移动阅读在阅读 2.0 中占有重要地位。据“第七次全国国民阅读调查”，我国约有 16.7% 的国民通过网络在线阅读，14.9% 的国民使用过手机阅读，另有1.3% 的国民使用其他手持阅读设备。与 2000 年相比，国民每天平均接触报纸、图书、期刊的时间有所下降，而上网和进行手机阅读的时间则在增加[2]。另据《第 26 次中国互联网络发展状况统计报告》，截至 2010 年 6 月，我国的手机网民已达 2.77 亿，网络文学使用率为 44.8%，用户规模达 1.88 亿，是互联网娱乐类应用中用户规模增幅最大的一项。其中，通过手机在线/下载阅读网络文学作品的用户达到 30.7%[3]。

* 本文系《图书情报工作》杂志社出版基金项目“在校大学生对手机阅读的接受行为及其影响之研究”（项目编号：2010CB08）研究成果之一。

从传播的效果来看，手机阅读具有社会性、交互性、即时性、便携性、人性化、个性化等2.0的共同特征和优势，不仅能以新颖的形式满足人们古老的阅读需求，而且能为图书馆争取到大量新生代读者。因此，高校图书馆行业理应抓住机遇，主动出击，积极在大学生群体中推广手机阅读服务。

2 研究方法

本研究采用焦点小组法（focus group）。焦点小组是由主持人引导并通过与研究对象的交谈来搜集与特定主题相关的数据和资料的方法。它是一种质化研究方法，其价值在于常常可以从自由进行的小组讨论中得到一些意想不到的发现。

在具体实施方面，本研究分别针对上海地区在校大学生和高校图书馆员两个群体开展两轮焦点小组讨论。第一轮针对学生群体的焦点小组时间为2010年9月25日，地点为上海交通大学媒体与设计学院学术沙龙中心。除了两位主持人之外，在上海交通大学、华东师范大学和上海对外贸易学院共征募到10位在校大学生。由于事先做了统筹安排，从使用角度来看，这10位大学生均为手机阅读使用者；从学科的角度来看，理工科和社科、人文专业学生各占一半；从年级的角度来看，本科生7位，研究生3位。焦点小组共持续两个小时，分三个阶段。第一阶段由主持人介绍前期的量化研究及其发现（约15分钟），第二阶段由参与成员讨论这些研究结果的策略意义（约75分钟），第三阶段由研究者汇总众多成员的观点并让成员予以确认和补充（约30分钟）。第二轮针对高校图书馆员的焦点小组时间为2010年10月2日，地点为一茶馆二楼。除了两位主持人之外，共有5名高校图书馆馆员参与，他们分别来自上海交通大学图书馆、上海大学图书馆和上海对外贸易学院图书馆，这5名高校图书馆馆员都曾经利用手机开展过阅读活动。焦点小组共持续一个半小时，程序与第一轮相同，只是第二阶段持续时间缩短为1个小时左右。

3 研究结果

根据前期量化研究发现和焦点小组访谈结果，本文认为高校图书馆推广手机阅读应立足于战略、内容、服务和技术四个维度，如图1所示。

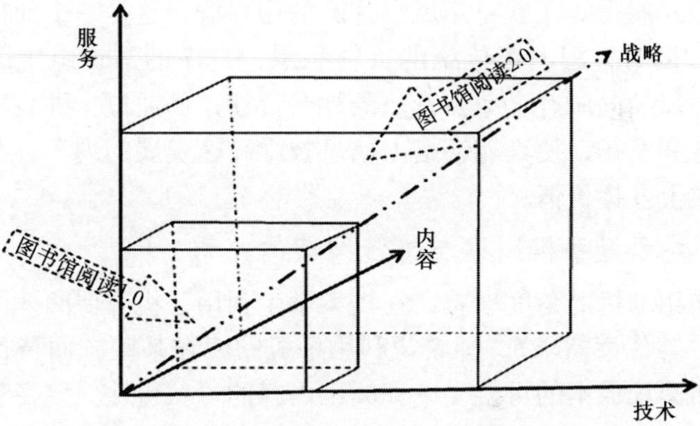

图1　图书馆手机阅读推广策略框架

这4个维度也充分揭示了传统图书馆阅读（这里称之为图书馆阅读1.0）和图书馆阅读2.0（手机阅读是其重要形式之一）之间的继承和创新的辩证关系。图书馆阅读2.0是图书馆阅读1.0的延续和扩展，在内容、技术和服务三个方面都有大量新的内容，而战略则统领了这三个方面。因此，战略、内容、服务和技术4个维度构成了笔者研究高校图书馆推广手机阅读策略的有效分析框架。

3.1　战略维度

3.1.1　将手机阅读提升到图书馆战略发展高度

从依赖性的角度来看，在所调查的在校大学生样本中，将近一半（49.7%）的大学生表示对手机阅读“比较依赖”或“非常依赖”。从阅读年限和阅读频率的角度来看，在校大学生也都是手机阅读的积极使用者。其中，在已经利用手机开展阅读的在校大学生群体中，超过一半（占50.3%）的学生使用年限在1年或1年以上。日平均次数在1次以上的学生数量占样本总数的77.6%，这一数据远远高于易观国际调研报告的对应数据（45%）[4]。因此，结合第二轮焦点小组讨论结果，建议高校图书馆应该把重视手机阅读提到战略高度，将手机阅读列为图书馆数字战略的一个重要组成部分。如果手机图书馆等移动应用开展得好，就将拓展一片新的用户群，这是一个尚待开发的"蓝海"。同时，图书馆传统的资料积累、有序的知识组织、专业的服务能力以及向所有人免费开放的社会责任，都通过一种崭新的形式得到延伸和发扬，使其能够搭上信息技术高速发展的列车，在一个更高的层次上发挥价值。

3.1.2 处理好手机阅读与传统阅读的关系

从使用动机的角度来看，在校大学生利用手机开展阅读的一个需求就是"替代性需求"，即希望利用手机阅读在某些方面替代传统阅读，包括阅读成本的可接受度和阅读内容的可获得性。该变量均值为3.67，排在5个动机中的第三位，可见是在校大学生手机阅读的一个重要动机。OCLC在2005年进行的"图书馆与信息资源的理解"调查同样也证实了这一点，图书馆必须摆脱与传统纸本图书的捆绑，在读者心中树立新的形象，与信息捆绑，到读者所在的地方去[5]。自古以来，图书馆一直被誉为人类知识的宝库，大学图书馆被认为是大学的心脏。然而随着网络时代的到来，各类信息随手可得，人们不再以图书馆作为查找信息、学习知识的中心，搜索引擎似乎取代了图书馆的地位，图书馆被边缘化的趋势日益明显。因此，结合第二轮焦点小组讨论结果，建议高校图书馆应该遵循继承和创新相结合的原则，在资源建设方面，协调好传统资源和数字资源的关系；在阅读推广层面，处理好数字阅读（包括手机阅读）和传统阅读的关系。

3.2 内容维度

3.2.1 在内容类型方面，提供消遣性和资讯性内容

从使用动机的角度来看，在校大学生手机阅读最为主要的两大动

机是“工具性期望”（均值是4.3）和“资讯性期望”（均值是4.1）。同时这两个变量的标准差最小（分别为1.10和1.13），说明这两大动机在在校大学生群体中个体差异也最小。换言之，在校大学生利用手机开展阅读一方面是希望打发无聊时间或利用零碎时间；另一方面也是希望及时方便地获取新闻动态和资讯信息。因此，结合第一轮焦点小组讨论结果，建议高校图书馆在为学生提供手机阅读内容方面应该以消遣性和资讯性等内容为主。华东师范大学图书馆和上海交通大学图书馆在这个方面做了较好的示范。华东师范大学图书馆为了让读者能随时随地获取图书馆服务资讯，于2010年3月开通了便于手机访问的网站，其中就包括最新动态栏目[6]。上海交通大学手机图书馆也于同年11月上线，读者可以通过手机查询最新的图书馆新闻通知、最近一个月的讲座与培训内容以及图书馆FAQ问题集等内容[7]。高校图书馆除借鉴这两家图书馆的做法之外，还可以通过手机图书馆提供其他资讯信息，包括天气预报、娱乐信息、新闻、交通和地图指南。

3.2.2 在内容渠道方面，加强与内容提供商合作

从付费方式的角度来看，共有96位在校大学生采用按包月方式支付浏览费用的方式，占样本总数的比例超过50%。这表明大多数大学生接受收费服务方式，包月方式是目前在校大学生开展手机阅读行为的主要付费方式。另外，表示“只阅读免费的手机读物”的用户人数仅占样本总数的1/4。因此，结合第一轮和第二轮焦点小组讨论结果，建议高校图书馆在提供手机阅读服务的过程中不仅提供传统的信息服务，还可以考虑与内容提供商如上游出版发行行业联合起来，在提供免费服务为主的前提下，辅之以代理销售信息资源的新形式，例如可以采用优惠付费下载模式。图书馆应遵守相关法律制度，在内容提供商授权之后，由读者支付或图书馆支付，或各按比例支付，开展移动阅读服务。这样图书馆可以成为数字出版产业链的最终一环，通过与内容提供商的合作，完善内容渠道，搭建服务平台，为用户服务。具体的做法很多，如目前上海图书馆与盛大文学网站的合作模式。从2010年7月开始，盛大文学通过“云中书城”向上海图

书馆提供海量的数字版权，提供给读者丰富的数字阅读内容。

3.3 技术维度

3.3.1 结合用户实际情况和技术发展趋势，完善手机阅读平台

从阅读方式的角度来看，46%的在校大学生采用直接登录 WAP、WWW 在线阅读的方式，通过客户端软件进行手机阅读的在校大学生占 27%。从技术的发展趋势来看，随着 iPhone 等智能手机的普及，手机客户端方式正在逐渐取代 WAP 和手机浏览器方式而成为主流，如苹果公司 iOS 以及谷歌公司的 Andriod 平台上的各类应用（apps）爆炸式地增长。同时手机阅读也有平台化标准化的趋向，比较著名的有苹果公司 iBook 和亚马逊公司的 Kindle 等。图书馆在这方面已经有现实的应用，最近上海图书馆已经开发出了 iphone 手机客户端应用软件。因此，结合第二轮焦点小组讨论结果，建议高校图书馆顺应趋势，主动开发手机应用服务，以满足大学生群体更加追求时尚、崇尚技术的特点。这类应用目前很少有商业产品可以直接安装，涉及图书馆现有系统操作环境、用户界面和资源特点等技术因素，一般需要图书馆根据自己的系统特点和个性化需求进行开发，因此有技术队伍的图书馆可以自行研发，也可以外包开发，也可以采用与其他图书馆或技术提供商合作的方式，率先尝试应用移动技术。譬如世界最大联机目录数据库 WorldCat、奥克兰大学图书馆等都与美国移动技术提供商 Boopsie 合作，提供移动阅读服务。

3.3.2 努力攻克技术难点，营造交互的阅读环境

从满足用户体验的角度来看，在校大学生对手机阅读在“互动性”方面所提供的服务最不满意，均值只有 2.97。之所以会出现这样的情况，与目前移动应用平台的种类繁多、标准不一、不够成熟有关，且受制于 3G 应用在大学生中较低的普及程度。所谓交互式阅读，主要是指阅读者和阅读对象具有双向的信息交流，通常取决于软硬件平台的性能和网络带宽。目前的手机图书馆大多基于短信平台，WAP 服务也不多见。如果要传递全文，大多数应用还只支持文本格

式，阅读体验较差。智能手机的高端应用能够支持跨平台的交互式应用（通常基于 Java），但无线通信带宽有限，网速慢且收费昂贵，加上手机的屏幕小、内存少，操作系统复杂多变，开发环境复杂，也影响了应用效果，许多图书馆手机应用不能给读者良好的阅读体验，常常是叫好而不叫座。此外，图书馆的数字资源通常来自于不同厂商，环境异构，资源格式不统一，缺乏开放接口，不支持第三方访问，在很大程度上限制了手机交互式应用的开发。因此，结合第二轮焦点小组讨论结果，建议高校图书馆在应用开发方面努力攻克技术难点，为读者手机阅读营造交互的阅读环境。

3.4 服务维度

3.4.1 抓住手机阅读移动特征，改变服务模式

从对用户使用动机和阅读场所的调研结果来看，在校大学生主要是希望利用手机阅读打发无聊时间或利用零碎时间，公共交通（比如公交、地铁或火车等）是在校大学生手机阅读最为频繁的场所。可见，手机阅读无所不在，完全可以离开图书馆进行。因此，结合第一轮和第二轮焦点小组讨论结果，建议图书馆改变传统的坐等读者上门的做法，积极开展推送业务，并为读者提供订阅服务。如可以将图书馆中的很多传统服务“手机化”，读者通过手机随时登录“我的图书馆”，查询借阅信息、了解讲座信息、查看图书馆推送的公告和图书馆图书排行榜及图书荐购信息等。此外，随着 Web2.0 社会网络的不断发展和完善，手机图书馆还能提供交互式服务和社会性网络服务，如通过“也借阅这本书的人”、“也评价了这本书的人”等，进行邀请交友，或者提供手机报下载、语音服务电话等个性化、社会化的媒体服务；甚至可以利用手机二维码做认证和手机付费，融借书证的办理、图书到期通知、续证、预约、查询、咨询、阅读、参与、社交、通知和支付等服务于一体。

3.4.2 针对不同群体的不同特征和需求，开展个性化服务

笔者的调查研究表明，性别、年级、学科和使用手机类型 4 个变

量对在校大学生手机阅读行为有干扰作用。结合第一轮焦点小组讨论结果，建议高校图书馆针对不同群体的不同特征和需求，开展个性化手机阅读服务。比如，从使用手机类型的角度来看，非3G手机使用者更倾向于通过收取短信、彩信的阅读方式，而3G手机使用者更倾向于通过客户端软件进行阅读，包括在线阅读和离线阅读。因此，对于同一内容的读物，可以考虑为非3G手机使用者和3G手机使用者提供不同的版本。针对非3G手机使用者，应定制以文本为主要表现形式的内容；针对3G手机使用者，就可以考虑定制多媒体版本，包括音视频内容、多媒体杂志、动漫等更丰富的媒体形式，为阅读者创造音乐、动画、视频等新的阅读感受。再比如，从学科的角度来看，来自社科、人文的学生比理工科的学生更为频繁地利用手机阅读手机报和电子书，而来自理工科的学生比来自社科、人文的学生更为频繁地利用手机阅读网站新闻。因此，高校图书馆在利用手机进行资源推送服务的时候，应根据学生的学科特点有所侧重，不能千篇一律。

4 结 语

谷歌中国前总裁李开复认为，手机正在取代PC成为个人信息中心，移动互联网的潜在规模是传统互联网的14倍[8]。中国拥有世界上最多的手机网民，有三分之二的网民经常通过手机上网，其中大学生占有很大比例，他们都是手机阅读的用户，都是手机图书馆的潜在读者，这给图书馆行业带来千载难逢的重大机遇，如果能针对Web2.0时代大学生手机阅读的特点，从战略上高度重视，从内容、技术和服务方面全盘统筹规划，积极实践，相信能为高校图书馆的发展创造出新的契机。本文是在移动阅读市场正开展得如火如荼的大环境下，在调查在校大学生手机阅读使用行为、使用动机和满足程度的基础上，结合后期的焦点小组访谈结果提出的一些对策分析，希望能对图书馆构筑移动服务体系、延伸网络化服务起到抛砖引玉的作用。

参考文献

[1] 谢蓉,张丽. 阅读2.0:新一代的图书馆阅读推广. 大学图书馆学报,2009(6):16-20.

[2] "第七次全国国民阅读调查"最终成果发布.[2010-11-12]. http://cips.chinapublish.com.cn/yw/201004/t20100419_68758.html.

[3] 中国互联网络信息中心. 第26次中国互联网络发展状况统计报告.[2010-12-10]. http://www.cnnic.net.cn/uploadfiles/pdf/2010/7/15/100708.pdf.

[4] 易观国际. 中国手机阅读市场用户调研报告2010.[2010-12-10]. http://wenku.baidu.com/view/5aa33efff705cc1755270977.html.

[5] Perceptions of libraries and information resources (2005).[2010-12-10]. http://www.oclc.org/reports/2005perceptions.htm.

[6] 华东师范大学移动图书馆开通.[2010-11-12]. http://www.lib.ecnu.edu.cn/structure/mweb_intro.

[7] 上海交通大学移动图书馆.[2010-11-12]. http://www.lib.sjtu.edu.cn/list.do? articleType_id=198&type=152.

[8] 李开复微博探讨移动互联网:机会是PC互联网14倍.[2010-12-16]. http://tech.sina.com.cn/i/2010-10-22/18104778894.shtml.

作者简介

谢　蓉，女，1971年生，副研究馆员，发表论文10余篇。

金武刚，男，1973年生，副教授，发表论文30余篇。

第三章　嵌入研究生学位论文研究过程的信息素养教育研究

第一节　信息素养研究领域全景分析*
——以1990—2009年SCI、SSCI和A&HCI发表论文为例

1974年美国信息产业协会主席Zurkowski P首次提出信息素养概念："人们解决问题是利用信息的技术和技能"[1]。1989年美国图书馆协会（ALA）发表《信息素养总统委员会报告》，给出信息素养的定义："作为具有信息素养能力的人，必须能够充分地认识到何时需要信息，并有能力去有效地发现、检索、评价和利用所需要的信息"[2]。2000年美国大学与研究图书馆协会（ACRL）发布了《高等教育信息素养能力标准》[3]：标准一是能确定所需要的信息的本质和范围；标准二是能有效地、有能力地获取所需要的信息；标准三是能批判地评价信息和信息源，并能将经过选择的信息融入自身的知识库和价值体系；标准四是能独立地或者作为小组成员有效地利用信息来完成特定的任务；标准五是了解信息利用过程中的诸多经济、法律和社会问题，在信息获取和利用时自觉遵守道德规范和有关的法律。因此信息素养的内涵涵盖了信息意识、信息知识、信息能力和信息道德

* 本文系《图书情报工作》杂志社出版基金重点资助项目"嵌入研究生学位论文研究过程的信息素养教育研究"（项目编号：2010CB02）研究成果之一。

四个方面。随着互联网的普及，海量可获取信息的增涨，人们对信息素养能力的需求也变得越来越强烈。2001 年美国教育技术 CEO 论坛第四年度报告中，已将信息素养能力列为了 21 世纪重要能力素养之一（其他有：基本学习技能（读、写、算的能力）、信息素养、创新思维能力、人际交往与合作精神、实践能力）。发达国家对提升人们信息获取技能和终身学习能力高度重视，开展了大量与信息素养教育相关的研究[4]。

鉴于文献计量学分析法能够从宏观层面上客观定量反映研究领域具有重要参考价值的全景概括，为研究领域的研究人员快速了解学科领域前沿，明晰信息素养的研究目标，集中有限力量在重点领域有所突破等，起到积极的促进作用，本文利用 ISI Thomson 公司的 TDA（Thomson Data Analyze）软件对 1990—2009 年期间三大引文数据库 SCI、SSCI 和 A&HCI 收录的信息素养研究领域论文进行多角度分析，包括信息素养研究领域发表论文的发展趋势，国家、期刊、学科、作者和高频关键词的分布情况，以期对信息素养研究领域提供多角度的全景分析。

1 方法与数据源

1.1 方法

TDA（Thomson Data Analyze）是美国 Thomson 公司开发的数据分析软件，该软件具有自动化程度高，界面友好、直观的特点，能提供一种轻松的方法，对文献数据进行深度挖掘和分析。使用 TDA 的一般步骤：①导入数据：确定一个研究领域，收集该研究领域内的文献信息数据，包括题目、摘要、参考文献等，将这些信息导入 TDA；②清理数据：将因标引格式不一致、写法不同、输入错误等数据不一致或错误现象进行规范清理；③分析数据：选择列表、比较或不同算法，对数据进行有效的分析；④生成报告：对导入的文献数据生成分析报告。

1.2 数据源

选择美国科学情报研究所 ISI（International for Scientific Information）三大引文数据库：科学引文索引扩展版（SCIE）、社会科学引文（SSC）和艺术人文引文索引（A&HCI）为数据源，以“information literacy”为主题检索词，语言选择英语，出版年代范围选择 1990—2009 年，检索出 1990—2009 年 20 年期间发表的研究论文（article）和评论文章（review），共计 491 篇论文（检索时间为 2010 年 4 月 9 日），引文文献为 11 784 篇。491 篇文献的总被引频次为 2007 次。下载 491 条以“information literacy”为主题词的文献全记录数据，利用 TDA 软件对 20 年期间信息素养研究领域内的文献数据进行多角度的数据挖掘和领域全景分析。

2 信息素养研究领域的论文分布情况

2.1 时间分布

1990—2009 年期间信息素养研究领域发表论文情况见图 1。从图 1 可知，1990—1996 年间，信息素养研究领域发表的论文都是以个位数计；1990—2009 年间，信息素养研究领域论文总体呈现逐年上升和较快速发展的趋势，2007 年达到高峰值，论文数量为 81 篇。

信息素养发表论文数量的增多也验证了面对信息社会的巨大挑战，信息素养正逐步成为“21 世纪的五种重要能力素养之一（基本学习技能、信息素养、创新思维能力、人际交往与合作精神、实践能力）”，成为信息科学、教育学、图书馆学等多学科领域专家和学者竞相研究和关注的热点。

2.2 国家分布

对信息素养研究领域发表论文 TOP10 的国家分析（见图 2）发现：美国以绝对的优势名列所有国家之首，发表论文总数为 255 篇，

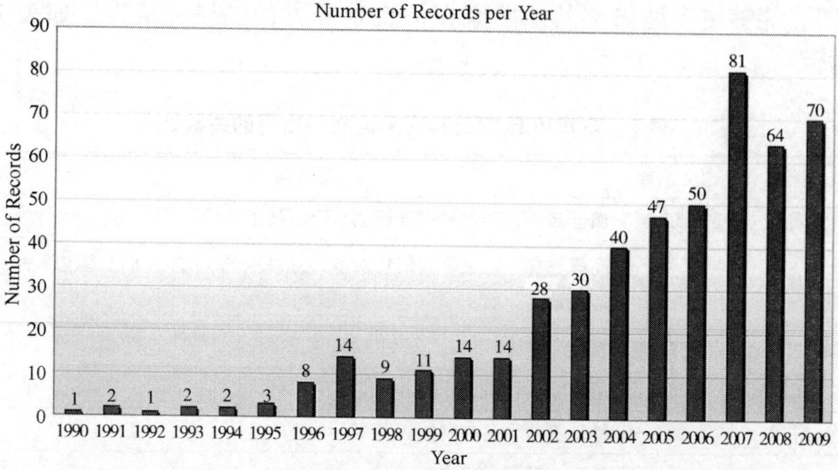

图 1　SCI、SSCI 和 A&HCI 收录信息素养研究领域论文的年代分布

占全世界发表论文数量总数的 51%，遥遥领先于其他国家，显示了美国在信息素养研究领域研究的核心地位。早在 20 世纪 80 年代中期，美国政府和相关组织就开始关注和重视信息素养教育，出台了相关的信息素养标准和指导方针，大力推行和实施信息素养教育，近年来依托网络和信息技术，美国高校在信息素养教育方面更是开展了深入的研究和实践[5]，因此深入的研究与论文成果产出相吻合也是必然的结果。英国、澳大利亚、加拿大和南非位居论文排名第 2 ~5 位，中国排名第 9 位，论文数量与美国相比还有很大差距。

对信息素养研究领域发表论文 TOP10 国家研究论文中出现的关键词分析发现：美国研究论文中出现的关键词主要有：循证实践、图书馆指导、评估和交流技术；其他各国研究论文中出现的关键词还涉及：高等教育、互联网、教学策略、用户研究、教育平台、知识共享等，由此可以看出信息素养的研究与图书馆、教育、网络技术密不可分，同时也更注重理论研究与实践效果的结合。值得注意的是中国论文中出现的关键词只有信息素养，因此无论从研究论文数量，还是研究内容覆盖度方面，还有较大的研究空间，需要结合我国国情的同时，能够更多地借鉴其他国家在信息素养方面的研究成果，如表1所示。

表1　TOP10国家及其研究论文中出现的关键词

国家	论文篇数	关键词
美国	255	循证实践、图书馆指导评估、交流技术
英国	47	高等教育、信息研究信息检索、互联网 学习、学术图书馆评估、信息策略
澳大利亚	31	教育平台
加拿大	28	可信度、评估
南非	16	教学策略、互联网知识共享
苏格兰	15	教师、学习寻证实践
新西兰	10	互联网、电子出版物
西班牙	9	用户研究、学术门户
中国	8	信息素养
威尔士	7	协同支持、馆藏发展

2.3　机构分布

信息素养研究领域发表论文TOP10的机构见图2。分析发现TOP10发文机构均集中于各国的大学，其中位于前5名大学的分别是：美国ILLINOIS大学、英国SHEFFIELD大学、加拿大的ALBERTA大学、澳大利亚的CHARLES STURT大学和南非的CAPE TOWN大学。通过对这5所大学图书馆网站的调研发现，图书馆均专门设立在线信息素养教育平台（见表2）。在线信息素养教育平台不仅给出信息素养定义、标准要求、案例研究和网上资源介绍，而且针对教与学两方面，提供从最基本的图书馆导航、检索技巧讲解，到提供明确的界定需求、查找信息、评价信息、合理利用信息、交流信息等具体技能方面操作步骤，以及多媒体课件下载、信息共享和协作学习空间和技术，为提升综合信息素养提供全方位指导。为建立和完善我国形式多样、内容丰富多彩的在线信息素养教育提供了非常重要的借鉴。

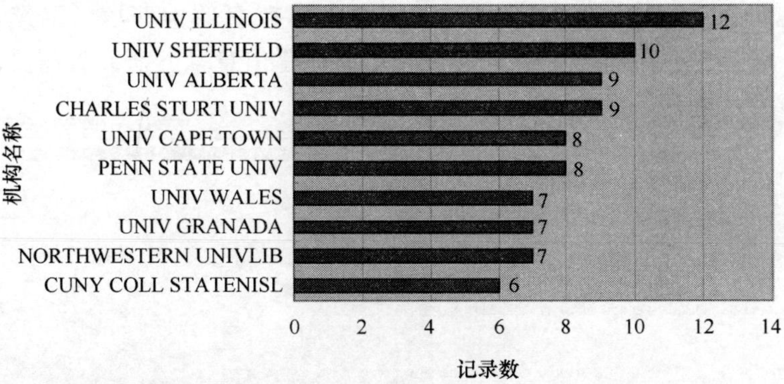

图 2　SCI、SSCI 和 A&HCI 收录论文的信息素养研究领域 TOP10 机构分布

表 2　五所大学图书馆在线信息素养教育平台链接

机构	论文篇数	信息素养教育在线平台
UNIV ILLINOIS	12	http：//www. library. illinois. edu/infolit/
UNIV SHEFFIELD	10	http：//www. shef. ac. uk/infocommons/students
UNIV ALBERTA	9	http：//guides. library. ualberta. ca/content. php？ pid = 58054&sid = 425432
CHARLES STURT UNIV	9	http：//www. csu. edu. au/division/library/research/info – lit/
UNIV CAPE TOWN	8	http：//www. lib. uct. ac. za/infolit/prephase. htm

2.4　学科分布

信息素养研究领域发表论文 TOP10 的学科分布见图 3。其中情报学与图书馆学是信息素养研究领域中最为活跃的学科，其他比较活跃的学科还包括：计算机科学与信息系统、教育和教育研究、护理学、科学学科教育、计算机科学交叉学科应用等多个学科，体现了信息素

养研究领域学科分布的多样化，以及相互之间的交叉和融合。针对不同学科研究领域特点，有机地将信息素养教育融入到专业课程教学和课题研究过程中，帮助教学者和研究者掌握有效地获取、筛选、评价、管理信息的理论、方法和技巧，也将是信息素养研究者需要面对的重要课题之一。

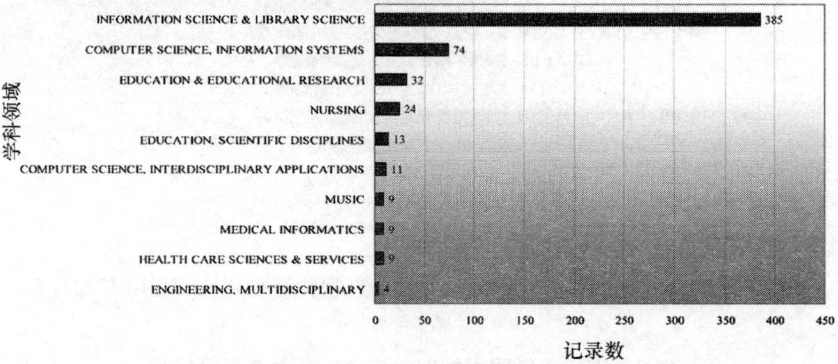

图3 SCI、SSCI 和 A&HCI 收录论文的信息素养研究领域 TOP10 发文期刊分布

2.5 发文和引文期刊分布

信息素养研究领域发表论文 TOP10 的发文和引文期刊分布如图4、图5 所示。

将前五位的发文和引文期刊相比较，发现 Journal of Academic Librarianship、College & Research Libraries 和 Reference & User Services Quarterly 三种期刊是相同的，说明这三种期刊是信息素养研究者关注最多、认可度最高的三种期刊，重点关注可以快速、全面地把握信息素养研究领域最前沿的研究成果。

2.6 作者分布

信息素养研究领域发表论文 TOP10 的作者见表3。其中发表论文数量最多的 5 位作者分别是：加拿大的 Julien，H、西班牙的 Pinto，M、澳大利亚的 Lloyd，A，以及美国的 Arp，L 和 Woodard，B S，他们

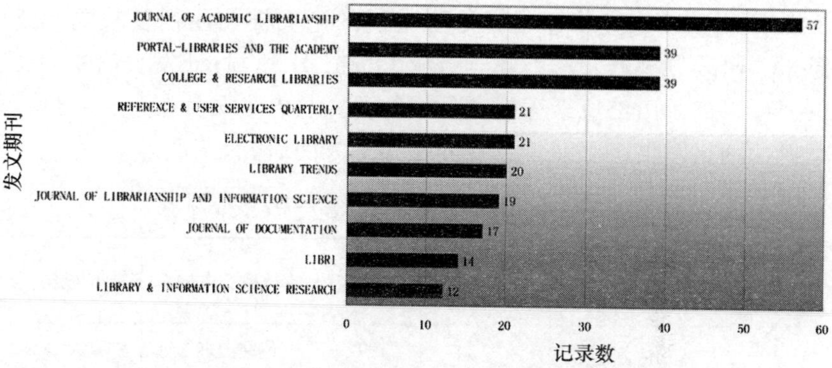

图4 SCI、SSCI和A&HCI收录论文的信息素养研究领域TOP10引文期刊分布

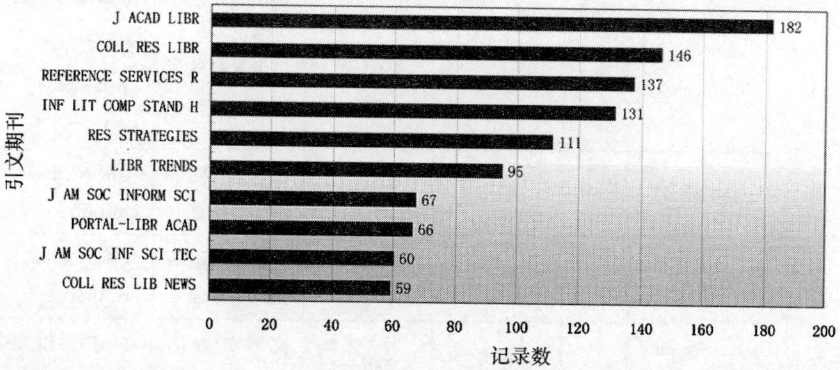

图5 SCI、SSCI和A&HCI收录论文的信息素养研究领域TOP10引文期刊分布

的研究方向主要集中于网络图书馆指导、信息素养指导、信息素养技能、案例研究等方面。

从高产作者的论文产出的年代来看，西班牙Pinto, M和美国Oakleaf, M的发文分别从2007和2008年才开始，应该是信息素养研究领域的新生力量，但是他们引入了信息素养案例、信息素养技能和能力等新的研究视角，对于信息素养研究人员，尤其对初入信息素养领域的研究人员，有较高的参考价值。

加拿大的Julien, H和澳大利亚的Lloyd, A所发表的论文被引频次及H指数较为突出，也就是说他们的论文被关注程度较高，是信息素养研究领域的领军人物。分析Julien，H和Lloyd发表论文的关键词，可以揭示出信息素养研究领域的研究热点主要分布于：信息素养案例、网络图书馆以及信息素养指导等方面研究。

表3　信息素养研究领域发表论文TOP10作者

编号	作者	论文篇数	总被引频次/H指数	发文年限	研究方向	机构
1	Julien，H	9	54/4	1997—2009	网络图书馆信息素养指导	加拿大Univ Alberta
2	Pinto，M	8	19/3	2007—	信息素养技能案例研究	西班牙Univ Granada
3	Lloyd，A	7	67/5	2003—2009	信息素养案例研究	澳大利亚Charles Sturt Univ
4	Arp，L	7	13/2	1990—	信息素养网络图书馆指导	美国Northwestern Univ
5	Woodard，B S	6	13/2	2002—	信息素养网络图书馆指导	美国Northwestern Univ
6	Owusu－Ansah，E K	5	38/3	2001—	高等教育图书馆	美国CUNY Coll Staten Isl
7	Mansourian，Y	5	19/3	2006—	互联网	伊朗Tarbiat Moallem Univ
8	Crawford，J	5	16/3	2004—2009	信息素养案例研究	苏格兰Glasgow Caledonian Univ
9	Oakleaf，M	4	5/1	2008—2009	信息能力	美国Syracuse Univ
10	Fourie，I	4	14/2	1999—2009	终身学习	南非Univ Pretoria

3 信息素养研究领域的研究热点分析

信息素养研究领域发表论文中出现的TOP10高频词，及其出现频次和出现年限，以及近3年的突现词
分析结果如表4和表5所示。

表4 1990—2009年信息素养研究领域论文TOP10高频词

编号	高频词（英文）	高频词（中文）	出现频次	出现年限
1	information literacy	信息素养	198	1990—2009
2	library	图书馆	59	1991—2009
3	case study	案例研究	54	1998—2009
4	information literacy skills	信息素养技能	46	1994—2009
5	information literacy education	信息素养教育	46	1996—2009
6	web - based library instruction	网络图书馆指导	45	1990—2009
7	life long learning	终身学习	44	1997—2009
8	information literacy program	信息素养项目	37	1995—2009
9	higher education	高等教育	33	1997—2009
10	baseline information literacy assessment	基准信息素养评估	30	1996—2009

表5 近3年信息素养研究领域的突现词分布（2007—2009年）

1	information literacy program	信息素养项目
2	users' information behavior	用户信息行为
3	information literacy skills	信息素养技能
4	web - based library instruction	网络化用户教育

由表4、表5可以清晰地发现，信息素养研究领域出现频率较高的排名前10位的关键词为：信息素养、图书馆、案例研究、信息素养技能、信息素养教育、网络化用户教育、终身学习、信息素养项

目、高等教育和基准信息素养评估；近3年信息素养研究领域的突现词为：信息素养项目、用户信息行为、信息素养技能和网络图书馆。这些出现高频次的关键词和突现词，在一定程度上揭示了近年在信息素养研究领域的研究热点，发现研究方向发生了以下转变：①在信息素养研究初期注重信息素养的理论基础研究，以指导性、标准化为重点；②在信息素养研究中期以信息素养教育为主，研究注重信息素养在高等教育中推广；③近年来信息素养研究逐步从理论向实践跨越，更加注重个人信息行为、技能的考量，注重信息素养的实证研究；④图书馆依然是信息素养研究和用户信息素养能力培养的重要单元；⑤近几年越来越重视信息素养的研究，成立专门项目对信息素养进行研究。因此，在互联网、信息时代，对于信息素养方面研究者而言，深入研究应更加关注：①网络图书馆的信息素养指导方式将具有更加广阔的信息素养教育发展空间；②对信息素养的研究需要注重信息素养培养对象的现有行为研究和未来技能培育；③多样化信息素养能力的培养与发展要取得良好的效果，不仅需要作为项目加以研究，更需要通过信息素养实践案例加以实证和推广。

4 小 结

在信息爆炸的网络时代，新的信息技术不断涌现，用户的信息行为不断变化，不仅作为人类生存与发展三大要素之一的信息变得越来越重要，而且人们对“获取信息”的信息素养能力的认识也发生了质的转变。信息素养已经不仅是人们具备简单的“理解以及与外界做有意义的沟通所需要的能力”，信息素养正逐步成为人们“适应知识社会、终生学习的基础”，个体的信息素养水平已经与国家整体获取信息的竞争力息息相关，信息素养教育越来越多地受到各国政府的重视，信息素养教育已经被列为欧美国家的重要教育发展策略之一[4]。

因此，本文以SCI、SSCI和A&HCI发表的信息素养研究领域论文为数据源，借助TDA分析软件，通过探索1990—2009年间信息素养研究领域发表论文的年代趋势，信息素养研究领域的 TOP 国家、机构、学科、期刊及作者分布，以及研究热点的分析，期望能够帮助我国信息素养研究领域的研究者快速了解信息素养领域的概况及研究热点。

参考文献

[1] Zurkowaski P. The Information Service Environment Relationships and Priorities//Washington D. C. National Commission on Libraries and Information Science, 1974.

[2] Presidential Committee on Information Literacy: Final Report//Washington D. C. : American Library Association (ALA),1989.

[3] Asscociation of College and Research Libraries(ACRL). Information Literacy Competency Standards for Higher Education. [2010 - 04 - 10]. http://www. ala. org/ala/acrl/acrlstandards/standards. pdf.

[4] 吴正荆, 孙成江. 国外信息素养研究的发展轨迹及主要成果. Library and Information Service 2006, 50(4): 60 - 63.

[5] 张静波. 信息素养能力与教育. 北京: 科学出版社, 2007:16 - 20.

作者简介

吴　鸣，女，1964 年生，研究馆员，学科咨询部主任，发表论文 30 余篇。

张杰龙，男，1983 年生，助理馆员，发表论文 5 篇。

王　丽，女，1982 年生，馆员，发表论文 3 篇。

刘艳丽，女，1981 年生，馆员，发表论文 10 篇。

欧阳峥峥，女，1983 年生，馆员，发表论文 2 篇。

第二节 嵌入中科院研究生学位论文研究过程的信息素养现状调查研究*

研究生的学位论文研究占研究生学习阶段时间的一半以上，是研究生开展科学研究工作的成果结晶，也是研究生能否获得学位的重要依据[1]。学位论文的质量综合体现了研究生运用科学理论、方法和技术手段解决实际问题的能力。通过学位论文，可以看出研究生是否掌握了坚实的基础理论和系统的专业知识，是否具有独立从事科学研究的能力[2]。因此，学位论文对研究生而言具有重要的意义。

研究生在完成学位论文的全过程中，自身具备科学研究需求的信息素养非常重要。美国图书馆协会（ALA）于1989年将信息素养定义为“能认识到何时需要信息以及有效地搜索、评估、使用所需信息的能力”。美国高校图书馆信息能力标准（2000年）规定的有关信息素养的5个一级标准为：“有能力决定所需信息的性质和范围；可以有效地获得需要的信息；评估和挑选信息并融入自己的知识库；能够有效地利用信息来实现特定的目标；能够熟悉与信息使用相关的经济、法律和社会问题；能合理合法地获取信息[3]。

本文根据对信息素养标准的解读[3-5]，针对研究生学位论文研究中选题、实验、写作、投稿4个阶段涉及到的信息意识、信息获取能力、信息评价能力等设计了17个问题。随机抽取了中国科学院（以下简称“中科院”）12个研究所的120位硕、博士研究生作为样本，调查研究生在完成学位论文过程中信息素养现状，并针对调查反映出的信息素养问题提出相应建议。

* 本文系《图书情报工作》杂志社出版基金重点资助项目“嵌入研究生学位论文研究过程的信息素养教育研究”（项目编号：2010CB02）研究成果之一。

1 调查概况

1.1 问卷设计

根据对信息素养5个标准的解读，问卷内容的设计包含研究生的信息意识、获取资源解决问题的能力、评价信息的能力、合理利用信息的能力以及对信息道德的理解5个方面。将这些内容与学位论文研究的选题、实验、写作、投稿4个阶段结合起来，设计了问卷框架，如表1所示。

表1 问卷题目分类情况

题目分类	数量	具体题目
选题	7	学位论文选题来源
		自主选题时所属情况
		了解学位论文研究背景的常用方法
		检索学位论文课题信息首先考虑的因素
		检索学位论文课题信息首先检索的信息源
		检索到大量信息时如何筛选信息
		如何确定论文的创新点
实验	2	持续追踪信息的渠道
		检索数值型、事实型等数据的方法
写作	1	撰写学位论文时主要遇到的困难
投稿	1	投稿时如何选择期刊
综合	6	学位论文研究过程中最难的阶段
		查找、利用信息时遇到的主要问题
		无法获取全文时所采取的途径
		学位论文研究过程中管理文献的方法
		如何理解信息合理利用
		是否愿意参加信息素养相关培训

选题阶段题目设计涵盖了题目来源、信息查找、筛选方法等，

由于这一阶段是学位论文研究的初始阶段，需要大量查找、阅读、筛选信息以了解课题背景知识，因而这一阶段是信息素养集中体现的阶段，共设置有 7 个题目。实验阶段信息素养具体体现在信息持续追踪与科学数值的查找方式上，共两个题目。写作阶段设置了一个题目，调查研究生认为这一阶段最为困难的问题。投稿阶段设有一个题目，调查了解如何选择投稿期刊。还有一些问卷题目涉及到学位论文研究过程的每一个阶段，因而都归于综合类，共有 6 个题目。

问卷中所有问题均包含 4 ~ 5 个选项，且都为不定项选择。调查对象只需根据自己的实际情况勾选符合的选项。如果提供选项均不符合调查对象实际情况，则可在“其他”选项中补充说明。

1.2 调查对象

随机选取中科院心理研究所、电子研究所、国家天文台、生态环境研究中心、光电研究院等 12 个研究所的硕、博士研究生共 123 人作为问卷发放对象。调查对象中，博士研究生为 61 人，占总人数的 51%，硕士研究生为 54 人，占总人数的 46%，还有 4 人未填写相关信息，占总人数的 3%。如图 1 所示。

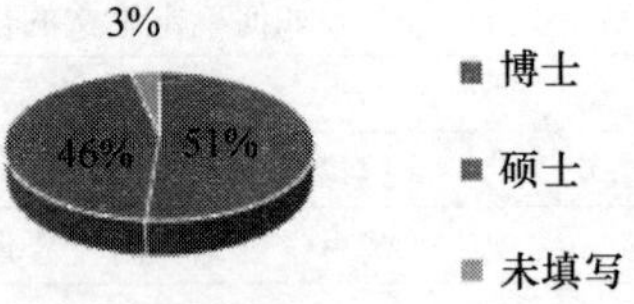

图 1 调查对象人员结构

回收有效问卷 120 份，回收率为 97.56%。各研究所回收的问卷份数，如表 2 所示。

表 2 各研究所回收问卷数量（份）

研　究　所	数量
中科院心理研究所	25
中科院微电子研究所	18
中科院国家天文台	15
中科院生态环境研究中心	13
中科院光电研究院	11
中科院遗传与发育生物学研究所	9
中科院声学研究所	7
中科院工程热物理研究所	7
中科院理化技术研究所	6
中科院电子学研究所	5
中科院物理研究所	1
中科院软件研究所	1
未填写	2
合计	120

1.3 调查统计

采用 Microsoft office excel 2007 软件对得到的数据进行统计和分析。由于问卷题目均为不定项选择，统计时以“选项被选次数/120”这一数值代表选择这一选项的研究生占总调查人数的比例。因此，同一题目下各个选项所占比例之和可能大于 1（调查对象多选的情况下）。对于所有题目，若“其他”选项无人选择，则在图表中不显示。

2 调查结果分析

2.1 选题阶段结果分析

2.1.1 学位论文选题来源

43.33% 的研究生由导师直接指定学位论文题目；50% 的研究生

为导师给定方向后自选；5.83%的研究生完全由自己选题。这一结果表明，超过一半的研究生需要通过自己的判断进行选题。如图2所示。

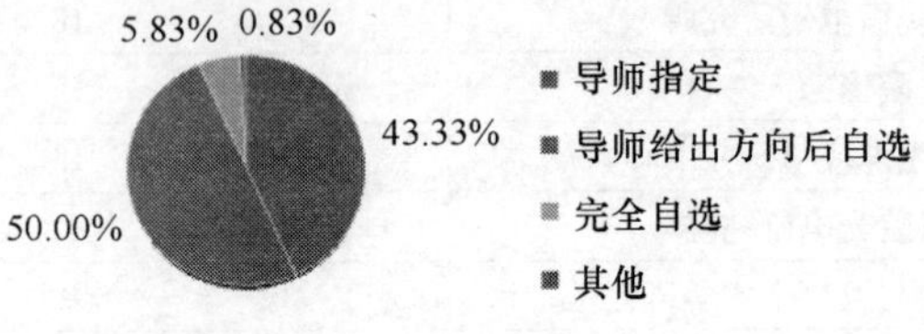

图2 研究生学位论文选题来源

2.1.2 自主选题情况

仅有31.67%的研究生在自主选题时对所选题目有把握；24.17%的研究生认为信息太多，无从下手；49.17%的研究生能够选出几个方向但无法确定选题（见图3）。从这一结果看出，约七成的研究生对于选题没有足够的把握，选题对于研究生来说依然具有很大的难度。

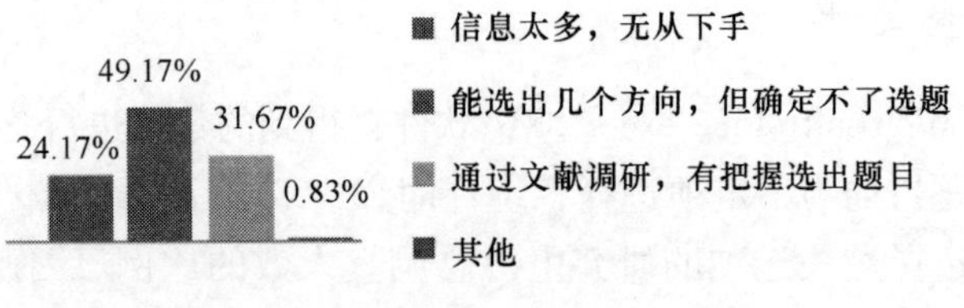

图3 自主选题时所属情况

2.1.3 了解背景信息常用方法

检索“学术搜索引擎”和“专业数据库”两个选项所占比例最高，均为68.33%；导师、学长等专家的经验也是重要的信息提供渠道，占35%；而利用传统的专著、图书来获取信息所占比例较少，为24.17%。从结果看，许多研究生了解学位论文背景的方法比较灵活，并不局限于某种固定模式，而是同时采取多种方法来获取相关信息（从大部分为多选可以看出）。鉴于调查对象为中科院研究生，他们对专业数据库的使用率相对比较高[6-7]。如图4所示。

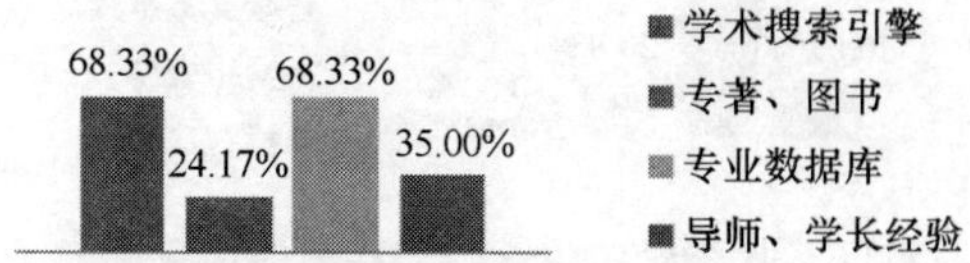

图4　了解学位论文课题背景信息常用的方法

2.1.4　检索信息时首先考虑的因素

选择直接使用关键词检索的研究生占82.5%；首先考虑找该领域作者、机构文献的研究生占25%；仅有19.17%的研究生会首先考虑确定学科范围、信息源（专著、期刊、专利等）及时间范围。结果表明，大部分研究生在检索学位论文课题信息时比较盲目，并未经过仔细考虑。如图5所示。

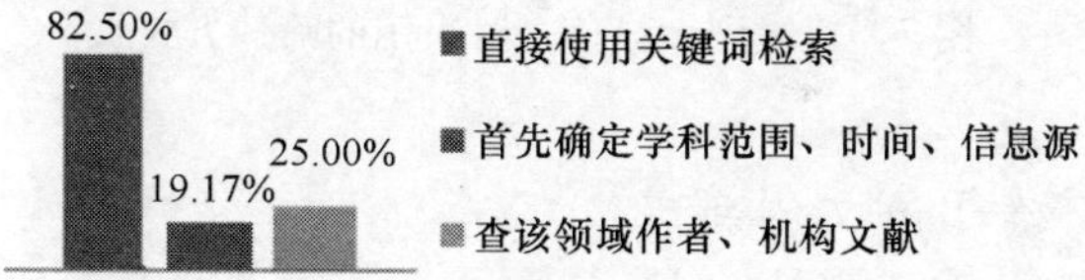

图5　检索学位论文课题信息时首先考虑的因素

2.1.5　首先检索的信息源

在检索学位论文课题背景信息时，64.17%的研究生首先检索的信息源为全文数据库；26.67%选择最先检索文摘数据库；20.83%的研究生最先检索网络资源；10%的研究生最先检索特种文献（专利、标准、会议、报告等）。结果表明，文摘数据库作为选题时重要的信息源，并未得到广大研究生的重视（见图6）。

2.1.6　筛选信息的方式

在检索到大量学位论文课题背景信息时，71.67%的研究生通过阅读摘要来挑选出最相关的文献；32.5%的研究生选择阅读综述文献来筛选信息；还有32.5%的研究生通过阅读核心文献（如核心期刊

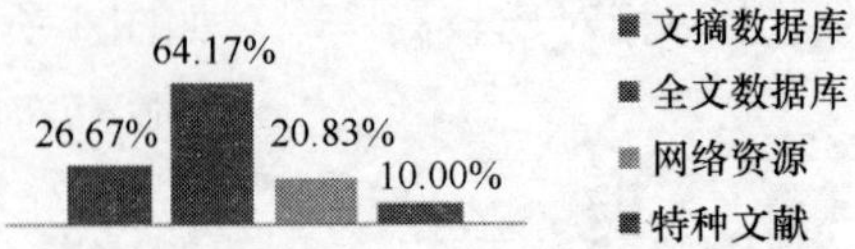

图6　检索学位论文首先检索的信息源

文献、高被引文献、核心著者文献等）来筛选信息。结果表明，研究生筛选信息的方式主要以阅读文章摘要为主，而综述文献和核心文献这两类非常有价值的文献类型并没有得到研究生的重视。如图7所示。

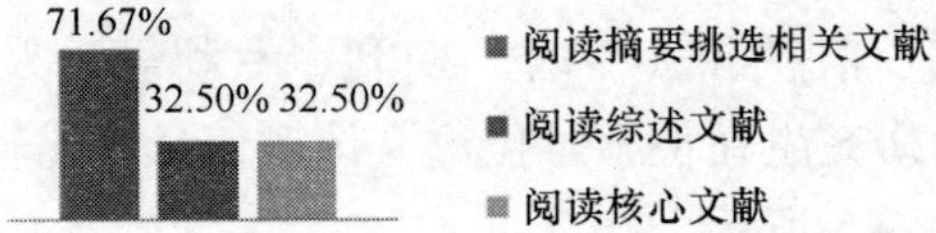

图7　检索到大量信息时采用的筛选方式

2.1.7　如何确定论文创新点

74.17%的研究生选择检索领域最新文献进行对比；20%的研究生直接交由导师判断；而15%的研究生未考虑过此问题。结果表明，大部分研究生忽略了对学位论文的创新性权威验证这一关键问题。因此，图书馆应该关注中科院研究生群体，主动为他们提供学位论文的查新检索服务。如图8所示。

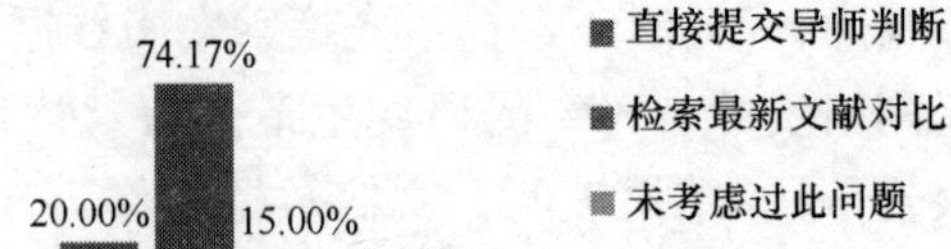

图8　撰写学位论文时如何确定创新点

2.2 实验阶段结果分析

2.2.1 持续追踪新信息渠道

76.67%的研究生通过定期检索数据库、期刊来持续跟踪新信息；20%的研究生会通过关注专业门户网站、论坛、科学家博客等方式来维持信息的及时更新；14.17%的研究生利用RSSFeed、alert、Google reader等来定制最新信息。结果表明，信息定制、alert功能等这些高效的信息追踪方式并没有在研究生中得到广泛应用。同时，专业门户、论坛、科学家的博客等也较少被关注，如图9所示。

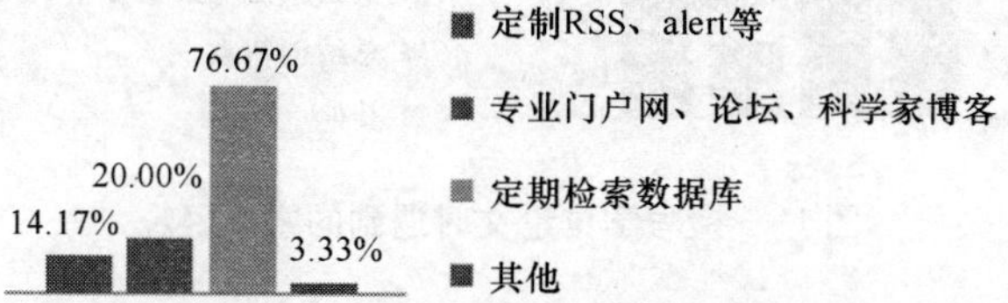

图9　持续跟踪新信息的渠道

2.2.2 数值、事实型数据查找途径

85.83%的研究生选择了利用搜索引擎或网络免费资源来进行查找；39.17%的研究生考虑了查阅参考工具书、手册（纸本或数据库）；还有21.67%的研究生选择从同行处获取。结果表明，目前研究生查找数值、事实型数据大部分依赖网络资源，而较少利用专业的手册和工具书。如图10所示。

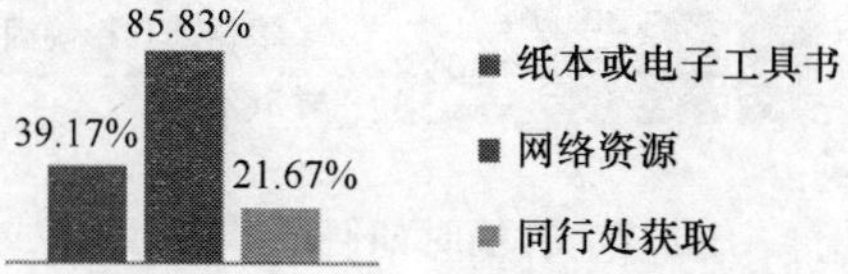

图10　检索数值、事实型数据的方法

2.3 写作阶段结果分析

这一阶段研究生碰到的主要困难依次是：发现问题，拟定论文的写作路线（46.67%）；总结、凝练创新点（43.33%）；概述总结该领域的研究现状（30%）；实验验证、数据分析（15%）及其他（1.67%）。其他选项上，主要是文献管理软件不熟练、以及基础知识不牢固等。如图 11 所示。

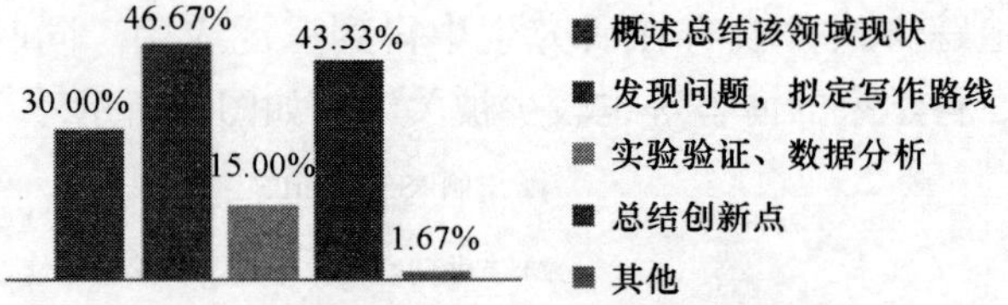

图 11　撰写学位论文时遇到的主要困难

2.4 投稿阶段结果分析

这一阶段考察了研究生选择投稿期刊的主要途径。51.67% 的研究生投稿由导师指定期刊，而其余研究生则需要通过自己判断选择。方法主要有学长、同学推荐（44.17%）；根据期刊影响因子排名选择（30%）；根据引用的参考文献，综合考虑期刊的方向、影响因子和自己的研究方向选择等方式。如图 12 所示。

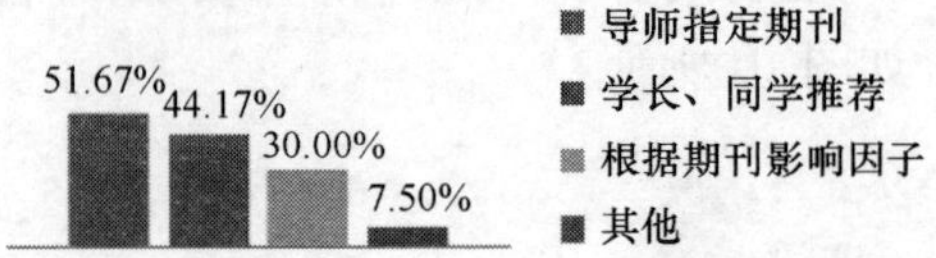

图 12　投稿时如何选择期刊

2.5 综合部分结果分析

学位论文完成过程是一个统一的、有机的整体，研究生的信息素养体现在整个过程中。这部分题目对学位论文过程中一些能够反映研究生的信息意识、信息行为、信息道德等的问题进行了调查。

2.5.1 学位论文研究过程最难的阶段

对于学位论文研究过程的 4 个阶段，46.67% 的研究生认为选题阶段最为困难，其次是写作阶段（40.83%）。实验阶段（16.67%）和投稿阶段（10.83%）的难度相对要小一些。这说明选题和写作这两个对信息素养要求较高的阶段对研究生来讲难度较大。如图 13 所示。

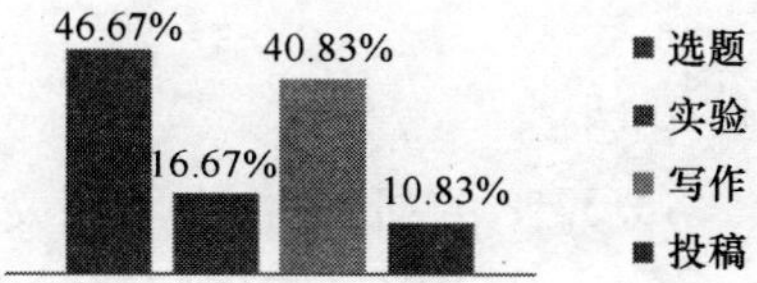

图 13 学位论文过程中最难的环节

2.5.2 查找、利用信息时的主要困难

在查找、利用信息过程中遇到的困难首先是无法获取全文（57.50%）；信息量太大（38.33%）以及缺乏最新信息获取的渠道并列第二（38.33%）；最后是信息获取费用太高（10%）。尽管中科院采用了多途径来保障全文的获取，但获取全文这一问题依然突出。如图 14 所示。

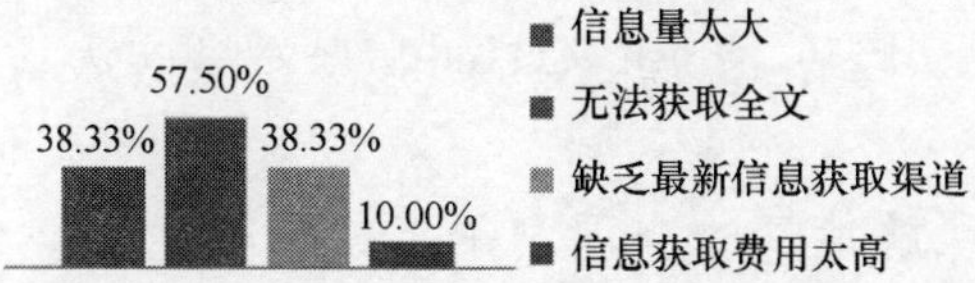

图 14 查找、利用信息中遇到的主要问题

2.5.3 无法获取全文时采取的途径

无法获取全文时，48.33% 的研究生通过找人代查、代借获取；40.83% 的研究生利用了图书馆文献传递服务；32.5% 的研究生选择

放弃该文献；另有 22.5% 的研究生直接向作者索取。这一结果与对医学硕士研究生的调查结果非常相似，即无法获取全文时，最常选择的两种方式是图书馆原文传递及找人代查代借[8]。如图 15 所示。

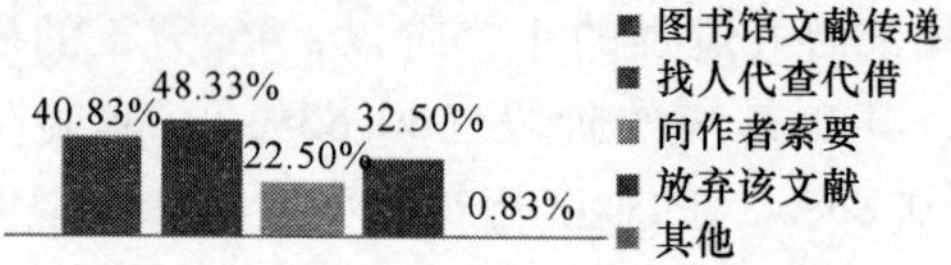

图 15　无法获取全文时所采用的途径

2.5.4　管理文献的方法

在文献管理上，43.33% 的研究生使用了文献管理软件（如：Endnote、NoteExpress 等），这与中科院国家科学图书馆购买 Endnote 文献管理软件，免费供研究生使用，并提供使用方法培训密不可分。丁香园网站对其用户（硕士生占 51%，博士生占 27%）使用文献管理软件的调查结果显示：仅有 37% 的用户从未使用过文献管理软件[9]，进一步表明文献管理软件越来越多地应用到科学研究中。如图 16 所示。

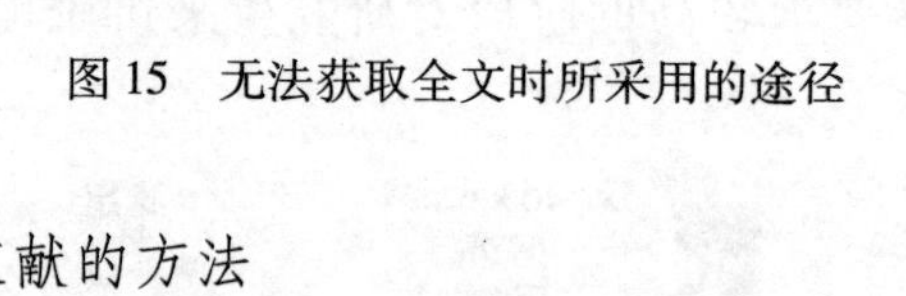

图 16　学位论文过程中管理文献的方法

2.5.5　如何理解信息的合理利用

71.67% 的研究生将合理利用信息理解为尊重知识产权；62.5% 的研究生理解为适量引用、不剽窃；28.33% 的研究生理解为不恶意下载。大部分研究生对信息的合理利用都有一定的理解，仅有 5% 的的研究生未考虑过此问题。如图 17 所示。

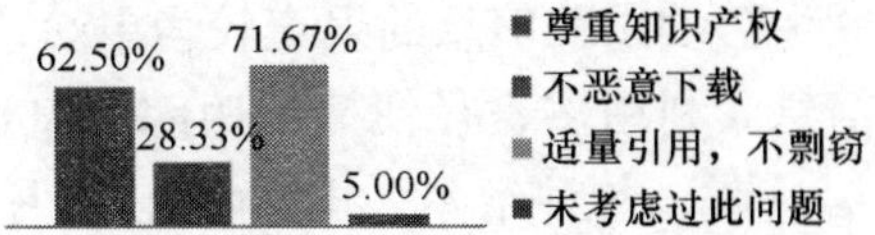

图 17　如何理解信息合理利用

2.5.6　参加培训意愿

对于是否有意愿参加研究生学位论文各环节培训的调查显示：31.67%的人迫切想了解学位论文各个环节的相关知识；56.67%的研究生希望了解其中的部分环节；还有21.67%的研究生希望参加，但是对时间的安排有所顾虑；仅有1.67%的研究生对此不感兴趣。与宁夏大学对684名在校研究所的调查结果相似，该校超过77%的学生愿意选修研究生“文献检索课”[10]。说明无论是中科院还是高校的研究生，都对信息素养方面的培训表现出强烈兴趣。如图18所示。

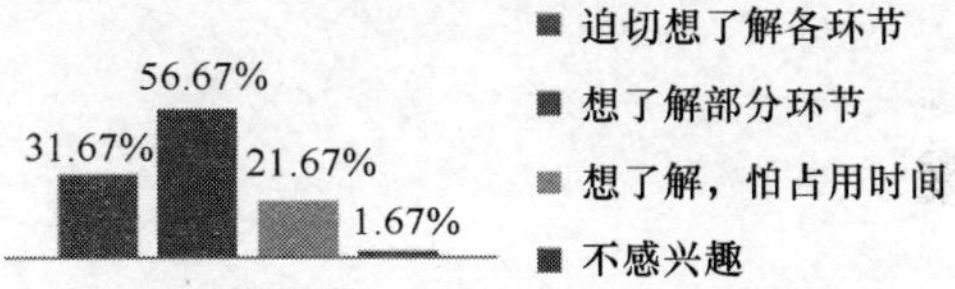

图 18　是否愿意参加学位论文相关的信息素养培训

3　结论与建议

3.1　结论

通过以上调查，可以大致了解目前中科院研究生在完成学位论文过程中的信息素养状况。选题阶段是研究生认为较为困难的阶段。特别是自主选题时，许多学生感到信息量太大而无从下手，并且对自己选择的题目没有足够的把握。这与其检索行为过于简单，没有清晰考虑信息源以及在信息筛选过程中未利用可靠高效的方法有关。

实验阶段研究生持续跟踪信息的渠道较为单一，大都通过定期检索数据库来获取信息。利用多途径便捷地跟踪信息还需进一步加强。检索数值、数据信息时，各种纸本、电子的工具书没有很好地被利用，大多数用户依然求助于免费的网络信息。在论文写作阶段，如何通过实证研究发现问题，拟定论文写作路线，以及总结凝练创新点是论文撰写过程中的主要难点。这与前期选题时对信息源是否准确选择、检索过程是否严谨规范以及信息筛选途径是否高效正确等都具有直接的联系。

文献管理软件得到了较好的推广，约一半的研究生利用了文献管理软件来管理文献。投稿阶段对于研究生来说相对简单，大部分研究生由老师直接指定投稿期刊，其余研究生也可以通过学长、同学的经验以及自己的判断选择出适合的期刊进行投稿。在对信息素养的态度调查上，几乎所有的研究生对学位论文过程中的信息素养相关培训表示出了积极的学习兴趣。大多数研究生对于合理利用信息也有恰当的理解。

3.2 建议

3.2.1 避免盲目检索

调查结果显示，选题时大多数研究生首先考虑的是直接使用关键词检索。在对一个领域还没有一定了解的情况下，直接使用关键词检索显得过于盲目。这往往导致检索的信息过多、信息质量也得不到保障，后期还会花费大量精力对信息进行筛选。若在检索之前先考虑清楚所需信息的学科范围、信息源（如专著、期刊、专利等）以及时间范围等因素，并制定相对准确的检索式，就会避免检索过多无用信息，从而使检索结果更加准确。

3.2.2 选择合适的信息源

在信息源的选择上，不同的研究阶段侧重有所不同。以选题阶段为例，全文数据库并不是唯一的选择。文摘数据库由于不提供全文，数据量更大，范围更广；而专利、会议、报告等特种文献类型，提供了领域内最新的信息以及发展动向。在选题时，检索课题信息必须保障信息查全、查准、查新。因此，文摘数据库、专利数据库、会议信息等都是选题过程中应该充分利用的信息源。

3.2.3 提高筛选信息效率

检索到大量信息时，如何高效地筛选出与课题密切相关的优质信息很重要。除直接阅读文献的摘要外，还可以采用一些高效的方式。通过数据库（如 Web of Science、Elsevier 等）的过滤、分析功能可以找出某一领域的核心文献，包括高点击率文献、高被引文献、同行推荐文献等。此外，阅读综述文献也是一种快捷而有效的途径。国外的综述文献一般多为该领域有很强影响力的学者所著，能够很好地反映该领域的研究进展，通过综述的参考文献也可以更方便地追踪该领域的研究情况。

3.2.4 确保选题创新性

在调查中，大多数人确定选题创新点的方法为自行检索领域最新文献进行对比。没有人选择委托图书馆查新。课题是否具有新颖性对于学位论文来说非常关键，图书馆的查新服务是保证课题新颖性的一种行之有效的方法。同时，请导师或是同领域相关研究者辅助判断也十分必要。

3.2.5 巧用信息定制

实验阶段需要持续跟踪最新文献，随时掌握研究领域最新动向。除了定期检索专业数据库外，RSS Feed、数据库的 alert 功能、google reader 等信息定制途径能高效地跟踪信息。各种信息定制途径能够根据用户对信息的具体限定以及指定周期（每天、每周、每月）提供多个数据源的信息，从而省去了逐个浏览各数据库的时间，提高了科研效率。

3.2.6 重视电子工具书

理工科类研究生在实验过程中需要查找很多数值型、事实型数据。电子工具书是一种可靠的途径。与网络信息相比，各种专业的数值型、事实型数据库的信息通常都经过验证，内容准确。如若研究领域比较边缘或是过于狭窄而难以查找到相关数值数据，从同行处获取信息也是一种有效的途径。

3.2.7 善用文献管理软件

利用一些文献管理软件如 Endnote、NoteExpress、RefWorks 等，能大幅提高写作效率。以 Endnote 为例，该软件能够对已有参考文献进行分类管理，有利于随时方便地查找到所需文献。通过其分析功能，可以找出领域内高产作者、高影响力期刊。在文章撰写过程中，能够方便地插入参考文献，自动生成所需的参考文献格式，自动调整参考文献顺序。这些都为研究者节省了大量时间，也省去了繁琐的参考文献编写工作。

3.2.8 多途径获取文献

获取文献的方法很多，当所在机构开通的资源不能满足需求时，可以借助图书馆的各种服务来满足。以中科院国科图为例，馆际互借、原文传递、随易通等服务，都能在很大程度上满足用户的需求。另外，各种专业门户网站、论坛、科学家或学科馆员的博客等也能提供一些相关的文献信息。如小木虫论坛上的文献求助版块，将所需文献发布到平台上，大多数情况下会有人及时提供全文。通过在国外的老师、同学也可获取一些国内比较难找的文献。若是通过以上途径都没有找到，直接发邮件给作者也是一种不错的选择。

3.2.9 合理选择投稿期刊

在选择投稿期刊时，听取导师、学长的意见很重要，他们对于整个领域的研究情况以及各类期刊的特点比较了解，能够推荐合适的投稿期刊。借助数据库的分析功能（如 Web of Science）能够分析某一领域发文期刊的排名情况，这也能为投稿提供一定的参考。同时，通过对自身研究的分析以及对选题、撰写文章时搜集文献所属期刊进行分析，通过这些期刊的影响因子、投稿接收倾向，进而找准合适的期刊投稿，也是一种行之有效的方法。

3.2.10 遵循信息道德规范

在学位论文研究过程中，须遵循信息道德规范，做到合理利用信息。包括：在利用数据库查询信息时避免恶意下载；在撰写期刊（会议）论文、学位论文引用某种信息时，声明引用信息的出处，始终如一地使用一种适宜的引用格式；使用受专利权保护的资料时显示版权及免责声明等；此外，遵循与获取和使用信息资源相关的法律、规定、机构性政策；不把他人的作品，包括研究团队中其他成员的成果据为己有等。

参考文献

[1] 程萍,陈静. 研究生学位论文质量过程监控系统设计与实现. 武汉理工大学学报(信息与管理工程版), 2007(3): 57 - 60.

[2] 张雪霞. 从学位论文选题的跨学科现象看研究生的培养模式. 体育学刊, 2006(1): 88 - 91.

[3] 毕世栋. 研究生信息素质教育的价值与模式. 教育研究与实验, 2009(1): 27 - 31.

[4] 张贵荣. 信息素质教育的研究与实践. 图书馆理论与实践, 2004(2): 100 - 102.

[5] 成颖, 孙建军, 徐美凤. 国外信息素质研究. 图书情报工作动态, 2004(03): 57 - 63.

[6] 薛晓芬. 网络环境下体育学校研究生信息素质调查与分析. 中国科技信息, 2007(23):286 - 287.

[7] 徐颖. 关于加强对研究所信息素质教育的几点思考. 长春师范学院学报(自然科学版), 2005(4):155 - 157

[8] 何怡, 马俊, 黎小沛等. 医学硕士研究生信息资源需求取向研究. 图书馆工作与研究, 2008(3): 89 - 93.

[9] [2010 - 06 - 28]. http://www.dxy.cn/cms/portal/survey/result/53.

[10] 陈晓波. 研究所信息素质状况及继续教育的需求分析. 图书馆理论与实践, 2006(5):79 - 81.

作者简介

欧阳峥峥，女，1983年生，馆员，发表论文2篇。

吴　鸣，女，1964年生，研究馆员，学科咨询部主任，发表论文30余篇。

刘艳丽，女，1981年生，馆员，发表论文10篇。

张杰龙，男，1983年生，助理馆员，发表论文5篇。

宋秀芳，女，1970年生，副研究馆员，发表论文8篇。

第三节　嵌入学位论文撰写过程的信息素质教育研究*

1　引　言

学位论文是学位申请者本人在导师的指导下独立完成的研究成果。学位论文生产过程可以分为选题、开题、实验或调查、中期考核、撰写、修改、盲审、答辩等几个阶段。每个阶段的主要工作任务不同，选题阶段需要广泛阅读相关综述性文献，同老师频繁交流。当确定具体细节方向后，按照开题报告格式准备开题，开题通过是开题阶段结束的标志。随后研究进入实质阶段，进一步检索和阅读文献、设计实验或调查、完成实验、解释试验现象等环节依次进行，期间可能穿插着中期考核。同时撰写工作或者已经开始或者准备开始，中期考核之后论文撰写工作必须开始，撰写完成之后要经过几次修改，直到答辩结束。因此，论文撰写是完成学位论文过程中耗时比较长的一个阶段。本文调阅了哈尔滨工程大学2010年毕业的以理工科为主的

* 本文系《图书情报工作》杂志社出版基金重点资助项目“嵌入研究生学位论文研究过程的信息素养教育研究”（项目编号：2010CB02）研究成果之一。

硕士研究生论文盲审评阅意见202份，归纳总结了负面评阅意见，访谈了3位硕士生导师以及18位来自于5所高校已经毕业的研究生，结合《图书情报工作》杂志社出版基金项目“嵌入研究生学位论文研究过程的信息素养教育研究”针对中国科学院12个研究所的120位硕、博士研究生进行的调查访谈，梳理了研究生撰写阶段的起点、经常遇到的问题或者困惑，通过定性分析，结合多年针对研究生的信息素质教育实践，剖析产生这些问题的原因，探讨利用信息素质导航图有针对性地进行信息素质教育的可行性。

2　学位论文质量评价

学位论文是对研究生进行科学研究或承担专业工作的全面训练，是培养创新能力，培养综合运用所学知识分析问题、解决问题能力的重要环节。撰写学位论文是研究生培养过程中的核心任务，研究生培养质量主要体现在学位论文的质量上。但是近年来论文质量滑坡已是公认的事实，有专家认为：“我国的硕士生学位论文普遍存在文献综述和分析不充分，研究方法不够科学严谨，创新性不够或者缺少创新性等问题”[1]。为此，各高校陆续建立论文开题报告查新制度、论文中期考核制度、论文预答辩制度、论文抽查制度、优秀论文评选制度、高水平论文发表制度等。有的学校还利用学术不端检测系统，对学生论文进行测度。本文归纳总结了2010年毕业的硕士研究生论文盲审评阅意见202份，其中负面意见主要体现在7个方面。

2.1　学术道德与学术规范方面

论文格式不规范；抄袭；所论述的问题在问卷中没有提及，有杜撰嫌疑；数据来源不明；图示使用不规范，没有题头；缺少研究规范。

2.2　创新方面

创新不足；创新不明显；综述缺少归纳总结，几乎没有个人见解。

2.3 参考文献方面

参考文献不真实；参考文献中缺少核心期刊和权威著作；外文参考文献数量少；近三年参考文献不足；文献研究单薄，研究设计以及方法的选用没有显示出对新成果的借鉴和尝试；文献调研不够，参考文献过少；引用的参考文献与论文相关性不大；参考文献信息不完整，缺少页码。

2.4 论文结构、逻辑论证方面

论文只有结果没有结论；论据不能支持论点；论文结构失衡，没有主要介绍自己的研究成果；逻辑结构不严谨；论文题目和内容不符；章节题目和内容不符；综述与论文主体分离，关联性不强；论述层次上有罗列关系而没有逻辑关系；缺少对研究发现的讨论。

2.5 研究方法与数据或者实验方面

研究方法单一；数据和结果之间不匹配；实验过程描述过于笼统，应给出具体的实验过程、参数设置以及说明；实验结果中缺乏对数据以及图形详细的分析与比较；没有具体模型和数据就给出仿真结果；实验结果缺少分析与比较；数据分析方法简单；数据分析不够透彻，不能支持结果；缺少实验条件和对比实验的介绍。

2.6 选题方面

选题过宽；选题过窄；选题有意义，但缺少新意；选题不够明确，研究对象不清。

2.7 其他问题

研究内容超出应有的学科范围；结论与现实不符；语言不顺畅；工作量不足；概念混乱；中英文摘要不一致；关键词抽取不当；标题过长。

3 信息素质在学位论文撰写过程中的体现

以上7个方面专家负面意见产生的原因很多。学术氛围、培养环境、治学态度、知识基础、导师水平等是主要原因；除此之外，研究生的信息素质不高也是重要原因之一，这与图书馆的信息素质教育不够、手段落后有着直接的关系。

信息素质主要体现在利用信息解决实际问题的能力。随着信息环境的变化，信息素质教育的内容不断演进，有些知识单元的内涵得以充实，有些知识单元内容逐渐萎缩，有些知识单元逐渐退出历史舞台，有些知识单元是昙花一现，有些知识单元得以重新归类，有些知识单元正处于孕育成长阶段。整体上说，信息素质教育内容不断完善，有将科学素养、数据素养、技术素养融合的趋势①。下面结合针对研究生的访谈总结，分析信息素质在研究生撰写学位论文过程中的体现。

3.1 学位论文撰写过程概述

研究生学位论文撰写过程差异很大，时间短的可能只用1个月就可完成论文，其他时间就是继续课题研究或者找工作；有的人则花费的时间很漫长，占据了绝大多数的时间。导师基本上都是把硕士研究生的学位论文当做学术训练的一个过程。但导师之间差别也很大，有的导师忙于自己的科研和教学工作，对学生学位论文撰写的具体过程并不关注，学生有问题可以随时联系导师；有的导师全程悉心指导，对研究生撰写学位论文过程中可能出现的问题了如指掌。研究生求学动机各不相同，有些想就业，花太多时间做论文对就业起的作用很有限，而且很多时候撰写学位论文与求职时间冲突，因此学校的底线要求成为一些导师和学生的最高标准。

---

① 张玲．未来的关键技术及其发展趋势与挑战——2009年Horizon报告要点．图书情报工作动态，2009（4）：13－15.

整体上讲，撰写学位论文是研究生第一次承担目标明确、时间周期相对比较长、独自完成、对外关联度不大、普遍比较重视、有一定难度的学术训练任务。综合多年来国内外的研究成果，本文将信息素质教育的内容概括为18个方面，这18个知识单元框架包含127个具体的知识单元（具体内容略），在撰写研究生学位论文的过程中需要用到其中的8个方面（见表1）。

表1　信息素质相关知识单元框架

序号	知识单元框架	需要程度
1	准确地分析和描述自己的信息需求	一定需要
2	信息的类型、特点与分布（如图书、期刊、会议、学位论文、专利、标准、科技报告等）	可能需要
3	主要信息源及其使用技巧	一定需要
4	利用图书馆的基础知识	不一定需要
5	信息检索的方法和技巧	可能需要
6	获取原文的方法	一定需要
7	科学数据获取与使用方法	一定需要
8	跟踪最新信息与追溯信息的方法	一定需要
9	如何评估所获得的信息	一定需要
10	文献阅读与管理软件（如Endnote）	一定需要
11	信息挖掘和文献分析的方法	可能需要
12	学术论文写作与投稿的技巧	一定需要
13	专利申请与专利文献撰写	不需要
14	利用网络进行学术交流的途径（如个人主页、社交网络的应用）	不一定需要
15	合理使用与学术规范	可能需要
16	团队知识共享技术方法	不一定需要
17	个人和团队学术成就的评价方法	不需要
18	核心学术期刊及其评价方法	可能需要

3.2 学位论文撰写起点与工具

伴随着设计实验或者调查方案的确定，学位论文撰写就要开始（动笔时间差异很大，最迟也要在中期考核之后开始动笔）。有研究生从开题报告的大纲开始一章一章撰写，也有人以已经积攒的小论文为核心，不断整理、拓展、完善。有学者认为从大纲开始写论文是最有效率的一种方式[2]。有人认为找到一篇合适的学位论文，在此基础上模仿其结构、语言，可以节省很多时间。为免去一些繁琐的文字格式调整工作，可以利用现成的论文模板作为撰写起点。有些人不了解论文模板的功能，也有些单位没有论文模板可供下载。具有良好信息素质的研究生了解论文模板的使用、文献阅读技巧、合理使用信息、避免抄袭的方法等具体知识单元，并且可以灵活使用这些知识。

Office 办公软件中的文字编辑工具是研究生论文撰写的主要工具。研究生是比较愿意尝试新工具的群体，已经有研究生利用 Word 以外的文字编辑软件撰写学位论文，例如 RJ TextEd、PDF editor、EmEditor、staroffice 等。多文档切换、页签等新兴功能，使学位论文撰写越来越便捷。随着自我知识产权保护意识的增强，为防止他人直接拷贝，有些研究生在完成学位论文撰写之后，需要利用撰写工具将文档转换成具有防复制、加密等特点的文档，例如 PDF 图片等。因此，了解学位论文涉及的版权问题、具有图表文字处理工具的综合使用能力日益重要。

3.3 学位论文撰写过程中的困惑

3.3.1 论文字数和创新

硕士学位论文字数一般在 10 000 ~ 50 000 之间，博士学位论文字数一般在80 000 ~ 100 000 之间。有些学位授予单位明确规定字数要求。有的研究生认为字数要求过多，导致撰写过程过长。为了凑字数花时间，可能还有抄袭风险。这个困惑与信息素质关系不大，了解学术道德规范，懂得合理使用信息即可。

有些研究生认为创新点提炼很难，有时很纠结，随着论文的进展有时信心十足地认可创新点，有时会自我否定创新点甚至怀疑研究的价值。有研究生对硕士学位论文创新点的数量要求困惑，不好把握什么程度的差异才叫创新。因此，研究生需要了解创新点论证方法。

3.3.2 阅读和引用参考文献

一些核心文献需要反复阅读。阅读笔记整理方法差异很大。有些人用 Word 文档按照时间顺序积累，有些在参考文献管理工具中作注释。有些看过的文章印象不深，想引用其中了一些观点，还不能确定来自哪篇文章。有些人撰写之前参阅的一些文献，动笔写作需要参考引用这些文献时，发现需要重新查找，很费时间，而且论文结构或者顺序调整时，插入的引用序号总要调整，引用的参考文献成为论文撰写和修改过程中的累赘。这些问题在很大程度上体现了研究生信息素质的高低。了解了文献阅读技巧、参考文献管理工具的使用、插入参考文献的方法、笔记注释整理、第一手资料辨识、文献可靠性权威性评价等知识单元，综合应用这些知识，既可以摆脱困惑，提高论文撰写效率，又可以在一定程度上提高论文质量。

3.3.3 论文修改

有研究生认为论文初稿形成之后，修改过程很煎熬，导师的标准总是很高。一旦论文成型，有些修改意见不现实，接近于颠覆性的修改意见就意味着对一段时间以来工作的部分否定；有些修改意见所提及的问题是论文选题或者实验方案设计带来的，一旦实验或者调查完成，修改就意味着数据造假。这方面的问题是很致命的。选题不合适这种先天不足，不是靠修改可以弥补的，具有信息素质的研究生要懂得论文修改的原则以及数据规范，切不可无原则地修改。

3.4 学位论文撰写中的信息素质导航图

综上所述，提炼研究生学位论文撰写过程的两条主线，即有论文积累和无论文积累（学位论文通常有发表小论文的要求，因此撰写过程还需要考虑这一方向性需求）。从这两条主线出发，将信息素质相关知识单元按照使用的大致顺序关联起来，形成信息素质导航图[3]（见图1）。

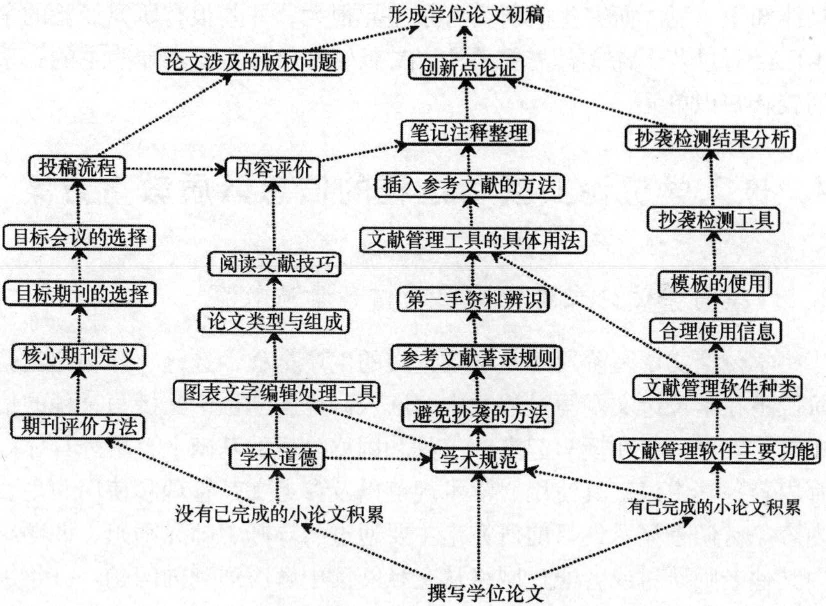

图1　撰写学位论文过程中的信息素质导航

该导航图中包含25个具体知识单元，它们是文献管理工具的具体用法、文献管理软件种类、文献管理软件主要功能、创新点论证、参考文献著录规则、论文的类型与组成、文献阅读技巧、插入参考文献的方法、合理使用信息、学术规范、避免抄袭的方法、期刊评价方法、核心期刊定义、目标期刊的选择、目标会议的选择、投稿流程、被引用、数据可视化、论文涉及的版权问题、学术道德、图表文字编辑工具、内容评价、抄袭检测结果分析、抄袭检测工具、模板的使用。其中比较常用的是学术规范、阅读技巧、目标期刊选择、参考文献著录规则、文献管理工具的具体用法、创新点论证等具体知识单元。

在学位论文开题通过之时，不论有无小论文积累，都要关注以学术道德和学术规范为首的一系列具体知识单元。如果撰写小论文是取得硕士学位的必要条件，则一定要关注以期刊评价方法为首的一系列具体知识单元。研究生的研究背景差异很大，一些很有研究经验的学生已经写过若干论文，需要关注以文献管理软件主要功能为主的一系列较新知识单元。

4 嵌入学位论文撰写过程的信息素质教育方案

4.1 撰写学位论文阶段需要的信息素质教育

学位论文撰写阶段不是学位论文的生产全程，选题、开题和实验阶段不在学位论文撰写过程之中。嵌入研究生学位论文撰写过程的信息素质教育，要在撰写起点、工具和困惑分析的基础上，提炼具体教育内容，其中以工具使用、学术规范以及参考文献管理和使用为主要内容。有调查显示，目前研究生主要通过与导师、师兄师姐、课题组内其他老师研讨或者通过网络从文献阅读中解决遇到的问题。一年级研究生以课程学习为主，第二年进入实验室之后要以自学和接受培训为主。真正嵌入研究生学位论文撰过程的信息素质教育应该以自学为主，自学与培训相结合。信息素质教育工作者提供教育素材，供研究生有针对性地自学，同时针对撰写过程中出现的共性问题，开设培训讲座。嵌入学位论文撰写过程的教育素材不能是知识单元的罗列，而应该依托导航图，在不同阶段遇到或者可能遇到不同问题时，有针对性地进行相关学习。

4.2 基于导航图的信息素质教育

学位论文进入撰写阶段前后，研究生可以参考导航图提示的路线依次学习相关知识单元或技能，也可以依据自己的实际情况有针对性地学习，这样，自学目的和内容都会相对明确。插入参考文献的方法与笔记注释整理都是以文献管理软件为主要工具，有些研究生已经有很多经验可以分享，他们需要的不再是普及类的介绍，而是针对个性化问题的具体解决方案。介绍文献管理软件应用于学位论文写作的最佳实践，如果没有实践经验，很难在论文撰写过程中提供有针对性的服务，因此信息素质教育工作者需要分析教育对象的层次和主要特点，或者独立，或者联合精通层次的研究生，或者联合工具软件专业培训人员，共同结合学位论文的撰写选择教育模式和内容。具体分析方法如表2所示：

表2　不同层次研究生的信息素质教育模式与内容

研究生层次	主要特点	信息素质教育模式	信息素质教育内容
新手	需要详细指导，需要频繁迅速的成就感和有规律的反馈。	课堂教学、规模培训、网络课堂，强调互动性、知识的关联性以及成就感的体现。	围绕某一具体问题，工具、资源、概念、规则传授。
高级初学者	对基本步骤和单独的任务已经熟悉，而且可以把它们进行有机的组合。	小范围的培训、自学，强调针对性。	需要确实有利于任务的完成，不是概念和规则的详细描述，而是概念、规则工具的具体综合应用。
胜任	可以组合一系列任务以达成某个目标。也许任务的组合顺序不是最佳的，但是通常都可以发挥作用。	个性化或者针对课题组的培训、自学，强调经验交流。	抽取共性任务、发现过程的差异，体现信息素质的综合价值，所谓的最佳实践是该阶段的重点。
精通	已经具备了在直觉中形成解决方案主要部分细节的能力，之后就可以根据自己先前的经验积累来对解决方案进行映射。	网络课堂、小组讨论，强调启发互动性。	最新的、探索研究性的工具、资源、方法。在相互影响之下，探索比较成熟、稳定的信息素质教育内容。
专家	数年的努力才能达成直觉自发的状态。	同行交流、研究型学习。	总结、分享，促进信息素质教育事业发展。

信息素质教育工作者依托网络或者学科服务设计并发布信息素质导航图，组织或者关联相关课件或者教学内容，指导不同层次研究生广泛自学。这种依据导航图融入研究生真实工作场景、结合具体问题的信息素质教育形式，突破了课堂教学的时间和人数的局限，拓展了传统以文献资源使用和检索技巧为主要内容的信息素质教育内容。

5 结　语

很多人对“研究”的认识有局限，以为研究就是设计问卷或实验、展开研究或实验、回收问卷或数据、清理数据、做统计分析、书写论文的过程[4]。殊不知，研究的过程就是信息素质提高的过程。为提高信息素质教育效果，需要将信息素质教育嵌入研究过程。但是研究生在研究过程中通常不会产生明确的信息素质教育需求，需要教育工作者充分了解研究过程，依托信息素质导航图，开展自学和培训相结合的信息素质教育。

嵌入学位论文撰写过程的信息素质导航图与嵌入选题、开题过程以及嵌入实验研究过程的信息素质导航图，一起构成嵌入学位论文生产全程的信息素质导航图。明晰了教育内容的信息素质导航图，可以刺激教育需求和学习欲望。以信息素质导航图为基础的信息素质教育，其形式和内容都与传统信息素质教育有所不同，信息素质教育工作者不仅仅是在讲台上发挥作用，更重要的是要在深入实践、准备教育内容上展现才华。

信息素质导航图是一个新生事物，需要信息素质教育工作者不断总结实践经验，细心观察教育效果，深入实际提炼教育需求，不断修正和完善。可以相信，嵌入研究生学位论文生产过程的信息素质导航图不仅是研究生自学的辅助工具，而且也是信息素质教育工作者延伸、重组教育内容的指南。

参考文献

[1] 叶善文．高校硕士学位论文质量与影响因子关联度的实证分析.宁波大学学报(理工版)，2010，23(2)：126－132.

[2] Whitesides G M. Whtiesides' group: Writing a paper. Advanced Materials, 2004,16(15): 1375－1377.

[3] 张玲．信息素质导航图研究基础．图书情报工作，2011，54(1)：105－109.

[4] 布斯．研究是一门艺术．陈美霞，译．北京：新华出版社，2010.

作者简介

张　玲，女，1969 年生，研究馆员，博士研究生，副馆长，发表论文 10 余篇，主编教材 2 部。

初景利，男，1962 年生，教授，博士生导师，编辑出版中心主任，发表论文 100 余篇。

第四节　研究生开题之信息技能导航研究*

——以生命科学研究生开题为例

研究生开题是研究生学位论文工作的起始，开题前需要收集整理大量文献信息与资料，充分了解国内外相关领域的研究动态与进展，掌握前人的研究成果，寻找课题设计的科学依据和思路。这就需要研

* 本文系《图书情报工作》杂志社出版基金重点资助项目“嵌入研究生学位论文研究过程的信息素养教育研究”（项目编号：2010CB02）研究成果之一。

究生能准确描述课题背景的信息需求，广泛识别和选择合适的信息源，巧妙运用各种检索技巧，获取所需文献；经过分析、对比与综合，挖据文献信息中的精华，解决课题研究中的实际问题，创造性地完成科学研究的任务。

本文以生命科学研究生开题为例，介绍了研究生如何快速、准确、全面地获取信息资源，如何独立、有效、准确地解决研究中的实际问题，同时，根据开题阶段的特点，将研究生开题之信息基础技能和晋级技能融入实践中，描绘开题的信息技能导航图，为开题提供充分的准备。

1 研究生开题之信息基础技能

研究生开题阶段必须具备的信息基础技能包括准确界定与表达研究背景的信息需求，识别和选择合适的信息源，综合运用多种检索技巧，从而准确获取所需的文献信息。

1.1 准确描述研究背景信息需求

20 世纪 90 年代以来，生物信息资源飞速发展，生命科学也由传统的生物学研究转变为一门实验性的科学。研究生在开题阶段，需要大量阅读相关文献，深入了解研究课题的背景信息，为课题的创新提供基础。在了解研究背景信息的过程中，要注意以下几个方面：①要重点关注国内外的同行与相关研究机构。要深入一个研究领域，了解哪些人正从事此项研究，以便进行相关信息跟踪，也可将他们进一步发展成为合作对象或竞争对手。一般情况下，第一作者是文章的执笔者和研究工作的主要完成人，而通讯作者则是整个研究的策划者、指挥者和学术带头人。从第一作者可以了解最新的实验技术和方法，从通讯作者则可了解整个研究的思路。除了这些在公开出版物中能找到的研究者外，还有一些正在从事相关研究但尚未有成果发表的研究者，他们或是团队新成员，或是交叉研究的执行者，从他们所在的研究机构可挖掘相关信息。②要了解整个领域研究的热点与趋势。借助文献计量和可视化工具，通过信息的比较分析，发现研究的热点与趋势，跟踪研究的最新进展，进而认真策划自己的研究，使成果富有创新性。③要详细了解国内外相关或相似研究中所使用的材料与实验方法。生命科学是一门以实验为主的科学，实验材料的优劣、实验方法的好坏是决定研究生学位论文能否顺利完成的关键。相同的方法应用于不同的材料，实验结果不尽相同；相同的方法，稍加改造，移植于不同的材料，尤其是同种属间的材料，可以为研究成果的创新提供途径。研究背景信息需求的描述如图 1 所示。

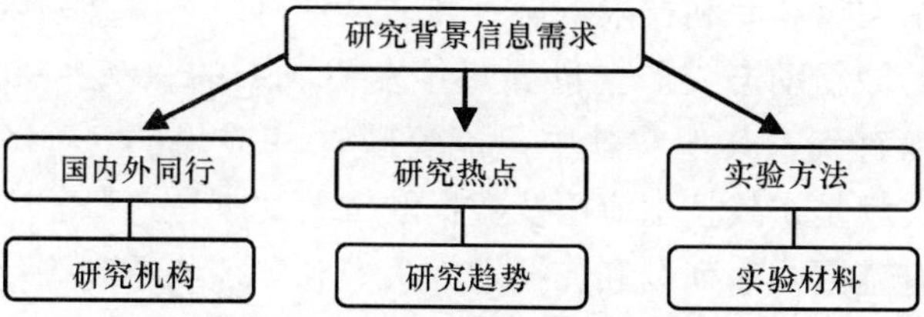

图 1　研究背景信息需求的描述

1.2　识别与选择合适的信息源

信息源是指获取信息的来源。随着科学技术的发展，信息源的表现形式多种多样，生命科学研究中常用的信息源有：①期刊文献。通常为原始文献，研究成果的直接报道；信息更新快，如月刊、半月刊、周刊，甚至有些生物学期刊每天会有部分 online 而未正式出版的文献；信息量大；比较分散，每篇文献都自成一体。最有影响的综合性期刊有 *Nature*、*Science*、*PNAS*、*Cell* 等；学会的期刊有 *JBC*、*Microbiology*、*Plant Physiology*、*Neurology* 等。②专著。专著的内容比较详尽、系统，但出版周期长，新颖性不够。在研究生开题阶段，专著不失为了解研究背景与经典实验操作的捷径。常见的专著有《分子克隆实验指南》、《基因工程原理》、*Gene*、*Genome* 等。在 Springer link、Science Direct、Wiley 和 Netlibrary 等数据库中有很多的电子图书，缩短了专著的获取周期，为信息的快速更新提供了条件。Springer 电子图书（Springer - Ebook）每年收录约 3 000 种新出版的专业图书，Wiley 在线实验指南中则包含了 14 类实验室操作指南，涉及生命科学、医药与健康、化学等学科领域。③会议文献。定期举行的国际国内大会，是以一个研究为主题，召集国内外的顶级专家来探讨交流，如国际生化大会每三年举行一次，国际遗传学大会每五年举行一次，国际动植物基因组大会则每年在美国举行，研讨国际动植物和微生物功能基因组研究的最新进展。因此，会议文献标示了一个研究领域的“风向”。④专利文献。一般指专利说明书，详细阐述发明的目的、用途、技术梗概和专利权限。从专利文献中可以了解某领域的技术水平及发展的最新动态[1]。全世界每年发明成果的 90% ~95% 在专利文献中可以查到，其他文献中只能反映这些成果的 5 - 10%[2]，因此，专利文献是查找技术应用及数据的重要文献信息源。生命科学领域常见的有基因或序列专利、技术方法专利和药物专利等。⑤专业数据库。是以专业数值、数据为收藏对象的数据库。专业数据库更新快，数据量呈指数增长，数据库使用频率高，应用性强。生命科学领域的专业数据库很多，如各种基因组数据库、蛋白质数据库，各个模式生物数据库等。专业数据库中的高通量信息也是其他资源所无法取代的，如美国国立生物技术信息中心（NCBI)，是一套生物信息整合系统，既有 PubMed 和 PMC 等文献数据库，又有 GenBank 和 EMBL 等核酸数据库、MMDD 等蛋白质和大分子结构数据库，可以从中获取蛋白质/核酸序列信息以及基因组图谱信息。⑥科研基金资助信息。科研基金对促进科学技术发展有着积极的作用，基金资助项目是科研活动中常见的重要形式，往往反映着某一领域前沿的热点问题、研究动态和最新的研究成果。在研项目表明了国内外同行正在或将要进行的工作，这比公开发表的学术成果或会议信息要提前不少时间。国内常见基金项目有国家自然科学基金、863 计划、973 计划和重大专项等；国外常见的基金项目有美国国家科学基金（NSF)、美国农业部基金、美国国立卫生研究院基金（NIH)、德国国家科学基金（DFG）和日本振兴协会的项目等。⑦实验记录。是实验设计、操作与结果的完整记录，既有成功的经验，又有失败的总结，是不可多得的重要信息源。由于实验记录是各个课题组内部的资料，只能通过同组成员之间的传递，因此，外界较难获取。⑧学术论坛。网络技术的飞速发展，为学术论坛的搭建提供了很好的平台。国内比较好的生物论坛有小木虫、丁香园、生物通、生物谷等，国外比较好的论坛有 bioforum、biology online 等。论坛中可以就自己关注的信息发表评论，跟同行进行交流。生命科学研究常用信息源如图 2 所示。

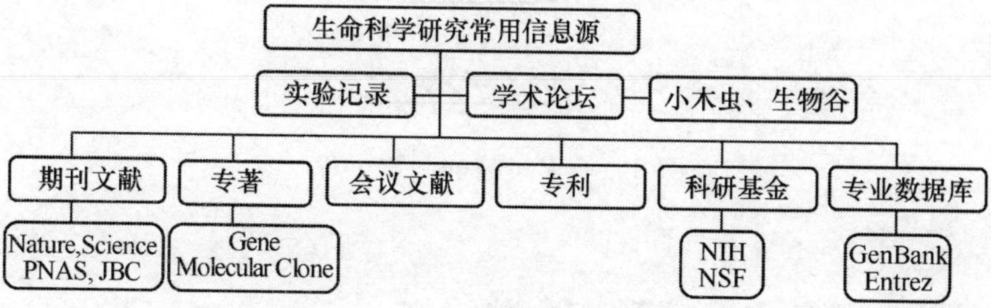

图 2　生命科学常用信息资源

1.3　综合运用检索技巧，制定检索策略

常用的信息检索途径有关键词、主题词、题名、作者、研究机构和出版项检索等，但这些检索途径不是完全独立的，可利用信息检索技术进行相关组配，缩小或扩大检索范围。常用的检索技术有三类：①布尔逻辑组配检索，如 and，or，not；②字符串匹配检索，如精确检索、模糊检索和截词检索；③位置逻辑检索，如邻近关系、字段关系和从属关系[3]。通过对作者名字和研究机构或主题词/关键词进行相关组配，找到所需的文献。

检索策略是指为实现检索目标而实施的方法。制定检索策略需要：①进行研究课题分析，弄清检索目的及需要解决的问题，确定检索词如关键词或主题词等；②选择合适的信息源，如期刊文献、会议文献、专业数据库等；③确定检索途径，可以选择主题词/关键词检索、研究机构或来源出版物检索等；④科学合理地安排检索词之间的逻辑关系、位置关系及相应的检索步骤[4]。检索策略的制定不是一劳永逸，需要在实践中检验，并不断修改与完善，直至查出的信息尽可能地全、准，尽可能地贴近课题研究的需要。检索策略的制定过程如图 3 所示。

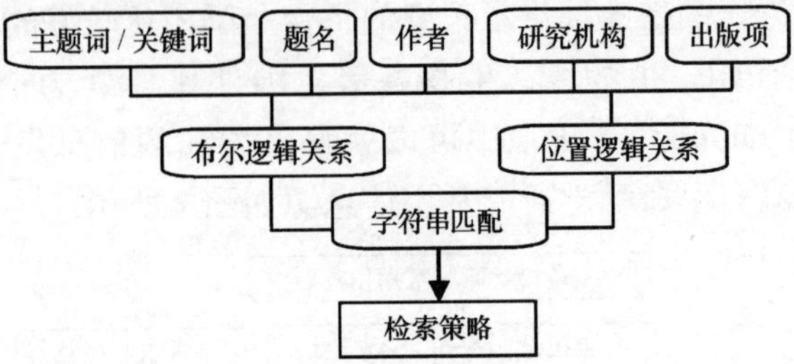

图 3　检索策略的制定过程

1.4　多途径获取研究所需文献

面对如此众多的信息来源，如何快速高效地锁定所需文献？文献的获取途径有多种方式，一般情况下先中文后外文；先文摘数据库后全文数据库；最后再在其他数据库、基金、个人或机构网页以及一些科研社区或论坛中补充相应信息。文献检索结果可借助工具或软件进行相关分析，以便优化检索与利用。

生命科学研究中重要的文摘数据库主要有 ISI Web of Science、Biosis Preview、Medline、Pubmed、Faculty of 1000 Biology，这些数据库涉及的学科比较全面，信息的质量比较高。ISI Web of Science（SCIE）收录了6 800多种核心期刊，涉及自然科学、生物医学和工程技术等 170 多个学科领域，数据回溯至 1900 年，每周更新；Biosis Preview 是国际公认的查阅生命科学最权威的文摘索引数据库，收录了会议、报告、评论、图书和专论等多种文献，期刊论文来源于 100 多个国家的6 000多种期刊；Faculty of 1000 Biology 荟萃了 2 300 多位全球顶尖科学家对生物领域 24 个专题论文的评估、推荐、分析和评比，提供了目前世界上最重要的生物学论文信息及研究趋势。文摘数据库的检索结果，初步比较后筛选出比较重要的文献，可在全文数据库中获取全文或申请文献传递。常用的全文数据库有 Springerlink、

Elsevier、Wiley Interscience、Oxford University Press（OUP）、Nature，Science、PNAS、Annual Review、CSHL、BMC、PLOS、中国知网和维普科技期刊数据库等。其中，Annual Review 系列刊为每年一期的综述，对于快速把握某一研究领域的动态非常有效；Springerlink 检索结果可以按出版日期、内容类型、学科、语种等再次分类；Elsevier 检索结果可以按内容类型、期刊名/书名、主题、年份等限定或排除相关文献。常用学会期刊有 *Plant Physiology*、*JBC*、*Microbiology*、*Neurology* 等。

不论全文数据库还是文摘数据库，都是收录了已经公开出版的期刊文献。由于写作、投稿、出版、发布，需要经历较长时间，因此，期刊文献具有一定的时间滞后性，这不能完全满足科研的需要。会议报道、大会交流及学术沙龙 PPT 等弥补了这一缺陷。会议摘要或会议录，按主题汇聚了同一领域的众多专家的研究成果，尚未发表，具有很强的时效性。国际会议信息可在 Conference Proceedings Citation Index - Science（CPCI - S）即 ISTP 和 EI 中检索，中文会议可在 CNKI 中检索。

从国内外的基金资助信息中，可以了解国内外同行已经完成、正在或将要进行的工作，挖掘某个主题研究的发展方向和研究热点，从而预测未来的发展趋势，尤其在研项目信息，是非常重要的信息来源。

对于特定的数值数据，如基因信息、蛋白质结构、基因组信息可在学科专业数据库中检索，常用的专业数据库有核酸序列数据库、大分子结构数据库、基因组数据库、模式生物数据库等。Wiley Interscience 在线实验室指南中提供了部分实验操作的技术参数与步骤，特定的研究内容与技巧方法还可以查阅相关学位论文、专利和标准文献。网络信息与灰色文献如社区论坛、个人主页等则是对以上所有资料的补充。文献信息的获取途径如图 4 所示。

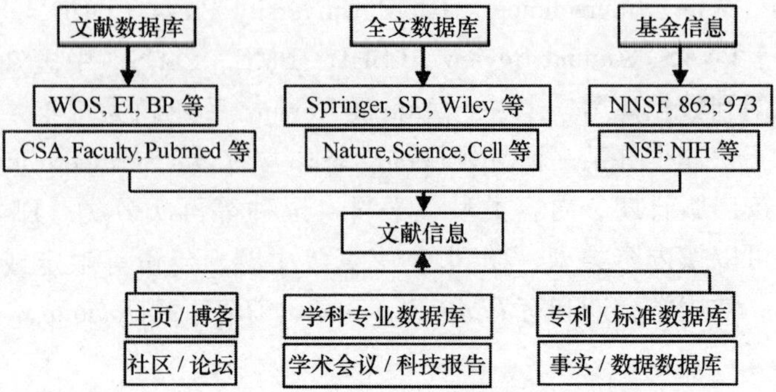

图4　文献信息的获取途径

2　研究生开题之信息晋级技能

研究生的信息晋级技能，主要表现为利用前期获取的信息，准确解决课题研究中的实际问题。这些技能包括科研信息的跟踪能力、管理能力和分析能力。

2.1　文献信息的跟踪

信息检索后，检索策略可以保存，用于信息跟踪。数据库中的信息跟踪主要有两种形式：Alert 和 RSS。Alert 是重要的网络信息定制与通报服务，用户需要注册登录，选定研究主题领域或设定关键词，当有相关最新文献出版时通知用户；也可选定期刊，及时了解最新出版的期刊文章，跟踪某篇特定文章，获取最新的引用信息及研究进展。定制信息可以 html 或 text 发送至 E-mail 中。RSS 也叫聚合内容（Really Simple Syndication），是站点用来和其他站点之间共享内容的一种简易方式，RSS 订阅可以获取一些时效性比较强的文献信息。研究生在开题阶段可根据检索需要建立 RSS 文件订阅，利用自己的 RSS 阅读器自动获取数据库中更新的文献信息。

2.2 文献信息的管理

信息管理可借助于文献管理软件（Endnote）完成。Endnote 可与文献数据库平台相结合，用于组织和管理学术文献，辅助科学研究。Endnote 中可以按照研究专题将文献分成多个不同的组，便于管理与查找；可记录文献阅读心得，如技术方法与研究思路，便于研究过程中的利用；可在写作过程中根据目标期刊参考文献的规范格式（style）生成论文的参考文献列表。除了 Endnote 外，还有一些常用的管理软件，如医学文献王、NoteExpress、RefWorks、Quosa 等。

2.3 文献信息的分析

信息分析是基于信息的知识生产和智能活动。信息分析存在于科学研究中信息活动的各个阶段，如信息需求的产生、信息的获取和信息的挖掘等。信息分析的目的在于获取研究的背景与概况、国内外研究进展以及研究中使用的技术方法，分析可以继续的研究和拓展的内容等。信息的分析、利用和创造极具个性，不同的分析方法，产生的信息增值不同。

信息分析按内容可以分为信息联想、信息综合、信息预测和信息评估[3]。具体来说，信息联想，是从表层信息中识别出潜在的信息，发现文献信息之间的相互联系，从而产生新的信息；信息综合则是在分析各种文献的基础上，对信息进行科学概括与有机组合，从整体上把握研究的本质和规律；信息预测是根据已经掌握的信息，运用科学的理论和方法，对相关研究的发展做出科学预测；信息评估指对大量的文献信息进行综合分析，经过选择和比较，最终产生满足科研需要的新信息的过程。

信息分析按处理方式可分为数据库分析、文献管理软件分析和专业软件分析。数据库分析是指充分利用一些文摘数据库的附加功能，如 ISI Web of Science 的"分析检索结果"和 EI 的"精练检索结果"，进而将文献信息中的作者、关键词、地址、出版物和出版年代等相关信息提取，借助于 excel 图表的直观显示，发现研究的重点和趋势、国内外同行和研究机构。数据库分析的局限性在于只能对本库检索的信息分析处理，对于其他来源的文献信息，可以借助于文献管理软件，如 Endnote，点击 subject bibliorgraphy，也可按作者、关键词、出版年代、地址等进行相关分析。专业软件分析则是指借助于 Citespace，Refviz，Omniviz，TDA 等进行的科学文献可视化分析，从原始数据中挖掘出有用的信息，为洞察研究或技术的发展趋势、确定研究战略和发展方向提供有价值的线索。文献信息分析情况如图 5 所示。

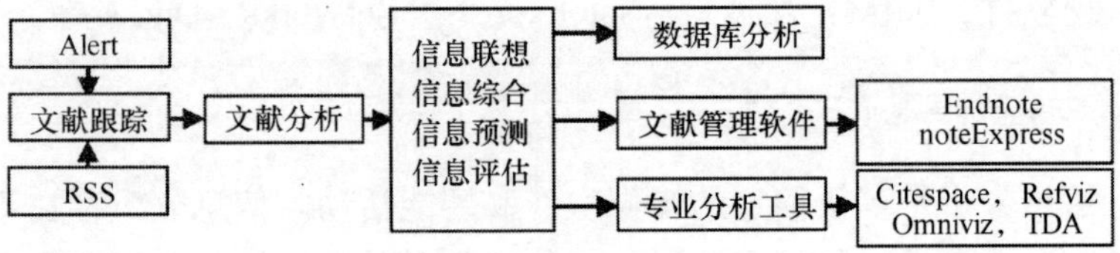

图 5　文献信息分析

3　构建开题之信息技能导航

研究生阶段的教育重在培养研究生的研究能力，学位论文则是全面衡量研究生综合研究能力的重要标准。开题是学位论文管理的重要方面，开题阶段的关键在于文献调研，因此，快速提高研究生开题的信息基础技能和晋级技能至关重要。在前期研究的基础上，构建了研究生开题之信息技能导航图，以方便研究生在信息收集、整理和应用的过程中比对、参照，进一步提高他们的信息技能。信息技能导航如图 6 所示。

从图 6 可以看出，研究生准确描述自己的信息需求后，要综合运用多种基础技能，广泛收集信息，然后充分利用信息晋级技能，对信息进行高效管理、分析与归纳、演绎与综合，对最新的研究信息进行及时跟踪，吸取文献信息中的精华，从而理清研究思路，制定合理的研究计划与研究策略。只有经过不断的实践、总结，再实践、再总

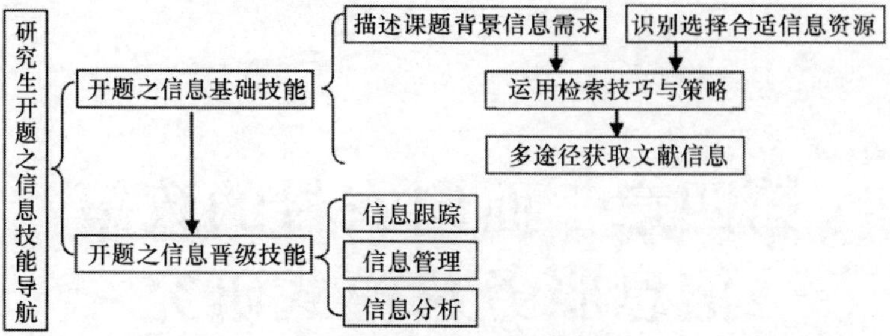

图6　研究生开题之信息技能导航

结，循环往复，螺旋上升，研究生才能真正提高自己的信息技能，为学位论文的顺利开题与进行奠定良好的基础。

参考文献

[1]　秦殿启．文献检索与信息素养教育．南京：南京大学出版社，2008：174－176.

[2]　张帆．发现与创新——ISI Web of Knowledge 在科学研究全程中的应用．[2010－12－11]．http//www. docin. com/p－21198209. html.

[3]　张静波．信息素养能力与教育．北京：科学出版社，2007：58－62.

[4]　燕今伟．刘霞．信息素质教程．武汉：武汉大学出版社，2008：154.

作者简介

宋秀芳，女，1970 年生，副研究馆员，博士，发表论文 8 篇。

吴　鸣，女，1964 年生，研究馆员，学科咨询部主任，发表论文 30 余篇。

刘艳丽，女，1981 年生，学科馆员，发表论文 10 篇。

周宁丽，女，1953 年生，研究馆员，发表论文 20 余篇。

第四章　面向农村的政策信息服务及模式研究

第一节　面向农村的政策信息服务模式研究*

1　前　言

社会政策是政府为管理社会公共事务、实现公共利益而制定的公共行为规范、行为准则和活动策略，它是政府调节社会的主要手段和基本措施[1]。农村政策是农村社会控制与治理的重要组成部分，农村政策信息服务工作开展的情况直接影响着农村社会的全面发展及和谐社会目标的实现。如何创新面向农村的“三农”政策信息服务模式，把农村的政策信息服务工作做好，以完善农村公共服务的供给，建立政府服务新农村的动力机制，满足农民的政策信息需求，为农村的信息化建设提供理论依据？本文拟对此作一分析探究。

* 本文系《图书情报工作》杂志社出版基金资助项目“面向农村的政策信息服务及模式研究”（项目编号：2010CB05 ）研究成果之一。

2 中央政府各级部门的“三农”政策信息服务

政府是政策的制定者、传播者，具有对政策信息的最终解释权，对政策的内容具有极强的再解读和再加工能力。因此，政府的宣传占有绝对的主导地位，而且通过政府进行的政策宣传更具权威性和有效性。根据本课题的调查，农民对政策的获知和理解程度与政策宣传的力度成正比。因此，政府要加大宣传的力度及时效性，注重政策的落实，农民才会关注、理解和接受。

2.1 做好各级党政部门内部的政策信息传播工作，确保政策信息传递的完整性

政策是一级级传递下去的，在传播中，各级传播者同时也是接受者，由于接受者的认知、理解、接受和实施能力的差异，可能会出现“一级一级往下传，传到下面什么也不见”的不正常政策传递现象。因此，在党政部门内部进行“文件—会议”形式传播政策信息的同时，各级党政部门要对政策文件的精神融会贯通，把握好工作要点，以便做好向下级的政策信息传播工作。

2.2 设置专门的监督机构，保证政策信息服务工作的顺利开展

在我国，农民的利益表达权利虽然有法律保障，但事实上，农民利益表达能力弱化还是相当严重[2]。为了确保政策得到有效的传播和执行，避免发生下级部门在执行政策时出现偏差，上级党政部门要对下级党政部门设立专门的监督机构。如果地方政府对政策执行得不到位或不执行，或农民在政策信息服务过程中碰到不合理的现象，可以向监督机构投诉，从而保障农民的基本权益，及时了解工作效果，促进工作的互动，增强公共行政过程的透明度。

2.3　积极开展“三农”政策的信息公开、宣传和咨询服务

根据《中华人民共和国政府信息公开条例》的要求，各级政府部门应该主动公开相关的政策法规信息；乡（镇）人民政府应当公布贯彻落实国家关于农村工作政策的情况；行政机关应当将需要主动公开的政府信息，通过政府公报、政府网站、新闻发布会以及报刊、广播、电视等便于公众知晓的方式公开[3]。因此，各级党政部门应该把应主动公开的“三农”政策信息通过各种渠道进行公开，并做好主动积极的宣传工作。

- 做好“三农”政策特别是惠农政策的相关资料的整理汇编工作。把“三农”政策的条文、政府和专家对这些政策的解读及农民咨询的热点问题等资料进行收集整理，编印成小册子或者定期制作成宣传单张，以便在宣传时使用。

- 做好政府网站的“三农”政策信息服务。在网站的政务信息服务栏目中做好政策信息服务，提供政策信息的分类、检索、解读和咨询服务，在办事指南中提供政策指引，为农民更好地获得、理解和利用政策信息提供便捷。

- 主动下农村进行政策宣传。在圩日或者节假日时，各级党政部门可以利用宣传车、广播、横幅、宣传画板、宣传资料或设立咨询点等方式向农民开展政策宣传服务。

- 设立专门的政策信息咨询服务机构，提供专门的咨询热线或者咨询信箱。面向“三农”的政策大部分是与农民切身利益相关的，如果农民得不到很好的解释和说明，就会不理解政策，甚至产生抵触的情绪，影响政策的正常实施。因此，应由政府部门直接提供政策信息咨询服务，使农民在有需要的时候能通过专门的部门进行咨询。

- 主动联合报刊、广播、电视等媒体进行政策信息宣传。党政部门可通过与各种媒体的配合，加大宣传的力度，多渠道地做好政策信息传播工作。

3 农村组织的“三农”政策信息服务

3.1 村委会的“三农”政策信息服务

村民委员会是中国大陆地区乡（镇）所辖的行政村的村民选举产生的群众性自治组织。村委会不是国家基层政权组织，乡镇政府与村委会的关系不是政府的上下级关系。但是村委会作为群众性自治组织，也有责任协助政府开展工作，有宣传贯彻宪法、法律、法规和国家的政策，维护村民合法权益，教育和推动村民履行法律、法规规定的义务。尽管许多农村社会保障性质的公共服务是以乡（镇）政府委托、村委会代理执行和操作，然而提供服务的内容和所采取的提供服务的机制完全由政府控制和掌握。村委会作为公共服务供给者的主体地位并不独立，对政府具有较大的依赖性[4]。因此，村委会在国家面向“三农”的政策信息宣传上的作用是不容忽视的。如果村委会能积极开展工作，充分利用各种宣传手段，就能让农民容易获知和了解政策信息。而在政策的执行当中如果能做到公开公平公正，就更加能调动农民的积极性，最终发挥政策的作用。村委会既可以通过自然村的村民小组、党员干部向村民做好政策工作，又可以通过村委会的基础设施对政策信息进行宣传工作。

3.1.1 村委会通过召开会议传递政策信息，安排自然村做好政策宣传工作

村委会组织自然村的村长、党员干部、村民代表等召开会议，传达政府的政策信息，让村民小组的成员了解政策信息和工作内容，然后在自然村做好政策宣传和执行工作。自然村可以通过村广播、村民开会、直接到户、粘贴资料等形式向本村村民进行政策信息的宣传。

3.1.2 村委会在公共场所做好政策宣传工作

- 村委会通过在村委会宣传栏粘贴政策文件，在文化室和村民活动室提供党政机关报纸、杂志、政策宣传小册子等向农民宣传政策

信息。

- 在农村医疗站点、邮政服务站点、商业网点和其他农村公共场所，设立专门的政策信息宣传栏和公共报刊栏，将国家关于“三农”的方针政策告知农户。

- 村委会组织村委会成员和自然村的党员干部到自然村村民集中的地方开展政策宣传工作，和村民讨论、发表意见，通过自己的观点和态度影响村民对政策的理解及对政策的接受，并对农民们关心的具体政策问题做耐心的解释和说明。

3.1.3 村委会配合各级政府部门做好下乡宣传政策工作

除了委托村委会宣传和执行政策外，各级政府相关部门有时候也亲自下乡进行“三农”政策信息宣传。这个时候，村委会应该积极配合、协助政府部门，做好政策信息的宣传工作，并结合农民的情况，及时向政府部门反映农民群众的意见、建议和要求。

3.2 各种农民组织的“三农”政策信息服务

目前，农村存在着广泛的农民组织，例如：农村专业技术协会、农产品行业协会及农民专业合作社等。这些组织是农村社会的重要经济主体之一，它们为农民服务、提供农业技术和信息，提供投资机会和渠道，是基层政府和农民的纽带，协助基层政府贯彻和落实农业与农村政策，把农民的意愿反馈给政府，为政府施政提供第一手材料[5]。所以，这些组织对国家和地方的政策信息传播也具有不可忽略的作用。从维护农民利益的角度出发，通过这些组织提供国家的政策信息，农民更加愿意接受和执行。

4 档案、公共图书馆系统的“三农”政策信息服务

根据《中华人民共和国政府信息公开条例》（以下称“条例”）第十六条的要求：“各级人民政府应当在国家档案馆、公共图书馆设置政府信息查阅场所，并配备相应的设施、设备，为公民、法人或者

其他组织获取政府信息提供便利[3]。”由此看出，档案馆和公共图书馆是政府信息公开服务体系的重要组成部分之一，是公众获取政府政策信息的一个重要机构。

档案馆具有档案事业行政管理和对各机关、团体及其所属单位的档案接收、征集、保管、利用两种职能。它在政府文件管理和利用方面积累了丰富的经验，是理想的政府信息查阅服务主体[6]。公共图书馆是地方的文献信息中心，它具有为用户迅速提供各种知识和信息服务的职能。档案馆和公共图书馆根据自身的服务职能和优势，应制定与《条例》相配套的专门服务准则来保障公众对“三农”政策信息资源的获取。下面以公共图书馆为例，探讨公共图书馆如何为用户提供“三农”政策信息服务。

4.1 公共图书馆对政府信息整合平台的建设

各级政府的政策信息分布比较零散、混乱，公众在获取时无所适从，因此有必要对政府信息资源进行集成与整合，面向社会公开和服务。中国国家图书馆根据《条例》赋予的职责，构建了我国首个政府信息整合平台——“中国政府公开信息整合服务平台”，平台的开通开创了图书馆对政府信息资源整合与利用的先河，不仅成为了公众获取政府信息的窗口、政府部门公开信息的重要渠道，同时也将为各级公共图书馆依法开展政府信息服务提供基础资源[7]。各级公共图书馆应借鉴国家图书馆的建设经验，建设具有地方特色的“政府政策信息查阅平台”，建立“三农”政策信息专题数据库提供服务，并与国家图书馆走联盟化发展道路，共同打造一个可以让各个图书馆共同参与建设的大规模、集中式的政府信息整合服务平台。通过该平台，各个联盟成员馆可以采集整合各自行政区域的政府信息，实现分层建设、共建共享，同时还可以实现个性化展示和统一展示的完美结合，为公众提供更完善的政府信息服务[7]。

4.2 提供多渠道的服务方式

图书馆可以根据《条例》的要求，利用场馆设置“三农”政策信息查阅处，提供馆藏“三农”政策信息资料服务：把政府出版发行的各种政策法规小册子和馆里收集整理的“三农”政策信息资料装订成资料汇编，提供阅览、复印和文献传递服务；提供电脑设备和触摸屏，为用户查询网上“三农”政策信息提供方便；利用移动图书馆服务的开展，实现用户通过手机随时随地获取图书馆为其提供的政策信息服务。各级公共图书馆还可以开展基于农村的信息下乡服务，利用“农家书屋”、“农村流动书车”、农村图书馆（室）等形式，提供有关政策信息的图书、小册子、报纸、杂志和相关宣传资料，积极为农村开展“三农”政策信息服务。

5 以现代通信与信息技术为支撑的“三农”政策信息服务

农村的政策信息服务既要采取广播、电视、报纸、杂志、简报、小册子等传统手段，也要充分利用互联网、卫星、手机等现代化信息服务手段，拓展信息服务渠道，让现代信息技术服务真正惠及“三农”。

5.1 基于网络的“三农”政策信息服务

随着农村信息化建设的推进，我国加大了对农村网络设施建设和“三农”信息资源建设的力度。2009年底，我国96%的乡镇通宽带，91%的行政村能上网[8]。我国在虚拟的网络空间建立了各级农业政务信息网和“三农”综合信息服务平台，在农村建立了一系列实体网络信息服务设施——乡镇服务站、村级信息体验点、农村信息体验厅等，村委会也配置了电脑用于办公及农民的信息查询。从此可见，网络政策信息服务已经具备在农村开展的条件了。

5.1.1 加强以用户为中心的“三农”政策信息网络资源建设

政府建设的农业政务信息网是权威的政务信息公开平台，也是获取政策信息的最重要渠道。政府要通过政务信息网，提供全面的、以用户为中心的“三农”政策信息服务——政策的有效查询、咨询、解读、办事指引等，成为农民及相关人员获取政策信息的最权威网络渠道。随着中央对“三农”的关注，越来越多的“三农”综合信息服务网站建立起来了，但是网站中的政策信息服务内容单一，不能有效地为农民提供政策信息服务。因此，笔者认为可以突破传统的综合性“三农”网络信息服务，为农民建立一个人性化和个性化的专门政策信息集成服务平台，丰富服务内容和方式，让农民能更方便地获知、了解和利用国家政策。

5.1.2 利用网络服务平台，促进整个“三农”政策信息服务体系的一体化发展

针对当前农村信息服务渠道分散、体系间缺乏沟通、信息来源面窄的问题，“三农”政策信息网络服务平台可提供非网络服务接口，为相关报纸、电视广播、“三农”热线和农村宣传栏等“三农”政策信息服务渠道进行网站和非网络媒体的信息对接服务，提供信息源，以网络信息服务为基础实现“三农”政策信息服务体系的互联互通，形成一体化发展[9]。

5.1.3 加强对农村网络设施的宣传及对农民网络知识的培训

根据本课题的调查，农民对政府及相关部门建设好的网络设施不了解，很少利用。因此，对于建设好的网络设施，政府及相关部门应该加强宣传，让农民充分利用这些设备，提高农民的网络知识及获取和利用网络信息的能力。另外，政府的农业部门和信息中心及通信单位应相互合作，提供培训机会，以提高农民的网络利用能力，促进农村的信息化进程。

5.2 基于通讯技术的“三农”政策信息服务

随着“村村通电话工程”的建设，到2009年底，全国实现了99.8%的行政村和93.3%的20户以上自然村通电话，农村信息服务平台建设稳步前行，中国移动的“农信通”、中国电信的“信息田园”、中国联通的“金农通”等农村信息服务平台已初具规模[8]。根据本课题的调查，农民手机的拥有率达70%。这些现象表明，可以

利用现代化的通讯技术在农村开展信息声讯服务、短信服务，为农民提供一个更为方便实用的政策信息获取与咨询渠道。政府应该对面向农村的移动信息服务给予更多的政策支持，积极引导多方参与者进入农村移动信息服务，为农民了解和咨询政策信息拓宽渠道。

农民利用固话和手机可以获取互动式信息咨询服务，也可以定制个性化的信息。移动服务公司可以针对"三农"政策信息服务，为农民提供自动语音应答、专家解答、话务员人工服务、手机短信定制等服务，农民只要利用固话或者手机就可以获得全方位的政策信息服务。另外，可以通过利用移动通信技术实现移动互联网服务，使农民能够利用手机上网获取基于 WAP 的网络政策信息服务，随时方便地获取和了解政策信息，弥补农村电脑拥有率低的制约。

5.3 基于电视节目的"三农"政策信息服务

统计数据显示，2008 年中国农村的电视节目综合人口覆盖率为 96.06%[10]。随着农民生活质量的提高，其文化娱乐生活也丰富了，农民在闲时看电视节目的时间也多了。根据本课题的调查，农民获取政策信息的各种渠道中，以收看电视节目获得政策信息的比例最高，由此可见，电视作为传统的大众传播渠道，仍发挥着重要的作用。随着有线电视在农村的接入，农民除了可以收看到地方台的节目，也可以接收到国家、省级及香港地区的电视节目。因此，要充分利用电视这个媒体做好"三农"政策信息的传播。

5.3.1 制作优质的"三农"政策信息节目

从各个角度，特别从农民热点关注的问题入手切实地为农民提供"三农"政策信息的宣传和报道，使农民直观地获知和理解国家政策。例如：①对中央政府颁布"三农"政策的会议进行报道，制作专题节目；②为农民提供"三农"政策解读的专访；③提供政策实施情况和案例的报道；④通过公益广告加强对国家惠农政策的宣传。这里特别介绍吉林联通提供的"农科在线"电视版惠农产品：在吉林电视台的《乡村四季》电视直播专栏设立了 12316 新闻眼，以 12316 内容为核心，农民通过电话、短信、互联网等模式参与现场节目，与专家实时互动，第一时间解决问题。与省、市委组织部合作，以“宽带网络+机顶盒+电视机+娱乐内容”模式，利用党员远程教育平台，通过电视可以点播、定制个性化科普知识、农业信息、影视娱乐节目等，还可正常观看电视节目，将电视变成家里的信息直通车[11]。利用这种电视节目方式，农民可以与专家实时进行政策信息的交流互动，还可以点播、定制有关政策信息的节目。

5.3.2 加强地方电视台对地方“三农”政策的宣传、解读和执行情况的报道

地方电视台的节目贴近农民的生活和需要，特别是县级电视台，其主要观众是农民，在服务农村方面有独到的优势。因此，加强地方电视台对“三农”政策节目的制作，为农民提供“三农”政策信息服务更具优势。

5.3.3 建设“三农”电视频道，为农民提供专门的电视节目

各省电视台可以设置独立的“三农”电视频道，专门提供面向“三农”的电视节目，而“国家/地方政策”则可以作为一个节目版块，提供深度的政策报道节目，多视角地为农民提供政策信息。

6 基于人际网络的政策信息传播服务

人际传播是人们获取信息的一种重要渠道。农民的信息获取能力较弱，口耳相传成为了农民获取各种信息传播的重要渠道，而且农民对于由人际网络提供的信息具有高度的信任[12]。农民的人际网络主要包括亲戚、邻居、朋友、村干部、村委会干部等，因此，建立基于人际网络的政策信息传播渠道，利用和发挥人际网络上的各个节点的作用，为农民提供“三农”政策信息的传播：①在城里做公务员的农民亲属和朋友。公务员对国家的政策信息比较了解，对政策信息的获得能力也比较强。所以，农民需要了解相关政策信息时可以通过他们来获知。②村里的农业大户。农业种植或养殖大户对市场、技术方面的信息很灵通，对于国家、地方颁布的与地方农业利益相关的政策

信息比较关心并主动获取，所以农民通过他们能获得农业方面的政策信息。③村委会和村干部。村委会和村干部与乡镇联系得比较多，他们相对其他人能更及时、更清楚地了解到政策信息。所以，农民也可以向他们了解政府实施的政策。④村里的“意见领袖”。“意见领袖”具有文化程度较高、社会地位较高、富裕程度较高、活动范围较大、人际关系较好等特点。他们的阅读和表达能力较强，加上他们与社区其他成员联系便利，交往密切，在接受信息传播时比较主动，并表现出积极寻找信息的倾向，所以常常充当信息的“讲解员”、“辅导员”[13]。因此，农民想探讨、了解政策可以跟他们交流。

7 结　语

中国是一个农业大国，农业、农村和农民问题，一直是关系国家兴衰的重要问题。随着我国构建和谐社会进程和社会主义新农村建设进程的推进，农民不仅需要政府提供各种政策支持，帮助他们适应市场经济规律，摆脱经济上的贫困，而且更需要政府进行制度安排，给广大农民以真正的国民待遇。政府对农村开展政策信息服务及政策的落实，将帮助农民维护自身的权益，充分发挥政策信息对农民生产、生活和经济社会活动的服务作用，而且必将对农民增收和农村经济发展产生极大的促进作用，也是解决“三农”问题的重要保障。而随着农民素质的提高，他们对信息的作用与影响力也有了深刻的体会，农民为了切身的利益提高了对政策信息的需求。为了更好地宣传和执行政策，体现中央政府对“三农”的关注，党政部门一定要联合各有关媒介和相关单位加强政策的宣传工作及认真做好政策的执行落实工作，以加速和谐社会的进程。

参考文献

[1] 曾智. 我国农村公共服务现状、问题及改革发展研究[学位论文]. 重庆:重庆大学,2007.

［2］ 周东升．新农村建设中乡（镇）政府政策执行力研究［学位论文］．湘潭：湘潭大学，2009.
［3］ 国务院办公厅．中华人民共和国政府信息公开条例．［2010－11－23］．http://www.gov.cn/zwgk/2007－04/24/content_592937.htm.
［4］ 高圆圆，左停．农村社会保障公共品供给的跨越：从政府管理走向政府治理与村委会代理．农村经济，2010（7）：8－11.
［5］ 郑丽琳．基层政府公共信息服务市场化运作模式研究．情报理论与实践，2010（6）：53－55，45.
［6］ 陈庆国．政府信息公开在便民服务中的问题与对策．图书馆，2009（5）：119－120，122.
［7］ 梁蕙玮，王志庚．中国政府公开信息整合服务平台的现状与未来．图书馆建设，2010（1）：4－8.
［8］ 中华人民共和国中央人民政府．我国村村通电话工程和信息下乡活动年度计划完成超九成．［2010－09－02］．http://www.gov.cn/gzdt/2009－12/02/content_1478629.htm.
［9］ 胡昌平，陈果．网络环境下区域农业信息集成设计及其服务推进．情报杂志，2009（5）：147－150，154.
［10］ 中华人民共和国国家统计局．中国统计年鉴．北京：中国统计出版社，2009：878.
［11］ 张九陆．融合业务树优势政府合作享信息——联通推农村信息化"吉林模式"．通信产业报，2009－08－24（24）.
［12］ 周九常，朱红涛．基于人际网络的我国农村知识服务研究．图书情报知识，2010（4）：83－89.
［13］ 彭光芒．农村社区意见领袖在科技传播中的作用．科技进步与对策，2002（7）：104－105.

作者简介

杨木容，女，1977年生，副研究馆员，发表论文20余篇。

第二节　农村政策信息服务需求的调查与分析*

1　引　言

十六届五中全会提出建设社会主义新农村，在建设社会主义新农村的进程中，加强农村地区信息传播、信息需求和信息服务的研究，可为我国政府部门和信息传播机构提高农民信息服务质量提供重要的理论依据和决策支持。各级政府部门对农村信息服务的开展及政策的落实，将发挥政策信息对农民生产、生活和经济社会活动的服务作用。要为农民提供有效的政策信息服务，必须要了解农民对政策信息服务的需求情况，本文通过调查广东茂名地区农民的政策信息需求，旨在为政府部门和信息机构有效地向农村人口开展政策信息服务提供决策参考。

2　研究对象与方法

2.1　调查对象

2010 年 5 月 10 日—6 月 10 日，本课题组采取抽样调查的方式对广东省茂名市茂南区、茂港区、高州市、化州市、信宜市和电白县的村民进行入户访谈和问卷调查。调查对象涉及种植户、养殖户、乡镇工作者、手工业者、村干部、乡村教师等不同类型的农户；调查对象年龄跨度较大，其中 40 岁以上的农民占总比例的 60.62%，从侧面反映了农村年轻劳动力的缺失；从学历分布来看，小学以下文化程度

---

* 本文系《图书情报工作》杂志社出版基金资助项目“面向农村的政策信息服务及模式研究”（项目编号：2010CB05）研究成果之一。

仅占 19.22%，76.32% 的调查对象具有初中及以上文化水平，对调查所涉及问题能够较好地理解，此次调查具有较强的代表性和可信度。

2.2 调查方法

本课题主要采用定性分析和定量分析相结合的方法，定性调查包括实地调查和个案访谈，定量分析采用发放调查问卷的方法。本次调查共发放调查问卷 728 份，回收 619 份，回收率 85.03%，其中有效问卷 541 份（包括访谈调查问卷 33 份）。对不同年龄段村民的信息意识、获取政策信息的途径以及政策信息需求的满足程度进行深入的调研。

3 调查结果分析

3.1 农民的信息意识分析

信息意识是信息素质内容的一部分，信息意识具体表现为了解信息的重要性，对信息敏感，在遇到问题时知道并善于依靠信息进行判断、分析和决策。信息意识是人们搜集、处理、分析、综合、利用信息等信息能力的前提和基础[1]。农民信息意识的强弱反映了他们的自觉搜集、获取和利用信息的能力高低。

3.1.1 大部分农民具有一定的信息意识

大部分农民都认为现代农民需要具备信息获取能力，也能够意识到信息在他们生活中的重要性和影响力，这说明现代农民具有一定的信息意识。调查还发现，年纪越轻，信息获取意识越强；相反，年纪越大的农民信息获取意识相对较弱。

据调查，84.28% 的被调查对象认为政策信息非常重要，这说明大多数农民已经意识到农村政策与他们的切身利益息息相关，值得他们关注。从年龄来看，认为农村政策信息比较重要的农民比例较高的是在 30 ~ 50 岁之间的农民，而对于低于 30 岁和高于 60 岁的农民来说，这一比例相对较低。

3.1.2 受教育程度与农民的信息意识及需求强度呈正相关关系

调查发现，受教育程度的高低与信息获取意识呈正相关关系[2]，学历低的农民，其信息意识相对较弱、需求强度也较低；而对于高学历的农民，能清楚地意识到信息对他们生活的重要性，并且能将信息与自身生产和生活相结合，促进新需求的产生，如表1和表2所示。

表1　不同学历农户对是否需要具备获取信息能力的认识（%）

学历	十分需要	需要一点	不需要	说不清
小学以下	42	30	13	15
初中	57	33	3	7
高中以上	79	16	5	0

表2　不同学历农户对信息对生活和生产的影响力的认识（%）

学历	很大影响	有一点影响	没有影响	说不清
小学以下	37	33	18	12
初中	48	36	8	8
高中以上	62	27	9	2

3.2 农村政策信息渠道利用的偏好性分析

信息渠道包括传播渠道和传播媒介两个层次，传播渠道主要指大众传播、组织传播和人际传播，传播媒介主要指各种传播渠道下的具体传播介质，如电视、宣传资料等，了解农民对各种传播渠道和传播媒介的利用偏好情况有助于了解农村政策传播的真实状况，有助于政府和相关信息机构选择政策传播策略。

3.2.1 看电视、亲戚朋友告知以及村干部传达是农民获取政策信息的最主要方式

大众传播渠道中的电视由于具有图文并茂、声像兼备的特点，已

经成为农民最乐于接触的媒体。据调查，农民家庭电视的普及率很高，有71.93%的村民家里有电视机，电视是农村居民获取信息的重要媒体，也是他们获取政策信息的主要途径，但电视传播农村政策的效果却并不如意。调查显示，大部分村民在电视上收看过政策信息的报道，主要是收看珠江电视台的新闻节目，但只有9.61%的村民对电视播放的政策非常了解，74.49%的村民认为不太了解。因此，地方电视台如何在农村政策传播过程中发挥更好的作用值得思考。

表3 农民获取农村政策信息的渠道分析

信息渠道	电视	亲戚朋友	村干部	报刊	宣传资料	上级政府	手机短信	网站	信息服务站	广播	电话	书籍	图书室
比例（%）	50.46	36.59	35.85	14.04	12.19	9.24	7.76	4.80	4.25	4.06	4.06	2.95	1.47

说明：比例是指选择该项的人次占有效问卷总数的百分比。

人际传播渠道也是农民获取政策信息的主要途径之一，农民喜欢通过与亲戚朋友、邻居的交谈来获知政策信息，而且年龄越大的村民，越倾向于以面对面交谈的方式获取政策信息。这并不难理解，对于大多数农村居民而言，文化程度低下依然是制约其信息获取与利用的一个重要因素，这种口耳相传的交流方式提供了信息之间的互动，农民在信息的交流与共享中提高了对信息的信任和利用。因此，口耳相传便成为信息来源的重要渠道，有时甚至是唯一渠道。

组织传播渠道中的村委会是村民与政府之间的直接联系者，因此是村民们获取政策信息的主要途径之一。村委会一般会通过在宣传栏张贴政策资料、直接上门宣传或向村民派发宣传资料等方式来宣传政策。作为农村政策的“实质传播主体”的村委会，与村民们的接触机会最多，在村民们心中是政府信息的发布者，本应在传播农村政策中发挥重要的作用，但调查显示，村民们对村委会的农村政策宣传工作并不满意，如表4所示。

表 4　村委会在农村政策传播中发挥的作用

项目	很好	一般	宣传不到位	宣传人员不熟悉政策内容	宣传人员态度不好
人次	24	209	266	29	33
比例（%）	4.43	38.63	49.16	5.36	6.09

经访谈得知，村委会很少组织村民开展学习培训，村民代表也很少将会议精神向村民传达，再加上有些村干部出于个人目的封锁某些惠民政策信息，这决定了农民通过组织渠道获知政策信息的渠道不能有效发挥作用。

3.2.2　传统媒体中的广播、报纸、杂志在政策传播中发挥的作用较小

除了电视外，大众传播媒介中的广播、报纸、杂志发挥的作用也没有想象的大。与电视相比，广播的接触率远远落后，在化州江岸村笔者与村民交谈得知，现在农村广播起的作用不大，主要用来通知村民开会；报纸、杂志虽然具有相对可保存性和看报时间不受限制特性，但由于其对读者的文化程度要求较高，而且报纸、杂志相对于其他媒介来说，经济成本相对较高，只有少数文化程度较高的村民（比如村干部、乡村教师）是通过报刊来了解政策信息。

3.2.3　在农村政策传播中，手机、网络等现代媒体几乎没有发挥什么作用

在现代信息社会，手机、网络可以说是获得信息的最便捷、最直接的方式。然而，调查结果显示，虽然大部分村民有手机，但收发短信并没有成为他们获取信息的主要方式；被调查的农户中只有12.94%的村民家里有电脑并且能上网，但主要是给家中上大学的年轻人使用。造成这种现象的主要原因有：①农村中网络设备的匮乏，信息传播成本高；②家庭经济拮据，觉得上网费用较高而放弃买电脑；③农村中计算机基础知识不够普及，村民因缺乏这方面的知识而不会利用网络来查询信息。

从农民获取政策信息的渠道调查可以得知，农民主要还是通过传统渠道获知政策信息，新型传播渠道没有得到广泛的运用；农民以间接获取政策信息的方式为主，以直接获取政策信息方式为辅；他们获取信息比较被动，而不是积极主动地去寻求政策信息。

3.3 农村政策信息需求的满足程度分析

农民对政策信息需求的满足程度与他们获知政策信息的及时性、对政策内容的知晓率以及获取政策信息的渠道通畅性等相关联。

3.3.1 农民获知政策信息的及时性不够

信息的一个重要特征就是时效性，面向农村的政策信息绝大部分是为了解决农民当前的实际问题而出台的，具有很强的时效性，政府颁布的政策信息能否及时快速地传达到村民手中，将直接影响到政策在农村的贯彻和执行。

据调查，大部分村民表示他们不能及时获知政策信息。经与村民交谈得知，他们对有些政策还是能够及时了解的，比如计划生育政策，政府宣传的方式比较多样，宣传的频率比较高，但有些惠民政策他们是从亲戚朋友处听说的，因此村民们认为村干部在宣传政策方面做得不够。如表5所示。

表5　农民获取农村政策信息的及时性

选项	能够很快知道		不能及时获知		从未获知过	
人次／比例（%）	频次	比例	频次	比例	频次	比例
	65	12.01	413	76.34	61	11.27

3.3.2 农民对政策信息内容的知晓率不高

对政策信息内容的知晓率是衡量农村政策传播效果的标准之一，所谓知晓率，是指村民对传播主题的知晓情况，即是否知道“有这么回事!”，知晓率可测出政策传播的范围和广度。

超过一半的村民基本能够理解所传播的政策信息内容，但仍然有三分之一的村民表示不能理解政策内容，通过调查发现，不能够清楚理解政策信息内容的多数是年纪偏大的村民，这与老年人的文化程度和理解能力有关，这提示我们在向村民宣传政策信息时，要考虑政策接受者的实际情况，根据不同的对象采取不同的宣传方式。如表6所示。

表6　不同年龄段农户对政策信息内容的知晓度（%）

理解程度	≤20岁	21－30	31－40	41－50	51－60	>60岁	合计
能够理解	1.85	3.70	7.61	9.82	3.44	11.11	7.39
基本能够	75.92	70.37	60	59.82	63.79	38.88	61.55
不能够	22.22	25.92	32.38	30.34	32.75	44.44	30.68

对政策信息不理解时，村民们一般会向村委会相关人员咨询或请教亲戚朋友、邻居，年纪较轻的村民还会通过查看政策宣传资料或者上网等主动方式来了解相关政策；年纪较大的村民因为对某些政策不感兴趣、或者忙于农活，他们往往会采取比较消极的办法，比如置之不理或不知道该采取什么措施去解决。如表7所示。

表7　农民对政策不理解时采取的措施

措施	向村委会咨询	请教亲戚、朋友	上网查询	查看政策宣传资料	置之不理	不知道怎么办
人次	196	152	38	81	78	64
比例（%）	36.22	28.09	7.02	14.97	14.41	11.82

当笔者问“对某项政策不理解时，为什么不去咨询村委会工作人员?”，村民们给出的原因有以下几个：村委会工作人员态度不好、难找到他们、村委会比较腐败、不相信他们、村委会人员也解释不清楚，问了也白问等。可见，村委会在村民们的心中并不是值得信赖的组织机构，这一点值得我们思考。

3.3.3 宣传力度不够以及缺乏信息咨询机构是农民获取政策信息的主要障碍

为了解农民获取政策信息的障碍，笔者在调查表列入了几个因素让被调查对象自由选择填写，结果如表8所示。

表8 影响农民获取农村政策类信息的因素分析

因素	村干部没有传达	政府宣传力度不够	缺乏提供信息咨询服务的机构	不会利用通讯工具和网络
人次	106	223	223	95
比例（%）	19.59	41.21	41.21	17.56

政府宣传力度不够和缺乏信息咨询服务机构被村民们认为是影响他们获取政策信息的主要障碍因素，这反映政府向村民宣传政策的力度、广度和深度还有待提高。虽然政府在向农民传递政策信息时采用的方式多种多样，但由于各种主客观因素的影响，传播效果不尽如人意，造成农民不能全面准确地接收到相关的政策信息。比如某些基层政府对符合本级政府利益的政策就往下传达，不符合的就采取“变通”政策精神，甚至采取封锁政策信息的恶劣现象，使得农民无法接触政策信息。

面向广大农村的政策大部分与农民切身利益有直接的关系，在向农民传播政策时，如果没有对这些政策内容进行解释和说明，就会导致部分农民不理解政策，因而迫切需要一个能让他们可以咨询相关政策信息的机构。

4 提高农民的政策信息需求水平和需求满足程度的建议

4.1 提高农民的信息素质，培养他们对政策信息的获取意识

信息素质的高低直接影响到信息获取的效果，要使农村居民能够

有效获取政策信息，仅有信息基础设施和接收设备等“硬件”的改善是不够的，更重要的是信息意识、文化素养等“软件”的普及[3]。农民的信息素质越高，他们主动获取信息的意识就越强，其参与政治和使用媒介的素质和技能越强，对政策信息的关注度也越高。

4.1.1 提高农民的文化水平

农民信息素质的高低与其受教育程度有正相关关系，农民的学历越高，其整体文化水平和综合素质就越高，其主动获取政策信息的意识也越高；较低的文化水平限制了农民理解信息的能力，导致信息利用水平低下。因此，发展农村教育，提高农民的文化水平是提高农民信息素质的前提条件。

政府部门要加大对农村基础教育的投入，发展农村各类学校教育、继续教育，致力于为农民提供更多的学习机会。充分发挥农村图书室的作用，使之成为农民的精神家园。近年来公共图书馆参与国家的“送书下乡工程”，在农村建立“农家书屋”，这些都是非常好的举措，还可以设立公共报栏、活动中心等为农民获取知识、交流信息提供场所，以提高他们的文化水平，从而提高农民主动获取信息的意识。

4.1.2 开展信息知识的宣传与培训

针对农民的实际情况，举行各种信息知识培训，培养农民信息搜寻和选择能力，逐步提高农民的信息化素质。可以首先对干部进行信息素质培训，提高农村干部的信息素质，进而发挥村干部在农村信息素质培训中的辐射、带动和骨干作用；其次，将信息知识内容纳入农村普通初中、高中和职业中学的教学内容；还可以在各县电视台开办农民信息知识讲座栏目，通过各种方式提高农民的信息利用能力。

4.2 加强农村基础设施建设，为农民获取政策信息提供基础条件

4.2.1 加快信息基础设施建设

信息基础设施建设规模和水平是农村信息服务的重要标志，加强

农村信息化基础设施建设，建立完善的农村信息服务网络为农民获取信息提供了必要的手段。当前，农村信息化基础设施主要包括广播电视网、电话网和计算机网。

在整合现有信息基础设施的基础上，建立基于多种传媒（互联网、通信、广播、电视等载体）的农村信息服务网络系统，形成电视、电台、电话与网络相互结合、互为补充的信息传播新模式。广东省科技厅于2003年启动和实施“广东农村信息直通车工程”，建立了天网、地网、人网“三网合一”的全方位信息服务机制，“直通车工程”支持语音、数据、视频等多媒体技术，利用语音网、移动网、卫星网、广电网等多网方式覆盖全省，支持固定电话、手机、电脑和电视机等多种终端，通过“三网合一”机制，实现农村信息服务载体多元化、形式多样化，从而为农民获取政策信息提供基础条件。

4.2.2 加强农村图书室建设

农村图书馆（室）是农村文化基础设施的重要组成部分，然而，农村图书室的建设却不容乐观，据本次调查显示，仅有2.18%的村子设立有图书室，选择图书室为信息获取渠道的人数仅为1.47%，这充分说明图书室在农村中没有起到重要的作用。农村基础文化软设施的不足，限制了人们获取信息的途径与方式[4]。建议由市县级图书馆在农村设立分馆，人、财、物由市级图书馆统一管理，省级公共图书馆提供业务支撑，充分实现资源共享[5]；设立流动书车服务，定期为基层农民提供借还书刊服务，使农民能及时获取信息。由广东省立中山图书馆牵头的广东流动图书馆项目于2003年11月启动，经过几年的发展，流动图书馆的建立深入人心，用户对流动图书馆的整体满意度较高，取得了良好的社会效益[6]。

4.3 发挥各种不同传播渠道的作用，确保农民多途径获知政策信息

不同的传播媒介在传播政策的效用方面有各自的不足和优势，因此农村政策传播要注意“整合联动”多种媒介，以充分发挥各媒介

整体“合力”效用。

4.3.1 强化电视传播政策信息的效果，发挥电视媒体在政策传播中的作用

电视上的涉农政策报道，多是从权威导向视角，站在党和政府统揽全局的高度宣传农村政策，缺乏从问题导向角度反应农村政策盲点、漏洞或表达、解答农村政策疑惑的报道，这样的报道难以为农民所关注和接受。

要充分发挥地方电视台传播农村政策的作用，就要注意从农民的关注点入手，发掘所报道的政策信息与农民切身利益之间的联系，在农村政策与农民现实之间找到最佳的切入点，从而将农村政策报道化为农民“看得见、摸得着、用得上”的知识和经验，以提高农村政策的传播效果。比如河南电视台的“新农村频道”，每晚18：50的《新闻第1线》专门对涉农政策进行详细的解读；湖北随州电视台开办的“农村频道”，也是用通俗易懂的语言对一些重要的涉农政策进行详细解释。

4.3.2 提高农村政策传播者的素质，发挥基层组织在政策传播中的主导作用

村委会是农村社会最基层的组织单元，村干部是国家在农村的组织基础和各项方针政策的传播者和落实者，其政策宣传水平的高低直接决定着各项农村政策的落实程度。但由于某些村干部的文化素质和政策水平较低，不能透彻理解政策内容，或者责任心不强，或者钻政策的空子，从中渔利，甚至扭曲、封锁或阻滞农村政策，致使农民群众对所需的政策信息难以获得。

提高村干部的政治素质和业务素质，尤其是社会责任感和密切联系群众、深入基层调查研究的工作作风。要加强对村干部的教育培训，比如，政府出台政策时要组织村干部学习和理解政策的内容，并结合农村实际情况寻找实施的具体途径，将政策落到实处，增强农民对政策落实的满意度。

4.3.3 重视培养农村中的“意见领袖”，加强人际传播在信息传递中的正面效果

农民公众间的口耳相传，在一定程度上传播效果是良好的，但人际传播的随意性、不稳定性、非规范性，通常给国家农村政策传播带来负面效果。因此，最好是通过农村中党员、退休老干部、教师等优秀农村人才来担当政策传播的中坚力量，这些人文化程度相对较高，在群众中有一定的威信，他们是国家政策传播的“意见领袖”，一项政策传达到他们后，他们把政策信息传达给村民，还会和村民一起讨论政策，发表自己的观点，“意见领袖”对政策的观点和态度直接影响到其他村民对政策的理解和接受[7]。因此，国家农村政策传播要取得良好效果，应该重视类似“意见领袖”及优秀人才在国家农村政策传播中的作用。

4.4 注重政策信息传播质量，提高农民信息需求的满足程度

4.4.1 掌握政策传播技巧，提高农民对政策信息的知晓率和认知度

要提高政策的执行效果，首先要确保农民对政策的知情权，政府颁布的政策都与农民切身利益息息相关，但如果农民对这些政策不知道或不理解，就谈不上对政策的贯彻和执行了，农民的利益也无法得到保障。因此政府既要合理运用各种传播媒介，扩大政策信息的传播范围和效果，使尽可能多的农民对政策知晓，又要考虑政策信息内容的共通性、易得性和效用性，在农村，通俗易懂、生动活泼的口语化的东西更受欢迎，因此要注意把握政策宣传的“通俗度”问题，增强农村政策信息内容的可接受性、可理解性，使得农民对政策有全面清晰的认识，以有效保证政策的执行。

4.4.2 建立信息需求反馈机制，提高政策信息传播质量

农民是最基础的政策信息供给者，如果基层政府和部门不能掌握农民当前对农村政策信息服务的需求状况，农村政策信息服务的供给对信息服务需求的动态反应性就不强；如果农民的政策信息服务需求

不能有效表达，提供农村政策信息服务将是无针对性和及时性。建立农民对政策信息服务需求的表达机构、反馈渠道和机制，让农民主动参与信息服务机构之间的信息互动，才能使农民政策信息服务需求得到满足。措施有：①充分发挥农村中优秀传播人才在政策传播中的作用，特别是农村中的“意见领袖”，让他们能够充分发表意见；②唤醒广大农民主动参与政治的意识，让民意得到充分的表达，这样一种上情下达和下情上传的双向交流机制，有利于政府及时接收到农民对政策信息的反馈意见，从而提高政策信息传播质量。

参考文献

[1] 徐仕敏．论农民的信息意识．情报杂志，2001(7)：67－68.

[2] 朱春艳，赵静，王玉平．西部农村群体信息需求与服务研究．图书情报工作，2009，53(8)：63－66.

[3] 蒋冠．对农村居民获取政府信息的思考．北京档案，2009(5)：18－20.

[4] 原小玲，贾君枝，朱丹．山西省农民信息需求调查研究．情报科学，2009(8)：1194－1198.

[5] 陈瑛，伍艺．湖南省农村文化信息需求调查报告．图书馆，2009(2)：58－61，66.

[6] 殷红燕．广东流动图书馆用户满意度调查．图书馆论坛，2009(1)：51－54.

[7] 邱新有，肖荣春，熊芳芳．国家农村政策传播过程中信息缺失现象的探析．江西社会科学，2005(10)：203－208.

作者简介

郑文晖，女，1968 年生，副研究馆员，编目部主任，发表论文 16 篇。

第三节　农村政策信息服务状况调查分析*

1　引　言

农业、农村、农民问题关系着国民经济和社会发展全局，历来受到中央高度重视。自2004年以来，中央“一号文件”连续7年锁定农业、农村和农民问题，出台了一系列惠农、支农、助农、扶农政策。好的政策如何被正确、及时地传达到广大农民中，使农民充分了解、最大程度地享受惠农政策，对促进农业增效、农民增收、农村稳定，具有十分重要意义。因此，与政策宣传、解读、咨询相关的农村政策信息服务显得极为重要。

2　调查对象及方法

本次调查地点选取了课题组的所在地广东省茂名市，主要调研农村政策信息服务中实体服务与网络服务的服务构成与服务状况。主要调查对象为四类农村政策信息服务相关机构，分别为各级政府涉农部门、通讯部门、媒体部门以及部分区、市、县下辖的村委会。通过设计各类调查问卷，主要采取当面访谈和电话访谈的方式进行调查。网络调查以调查政府信息网站和农业信息网站为主，主要调查网站的政策栏目设置、提供涉农政策信息、政策分类、政策解读、站内检索、网站互动等方面的情况。

---

* 本文系《图书情报工作》杂志社出版基金资助项目“面向农村的政策信息服务及模式研究”（项目编号：2010CB05）研究成果之一。

3 农村政策信息服务的构成

据调查，农村政策信息服务主要由两部分组成：①政策信息的传播，就是把各类农村政策信息传达到农民中；②政策信息的咨询解读服务，主要是为农民解读政策，提供政策咨询服务。

3.1 农村政策信息的传播

现有的农村政策信息的传播服务主要为组织传播和大众传播[1]。人际传播虽然也是一种政策信息传播的形式，但不属于主动的政策信息服务，所以主要调研组织传播和大众传播的情况。具体情况如表1所示。

表1 农村政策信息的主要传播渠道

组织传播		大众传播			
涉农政府部门	村委会	传统大众媒体		新兴大众媒体	
		纸质传媒	电子传媒	第四媒体	第五媒体
		报刊	广播、电视	互联网	手机
“文件—会议”、标语、干部宣传、发放政府宣传资料	村长会、队长会、党员干部大会、村民代表大会、宣传栏、发放宣传资料、直接到户宣传、挂横幅、电话通知等	新闻、专题、专栏	新闻、专题、专栏、滚动字幕等	政府网站、涉农政府部门网站、农业信息网、农业信息服务平台等，以新闻、政策信息专栏形式提供	涉农部门及涉农部门与电信营运商联合提供的短信及语音提醒群发服务

3.1.1 农村政策信息的组织传播

农村政策信息的组织传播，主要依靠各级涉农政府部门和村委会。各级农业局、水产局、农机局、林业局、国土局、劳动局等涉农部门都涉及到对农政策服务，主要采取“文件—会议”的形式，自上而下地逐级传达，表1中所列的其他方式只是起着辅助作用。在村委会的组织传播方式中，宣传栏是村委会宣传农村政策的主要阵地。

3.1.2 农村政策信息的大众传播

农村政策信息的大众传播由广播、电视、报刊、互联网、手机等媒介提供。广播、电视、报刊为传统的大众媒体，互联网与手机为新兴的大众媒体，分别被称为第四、第五媒体。

- 传统大众媒体的农村政策信息传播。由上级党委宣传部门给予指导性意见，对不同时期要宣传的政策的重点提出要求，由大众媒体自主执行。大众媒体对当前农村政策热点主动进行相关跟踪报导，在涉农部门需要政策信息宣传时给予配合。
- 新兴大众媒体的农村政策信息传播。主要有两种方式：①网上服务，由各类涉农网站在所属网站中发布各类政策信息；②手机服务，由各级涉农部门以及由电信运营商与涉农政府部门联合提供，如“农信通”、“中国电信信息田园”、电信天翼村村通等短信服务。

3.2 农村政策信息的咨询和解读服务

各涉农政府部门及其下的农业信息服务机构、村委会干部等负责对农政策的咨询和解读。现有农村政策咨询和解读服务情况如表2所示。

表2 农村政策信息的咨询和解读服务

当面服务		电话服务		网上服务
被动服务	主动服务	办公电话	咨询热线	在线咨询、表单咨询、邮件咨询、留言板、常见问题解答
涉农机构人员被动接受农民咨询	在农村设置政策咨询台、选派驻村干部、农村政策宣讲团、送戏下乡、开展政策知识竞赛等	普通工作人员	专业咨询人员	

由上可知，当前农村政策信息服务已形成以政府涉农部门、村委会为主体的实体服务和传统大众传媒与新兴大众传媒构成的虚拟服务协同服务的格局。

4 农村政策信息服务存在的问题

4.1 直接面向农民的政策信息服务工作不到位

对于各级涉农政府部门来说，政策信息服务主要是以“文件—会议”的形式，自上而下地逐级传达，直接面对农民的服务较少。在农村设置政策咨询台、组织政策宣讲团、干部宣传、送戏下乡等与农民近距离的服务只是一些辅助的信息服务方式，所占比例极少。

对于村委会的政策信息服务，在村委会的宣传栏中张贴宣传资料为最为主要的服务方式。一般情况下，一个村委会下辖多个自然村，农民除了到村委会办事外，很少会到村委会来，张贴在宣传栏中的资料往往不被农民所知。大多数村委会现在基本不召开村民大会，直接对农宣传的机会大大减少。除了一些必须执行到位的政策，村委会干部较少直接与农民接触。

4.2 政策信息服务重布置，轻考核

各项农村政策信息发布后，政府部门偏重于工作任务的布置，对政策信息宣传是否到位、咨询解读服务是否为农民满意，缺少一些必要的监督和考核。一些涉农部门的工作人员、农村的基层干部由于没有监督机制的约束，往往会产生政策信息宣传不宣传无所谓、服务好坏一个样的想法。村干部故意隐瞒、截留惠农政策，为自己及亲友谋私利的现象时有存在。

4.3 信息基础设施基本完善，但使用率低

调查发现，近年来茂名市信息基础设施日趋完善。已经实现全市20户以上自然村全部通电话，1 625个行政村村村通宽带，所有行政村实现了农村远程教育网络覆盖，所有全市农村用户到接入网交换设备距离不超过3 000米。按这样的信息基础设施状况，农民离互联网并不遥远。但现实情况是，不单是一般农户入网率低，村委会的入网

率也低。在对村委会的调查中发现，所有的村委会都配备了电脑，但除了能上广东省农村党员现代远程教育网外，61.54%的村委会没有实现实质上的上网，一些村委会办公电话也被停掉，问及原因，普遍反映是交不起相关费用。利润最大化是企业最现实的目标，在农村基础设施铺设投入大，电话、宽带入户率却得不到保证，亏损严重，严重打击了电信营运商对农村信息化建设的积极性[2]。

4.4 工作经费紧张，缺乏专项资金支持

在调查中，涉农部门和村委会普遍反映资金短缺。每项政策的宣传都要组织会议、制作宣传资料等，增加了他们的行政运行成本。而在对农政策的传播上，政府一般没有专门的资金支持，需要自筹资金。一些涉农政府部门及集体经济薄弱的村委会，仅靠财政下拨的资金作为工作经费。通常一个村委会一年政府的补贴为6 000元，支付办公用品费、水电费、报刊费等日常开销都艰难，更不用说交纳上网费用。因此，用于农村政策信息传播的经费难以保证。在这种情况下，无法保证所有的政策都能得到普遍的宣传，只能在资金许可的条件下适度宣传。一些政策得不到较好的宣传，有的政策甚至不被宣传的现象普遍存在。

4.5 工资待遇过低，挫伤干部工作积极性

调查中发现，基层农村政策信息服务人员工资普遍偏低。特别是作为村委会成员的村委会干部，其工资主要来源为村集体经济收入和财政补贴。一些集体经济收入差的村，村干部的集体经济收入补贴基本没有。一些村干部反映，他们每月的工资普遍在350元左右，支付通信和交通费用外所剩无几，根本无法靠工资来维持家庭的经济开支，必须从事其他工作才能维持生计。而且他们一旦退任，便跟普通农民无异，没有养老保险，也没有退休金，极大地影响了村干部的工作积极性。

4.6 村干部素质偏低，信息应用能力较差

从被调查的15个村委会干部的文化程度来看，具有大专文凭的村干部较少，本科的根本没有，大多只具备初中、高中文化，总体文化程度偏低。这在一定程度上影响了他们对党的路线方针、政策和决议的理解。46.15%的村委会只有一人会操作电脑，有的村委会甚至没有一人会用电脑。一些村委会的电脑没有得到利用，成为摆设。

4.7 传统大众传媒服务深度欠缺

作为广播、电视、报刊等传统大众媒体，在节目定位、栏目设置、内容制作和形式选择上普遍存在服务深度欠缺的现象，传播农村政策信息主要通过新闻的形式，专题、专栏节目偏少。在新闻节目中又存在着时政新闻多、政策解读少，新闻报道多、新闻评论少的状况。纸质媒介总体规模过于弱小，许多报刊内容信息量不大，时效性差，缺乏深入农村、贴近农民的报道，会议报道和工作报道痕迹偏重。电子媒介传播的信息转瞬即逝，不易保存的特征使农民很难深度把握政策内容，往往只是知道政策的存在，却对政策的具体内容缺少了解。同时，电子媒介传递的政策信息为单向传播，农民只能被动接受，不能满足农民在互动交流上的需求。

4.8 涉农网站政策分类过粗，解读少

在对省级政府网站及农业信息网站这类农村政策信息权威网站的调查中发现，基于互联网的农村政策信息服务还不尽人意。表现为：

4.8.1 政策法规栏目政策分类过粗

两类网站主要分类方式均为按文件级别分类，如政府网站分为国务院文件，省、部门、市文件等；农业信息网站按国家法规、地方法规等分类。按方便信息查找的主题等分类方式较少，大部分农业信息网站甚至没有对政策进行分类。绝大多数的农业信息网和少数政府政务网站没有提供信息检索功能，而在提供检索功能的网站中大都为关键字检索方式，具有高级检索的网站较少，不利于对政策信息的

查找。

4.8.2 政策信息重发布，轻解读

政策法规的特点为块头大、篇幅长、可读性差，所以政策解读在促进政策信息的理解方面具有较大作用。调查中发现，70.97%的农业信息网没有提供政策解读服务。与之相比，政府信息网站情况稍好，有59.38%提供了政策解读。然而，即使在提供政策解读的网站中，被解读的政策也只占政策总数的较小比例，绝大多数的政策没得得到较好的解读。

4.8.3 咨询回复时效性难以保证

在调查的网站中，网站的咨询方式主要为邮件咨询，或是表单咨询，通常只提供各部门领导信箱，用于在线沟通的实时咨询较少。只有部分网站对回复时限做出承诺，绝大多数网站没有公布回复时限。部分咨询长期得不到解答的情况时有存在。

4.9 手机政策信息服务推广力度不够，服务内容差

涉农部门提供信息，电信营运商提供技术平台，以手机为信息终端，以短信及语音为主要内容的农村信息服务模式，虽为农民获取政策信息提供了一个良好、便利的途径，但这些服务并不广泛被农民使用。以“农信通”为例，大部分农民不知道有这些服务的存在，不知其有什么功能，部分农民感觉资费太贵或是不清楚收费标准，担心被乱收费。据一农业办主任反映，镇里曾要求一些负责农业的生产主任、专业户等入网，但他们使用后普遍反映服务内容少、垃圾信息多，信息无更新。绝大多数的镇农业办认为这类服务是电信营运商负责的事而没有对农民宣传。由此可见，手机服务的推广还未深入到广大农民中。服务资费对农民来说相对较高，其计费准确性和资费透明度不高也使农民对其心存顾虑，手机提供的信息服务与农民的实际需求尚有一定距离。

5 推进农村政策信息服务的对策

5.1 加大农政策信息服务资金扶持

- 政府在农村政策的传播中要加强资金的投入力度，给予农政策信息传播专项资金，用于工作人员培训，开展基层网络化建设，添置惠农政策公示栏、宣传栏等硬件设施和各种宣传、办公费用的支出，确保各项农村政策信息能顺利、及时地传达到农民中。
- 提高基层政策信息服务人员的工作待遇，并建立工作考核激励制度，以提高工作积极性，使他们能全身心地投入到农村工作中。
- 加大政府投入，调整出版资源配置，大力扶持面向“三农”的各类报刊，增加“三农”报刊种类。解决农村报刊投递补贴问题，制定农村报刊征订扶持政策。对农村报刊发行给予大力扶持，实行政府采购、补贴订报等扶持政策[3]。
- 给予电信营运商投资农村信息化的利益激励机制，激发电信营运商对农村信息化建设的热情。政府在政策和资金等方面应给予营运商一定的支持，如对各乡镇信息服务站、村委会及农户的入网费用给予补贴，降低涉农信息资费标准等，以增加农村信息用户数量。

5.2 优化组织传播工作方法方式

当前组织传播中“文件—会议”及在村委会宣传栏张贴宣传资料的政策传播方式受众覆盖面窄，实现的宣传效果不明显，影响农民对政策的知晓度。只有采取多种宣传方式相结合，进行长期持久的宣传，才能使农村政策深入人心、家喻户晓。越是贴近农民的宣传其效果越为理想，所以要尽可能多地采取一些贴近农民的宣传方式，如：①进村入户宣传，由乡镇包村干部和村干部组织宣传小组，走村入户，面对面向群众宣传；②资料宣传，印制宣传手册、宣传挂画、宣传图卡等进行放发到农民手中；③集市和节庆宣传，利用集市和春节等节庆时机，组织开展惠农政策咨询活动；④文艺和电影宣传，组织专业、业余文艺演出队，编演一些农民喜闻乐见的惠农政策节目，深入到乡镇、村演出；⑤媒介宣传，由报社、电视开辟“惠农政策”专栏，制作公益广告和专题节目。

5.3　加强政府对政策信息服务的监督力度

政府应成立专门的农政策信息服务工作督查组，对农村政策信息服务工作进行经常性督查，督促检查宣传活动落实情况，并对督查情况进行通报，接受媒体和群众监督，切实将农村政策信息服务工作落到实处[4]。应要求有关涉农部门及村委会将政策信息服务工作纳入年度考核工作要点，作为本部门、本单位、个人的重点工作和年终考核内容，以推进对农政策信息服务工作的制度化和常规化。

5.4　加强媒体自身建设，提高信息服务质量，做好服务宣传

党的农村政策依靠媒体向农民大众传播。针对媒体自身的不足，加强其建设是提高农村政策信息服务的关键。

5.4.1　加强内容建设，提供深层次政策信息服务

在栏目设置上要立足农民需要，细分受众的构成。要深层次整合新闻资源，正确解读政策。对政策信息的报道不能只停留在表面的消息发布上，而要反映出台这项政策的背景、政策的内容，与以前相对应政策内容的异同及其益处，这项政策出台后将产生什么样的社会效应等。要加强对政策信息的解读，在政策解读的过程中注意政策解读的权威性、易懂性，最好能结合农民生产生活中碰到的具体案例来进行解读。市县级的本土化大众传媒，要以服务本地受众为目的，特别要加强本地政策信息的解读。

涉农网站在保证农村政策信息发布的时效性的同时，要对农村政策信息进行细致的分类以方面农民查找。把政策信息按政策行政级别划分，按发布的年度分类的做法均不利于对政策的查找。最好把政策按主题来划分，同时要提供信息检索功能。要加强网站的互动服务，提供多途径的政策咨询方式，保证咨询回复的时效性。

5.4.2 做好服务推广，提供服务体验

对于手机、互联网这类新兴的信息服务媒体，要使其进入平常农户家，服务推广与服务体验十分重要。对于手机信息服务来说，单一的由电信营运商推广的方式不容易被农民接受，可以采用与涉农部门联合推广的方式，让手机信息服务更易进入广大农民中；在手机信息的资费上，要考虑农民的经济许可能力，尽量降低资费，必要时在农户使用前期给予一段免费试用的时间；要增加资费的透明度，让农民能做到明白消费。

在农村普及、利用网络，必须让农民意识到电脑网络能为其生产生活提供巨大帮助和服务。所以，政府部门要加强对农村信息服务站、信息体验服务点的建设，给农户提供免费体验网络的场所。

5.5 提高政策信息服务人员文化素质与业务水平

政策信息服务人员的素质关系到政策信息服务的效果，抓好政策信息服务人员的队伍建设，是开展信息服务的根本保证。应提高政策宣传者的自身素质，包括宣传责任、宣传意识、宣传技巧和宣传艺术，不断提高政策信息宣传者的政策解释能力和政策沟通能力。要通过各种途径提高政策信息服务人员的素质，如参加政策培训班，通过集中培训或送课下乡，市、镇分级培训等各种形式。要多提供农村党员现代远程教育这类农村党员干部的终身学习平台，打造一个懂方针政策、懂法律法规的政策信息服务队伍。另外，要鼓励和引导高校毕业生面向农村基层就业，优化和改善农村干部结构，提高农村干部的整体素质。

5.6 提高农民信息素质，强化信息意识

当前农民整体农民文化水平偏低，缺乏信息意识，对信息比较淡漠，认识和接受信息技术的能力较差。因此，要强化农民的信息意识，使农民认识到信息的重要性，让农户具有信息投入、信息收集、信息应用和信息反馈的意识和能力。要加强农民的信息应用能力培训，提高农民的知识和文化素质：一方面使他们能够掌握基本的计算机和网络知识，熟练使用计算机；另一方面帮助他们提高分析和使用

网络信息的能力。建议由信息化建设管理部门牵头组织，免费对农民进行培训，或对部分农民进行重点培训，使其成为当地信息化的带头人，在农民获取利用信息中解难答疑，起到示范作用。

参考文献

[1] 金勇,朱鸿军．“三农”类报纸的现状分析与政策建议．新闻战线,2009 (3):44 – 45.

[2] 王松梅．我国农村信息化建设存在的问题及对策．理论导刊,2007 (10):91 – 92.

[3] 于良芝等．建立面向新农民的农村信息服务体系:天津农村信息服务现状及对策研究．中国图书馆学报,2007(6):30 – 35.

[4] 于良芝等．农村信息服务效果及其制约因素研究:农民视角．图书馆杂志,2007 (9):14 – 18.

作者简介

陈恩满，女，1974 年生，副研究馆员，发表论文　篇。

第四节　“三农”政策信息服务建设的研究*

——基于 31 个省级农业政务信息网的调查

1 前　言

社会政策是政府为管理社会公共事务、实现公共利益而制定的公

* 本文系《图书情报工作》杂志社出版基金资助项目“面向农村的政策信息服务及模式研究”（项目编号：2010CB05 ）研究成果之一。

共行为规范、行为准则和活动策略，它是政府调节社会的主要手段和基本措施[1]。国内大部分农民是靠天和政策走向决定自己的命运。根据国内研究者的调查[2]，农民对政策信息的需求很高，主要包括农业结构调整政策、非农就业政策、土地流转的相关政策、征地农民安置政策；农民关注农民减负及税收、社会保障、文化教育等政策信息；低收入型农户比中高收入型农户对于农村政策的需求程度更高。政府作为最大的信息所有者和控制者，政府最主要的职能之一就是为公众提供有效的公共产品和公共政策，政府信息公开工作已经有了实质性的进展，公民也获得了依法获取政府信息的基本权利。政府门户网站是政府信息公开的主要渠道，而政府网站中的政策信息服务是网站政务信息公开栏目中最重要的内容之一。在过去，不要说农民，就连一般的城市居民都很难有机会看到政府的文件特别是红头文件，现在只要登录政府网站，就能检索和查看到国内的政策文件并了解相关信息。相比其他渠道，政府门户网站的政策信息服务省却了中间环节，更能及时直接地向社会传递最新、更具权威性和真实性的政务信息。同时，由于网站服务不受时空限制，服务方式多样——提供文字、图片、语音、视频，用户能方便地全方位对政策信息进行浏览、查询、下载、互动交流等，与传统媒体相比，政务网站的政策信息服务更具个性化和方便快捷。

中央一号文件连续7年来都关注“三农”问题，强调要加强农业信息化建设，加强农村基础设施建设，健全农村综合信息服务体系，推进农村信息化建设。农村信息服务是农村信息化建设的核心内容，而农业信息网是农业信息化建设的重要途径和有效工具。目前国内31个省级农业行政主管部门均建立了农业政务信息网，这些网站为广大农民、农村工作者及涉农企业提供政务、政策、农情、市场行情和经济信息等服务，同时也是涉农部门对外发布“三农”信息的最权威、最迅速、最便捷、最有效的宣传平台。这为各级农业主管部门开展“三农”政策信息服务，帮助农民维护自身的权益，充分发挥政策信息对农民生产、生活和经济社会活动的服务提供了一个很好的平台。基于此，本文通过对31个省级农业政务信息网的政策信息服务状况进行调查和分析研究，希望能为我国的“三农”政策信息服务建设提供现实和理论研究的依据，为政府公共服务意识的提高、农村政策信息服务供给的完善，为更好地进行农村信息化建设起到力所能及的推动作用。

2 我国省级农业政务信息网政策信息服务调查分析

2.1 调查对象、内容及时间

2.1.1 调查对象

选取我国31个省级农业政务信息网作为调查对象[3]。

2.1.2 调查内容

调查农业政务信息网中与政策信息服务相关的栏目，主要包括：①政策信息的栏目服务情况；②政策信息的咨询情况；③网上办事提供政策依据的情况。

2.1.3 调查时间

2010年6月13—23日。

2.2 政策信息栏目服务情况分析

31个被调查的省级农业政务信息网中有30个提供了政策信息服务栏目，只有福建农业信息网没有提供，本节数据按30个有效网站来统计。

2.2.1 “政策法规”栏目位置分明，栏目名称明确

“政策法规”属于政务信息的内容，多位于政务信息一级栏目下，而且一般网站都直接展示二级栏目名称，所以用户比较容易找到“政策法规”方面的信息内容。虽然“政策法规”内容所在的栏目层次不同，但大部分都以“政策法规”作为栏目名称。“政策法规”直接作为一级栏目的有12个；“政策法规”作为二级栏目的有29个，

其中属于“政务公开”或“政务区”一级栏目下的占了59%，有的网站是以各个行业作为一级栏目，本行业的政策法规作为二级栏目；作为三级栏目的有1个。笔者认为“政策法规”作为一项相对独立的政务信息，应单独归类，并冠以“政策法规”的栏目名称，这样用户能方便快捷地查询到这类信息。对于栏目层次的建设问题，笔者认为“政策法规”是政务信息的主要内容之一，应该归属于“政务”一级栏目下面。

2.2.2 “政策法规”栏目的内容建设参差不齐

“政策法规”栏目内容提供的情况：①分类服务：被调查网站中有9个没有提供政策法规分类，直接汇总提供标题列表链接；提供了分类服务的网站情况如表1所示。

表1 我国省级农业政务信息网站政策信息分类服务情况

网 站	政策分类情况	网 站	政策分类情况
北京农业局	按行业分类	天津农业信息网	按行政级别性质分类
河北农业信息网	按行业分类	山西农业网	按行政级别性质分类
黑龙江农业信息网	按行业分类	浙江农业信息网	按行政级别性质分类
青海农牧业信息网	按行业分类	吉林农网	按行政级别性质分类
宁夏农业信息网	按行业分类	海南农业信息网	按行政级别性质分类
广东农业信息网	按行业分类	重庆农业农村信息网	按行政级别性质分类
江苏农业网	按文件类型分类	贵州农业信息网	按行政级别性质分类
湖北农业信息网	按文件类型分类	云南农业信息网	按行政级别性质分类
河南农业信息网	按从属关系分类	西藏农牧信息网	按行政级别性质分类
辽宁金农网	按法规文件、惠农政策、粮食直补分类	甘肃农业信息网	按行政级别性质分类
上海农业网	按行政级别性质、行业、解读等分类		

说明：本表及以下各表均是笔者对我国31个省级农业政务信息网站的信息整理而成。

分别按照行业（例如：种植业、畜牧兽医、渔政等）、行政级别性质（例如：国家、部委、地方等）、文件类型（例如：政策、法律法规、政府规章、规范性文件、公示公告等）、从属关系（例如：综合性、农业）等对政策法规进行分类汇总提供标题列表链接；②检索服务：只有三分之一的网站提供了政策信息的检索服务，检索的方式主要有高级检索、分类检索、关键词检索和题名检索；③解读服务：只有8个网站提供政策解读服务（见表2）。

表2　我国省级农业政务信息网站政策信息解读服务情况

网 站	政策解读服务所在栏目
上海农业网	政务中心→政策法规→法规、政策、文件解读
江苏农业网	政务公开→政策法规→政策解读
山东农业信息网	政务信息→惠农政策→政策解读
四川农业信息网	政务公开→政策法规→政策导读
云南农业信息网	政务公开→政策法规→政策法规解读
广西农业信息网	资讯动态→政策法规解读
浙江农业信息网	政策法制→咨询信箱
贵州农业信息网	政务公开→政策法规

从获取信息的方式来看，信息标题汇总提供链接是最原始的一种方式，但是对于大量的且不断更新添加的信息来说，单纯提供标题链接是不方便用户快速查找信息的，而且容易漏查，造成用户阅读疲劳和阅读障碍。分类查询和检索查询是目前更为常用的信息获取方式，尤其是个性化的检索查询功能能满足用户快速定位信息的要求。从调查的情况看，用户从检索的方式去获得“政策法规”信息的服务提供还未完善，用户获取“政策法规”信息的手段还有待进一步提高。从提供的信息内容来看，栏目以提供“政策法规”的全文信息为主，而对于“政策法规”的相关信息，例如：新闻、案例、解读等内容很少提供，未能将栏目服务内容进一步扩充和深化。

2.2.3 特色建设情况

- 天津农业信息网和河北农业信息网建设有“政策法规数据库”，数据库能够提供多种服务方式，例如：一般检索和高级检索、打印、帮助、邮件联系等功能。以数据库的形式建设和管理“政策法规”信息资源，有利于服务功能的实现及信息获取的多样性和便捷。

- 河北农业信息网、辽宁金农网和重庆农业农村信息网提供了“惠农政策”栏目，方便用户直接查找利益相关的政策信息。此栏目除了提供政策条文外，还提供政策落实、经验摘编、政策解读等内容。“惠农政策”的提供，使得服务更加贴近农民的切身利益，方便农民查找与自己利益相关的政策内容，进一步加深了农民对惠农政策的理解。

- 河北农业信息网和上海农业网提供了国外农业政策信息的介绍。对国外农业政策信息的介绍，不仅扩大了农民的视野，了解国外的农业政策状况，也为我国农业相关政府部门在制定政策时提供参考借鉴。

- 广东农业信息网提供了政策法规信息的 RSS 推送订阅服务。RSS 推送服务是一项利用 WEB2.0 技术、体现以用户为中心服务理念的服务手段，用户通过定制 RSS 推送服务，能自动获取最新的个性化服务内容，方便用户及时了解最新的政策信息。

2.3 政策信息咨询情况分析

31 个被调查的省级农业政务信息网中有 23 个是提供互动服务栏目的，本节数据按 23 个有效网站来统计。

2.3.1 互动服务所属栏目名称多样

互动服务一级栏目名称含有“互动”的占了 43%，含有“咨询”或“交流”的占了 26%；有部分互动服务子栏目从属于政务区、办事区、综合版、政务公开、服务等一级栏目。从此可见，互动栏目名称设置及栏目层次不清晰，严重影响了用户对其的使用。

2.3.2 以表单咨询为主，没有实时在线咨询，专门的政策咨询很少

大部分网站主要以表单咨询的方式提供互动服务，有的需要通过注册登录系统后才可以咨询；有些网站只是提供咨询热线，其中提供“12316”作为三农咨询热线服务的有5个；实时咨询作为最有效的即时问答的咨询方式，却没有得到提供。咨询服务一般提供综合问题咨询，没有对咨询的范围进行划分或者说明，而专门说明提供政策咨询服务的有3家，占了13%，如表3所示。

表3 我国省级农业政务信息网站政策咨询服务情况

网站	政策咨询服务
浙江农业信息网	咨询问答→表单咨询（提供问题类型选择，其中有“农业政策”和“农业法律”选项）
安徽农业信息网	12316在线问答→表单咨询（提供问题类型选择，有“农业法规政策”选项）
山东农业信息网	互动服务→咨询信箱（专为用户咨询农业政策和技术问题而提供的表单咨询服务）

专门的政策咨询服务缺乏对于用户来说，很难找到对口的渠道和专家进行政策问题咨询。另外，互动栏目的咨询反馈结果存在着回复过于简单的问题，未能及时有效地实现问题的解决与指引。这样的服务状况严重挫伤了用户使用的积极性。因此，互动栏目的建设，尤其是政策咨询服务有待进一步完善。

2.4 网上办事提供政策依据的情况分析

31个被调查的省级农业政务信息网中有27个在网上办事服务栏目中提供政策依据，本节数据按27个有效网站来统计。

在办事指南说明中提供了办事依据的网站占了82%，其中提供具体政策法规条文内容的占了41%。有些网站是在办事栏目的子栏目下提供政策法规内容，例如：湖南农业信息网的行政审批栏目下有

一个政策法规的子栏目，提供国家政策、省市政策、地方政策、审批政策，并提供全文浏览；广东农业信息网是按行业提供，个别行业下面提供本行业的政策法规子栏目。在办事指南中能提供办事依据的政策法规，并有全文内容，用户就更加清晰办事的要求，使得在办事过程少走弯路，也免去了过多的咨询与不解。

3 我国省级农业政务信息网政策信息服务建设策略

农村信息化进程中，农业政务信息网站是政府面向农民开展信息服务的一个重要的社会窗口，如何让用户有效地获取和利用政策信息服务，是农业政务信息网站政策信息服务发展面临的一个重要问题。政策信息服务在整个农业政务信息网中可能只是一个二级栏目的服务内容，但是对于依赖国家政策来生产和生活的农民来说，它的服务意义非常重大。国家的政策是否能通过农业政务信息网站得到宣传，是否充分发挥它应有的作用，真正实现解决民生、贯彻民意、汇集民智的服务效能，就有待于进一步完善政策信息资源建设和服务功能。

3.1 丰富政策信息服务资源

3.1.1 及时更新政策信息

随着党中央对“三农”问题的关注，越来越多政策偏向农村，及时提供最新的“三农”政策是农民、农村工作者和涉农企业获得政策信息的前提。当中央、国务院有政策文件下达，各级政府就应及时在网站上反映，并根据地方的情况制定相应的措施、制定相关的政策，并第一时间在网上发布，以显示出政府高效、快捷的工作运转速度和效率。

3.1.2 提供政策信息的相关资料，充实服务内容

- 提供政策信息的解读。政府制定的政策在用词上严谨规范，对于农民来说，不易理解和读懂，因此，有必要提供政策信息的解

读，帮助农民理解政策的含义，使其支持和配合政府的政策执行工作。政策是中央和政府制定的，最具有解释权的就是政府官员和研究政策方面的专家，因此，可以收集他们在各种媒体和场合上关于政策的解读，在政策信息服务页面提供文字、音频和视频等多种方式的解读服务。

- 对重大的政策信息提供专题服务。与“三农”切身利益密切相关的重大政策信息，应该开设专题网页进行追踪和深度报道，并结合图片、音频、视频等多种传播方式提供服务，让农民更全面、详细地了解该政策的内容及其执行和实施情况。

- 提供政策文件的主题摘要和文中引读。“主题摘要”的主要作用是引导读者理解和把握文件内容，提供政策文件的作用、目的及能解决什么问题等。“主题摘要”可在政策文件的标题下插入，其字体和颜色要与文件的正文有所区别，简明扼要的提供。如果政策文件的内容比较长，还可设“文中引读”，就是将重点的内容或语句标示出来（在文字下划线或将字体变颜色），对文中遇到相关的政策、法规应提供全文链接，对于生僻词语，做出解释或写出参考注释[4]。

- 设置相关内容链接。在提供政策文件的窗口中，可将与政策文件相关的政策、法律、法规、新闻、领导讲话、案例材料等在文后提供相关链接，充实政策文件内容，拓展网民的思路和阅读空间。特别是提供地方政策实施和落实的成功案例，不单可以宣传政策，也可以让用户了解政策的具体实施情况[4]。

3.2 完善政策信息的获取方式

3.2.1 提供政策信息的分类服务

根据调查的情况看，笔者认为按照行业（例如：种植业、畜牧兽医、渔政等）和行政级别性质（例如：国家、部委、地方等）来划分政策信息最为实用。因为，用户容易归类所需的政策并在不同的行业政策信息进行查找；而按行政级别性质划分的话，用户既可找到与自身利益最为接近的地方政策，又可以了解国家大环境下的政策情况。另外，用户最关心的政策就是惠农政策，因此应把能给“三农”

带来实惠的政策独立一类，方便用户直接查找利益相关的政策信息。

3.2.2 提供政策信息的检索服务

如果要快速准确地从大量信息中获得所需的信息，还是检索服务功能最理想，尤其是高级检索功能，用户只要输入关键词并做条件限定就能快速的找到结果或缩小范围了。

3.2.3 提供政策信息的定制推送服务

定制推送是一种重要的个性化网络信息获取方式，用户可以利用定制推送的功能获取最新的或者自己需要的政策信息，及时了解政策信息情况，指导生产和其他工作及生活。

3.3 提供政策信息咨询入口，完善咨询结果的反馈

为了更好地宣传政策、解答用户有关政策方面的问题，实现个性化的信息服务，提供政策信息的咨询服务是必须的。从满足用户的需求来说，实时在线咨询是最好的一种咨询方式，它能随时解答用户的咨询问题，减少用户等待的时间。而服务热线这种咨询方式也一定要加强宣传和利用，例如12316“三农”服务热线，它提供的咨询类型就包括了政策法规方面的内容，而且热线实行24小时话音自动查询、专家在线解答、来电留言录音等不同的服务方式，能有效地解答用户有关政策方面的咨询。一个完善的互动咨询服务功能，除了提供咨询入口外，还应该对咨询问题有一个及时、有效的回复。围绕政府政策文件的内容，展开政府与用户之间有问有答、有提有复的互动，最能体现政府办事的公开、透明和效率。这样才有利于互动咨询服务的良性发展，促进用户对服务功能的利用。

3.4 加强政策信息在办事程序中的利用

“在线办事”是政府网站三大功能之一，在线办事指南说明中，非常重要的一部分就是办事的依据，而政策就是这个依据的所指。如果在办事指南中能提供办事依据，并能查阅条文内容，使得用户在办事过程中有法可依、有理有据，也促进了政策信息的实施利用。

3.5 规范以用户为中心的网页建设

农业政务信息网站的服务对象是以农民、农村工作者和涉农企业为主，农民作为一个相对弱势的群体，其在网络信息与服务的利用上也呈现弱势。因此网页的建设更加应以用户为中心来考虑。

3.5.1 规范栏目的名称，减少重复建设

在调查中发现，同样的服务内容所在的栏目名称五花八门，而且隶属的一级栏目也各式各样，这些都不利于用户查找信息。因此，栏目名称应该规范一下。例如：互动服务是用户参与的一个重要栏目，它包括了咨询、投诉、建议、意见等内容。“公众互动”、“互动交流”都是比较可取的一级栏目名称，而作为子栏目的名称最好直接明了，例如：办事咨询、专家咨询、领导信箱等。另外，在调查中发现不同栏目下面会有同样的子栏目，或者不同栏目下面的子栏目名称不同但是服务内容是一样的情况。这些栏目重复建设、内容重复提供的现象会混乱用户的使用。因此，网站要从用户的使用习惯和用户的方便出发来设计栏目。

3.5.2 提供提示信息

在调查中发现，有的网站设置了栏目，但是点击打开的时候出错或者打开的页面根本不是相应的内容或者页面没有建设，但是页面上没有任何提示。这些情况会造成用户误解，以为是网络或其他的问题。所以，如果没有建设好的网页要有提示。

3.5.3 加强提供服务功能的介绍、指引和演示信息

用户在使用网站提供的各种服务项目时，会因为使用习惯或对文字理解的差异造成使用的偏差。农业政务信息网的用户相对于其他的网络用户来说，其网络操作技能会差一些。因此，网页在提供各种服务功能的时候，除了要规范栏目设置及栏目名称外，还应该加强服务功能的介绍、服务功能使用的指引及演示，使得用户快速了解服务功能和掌握操作。

4 结 语

中国是一个农业大国，农业、农村和农民问题，一直是关系国家兴衰的重要问题。政府对农村开展政策信息服务及政策的落实，将帮助农民维护自身的权益，充分发挥政策信息对农民生产、生活和经济社会活动的服务作用，而且必将对农民增收和农村经济发展产生极大的促进作用，也日益成为解决“三农”问题的重要保障。农业政务信息网站是农业部门推进政务公开、提高办事效率的重要平台，农业政务信息网站经过那么多年的实践改善，将会逐步完善农村公共服务的供给，注重用户体验，注重信息服务的实用性和易用性，提供完善的政策信息服务内容及方式来提高农民、农村工作者和涉农企业参与的积极性，为我国的农村信息化建设和社会主义新农村建设作出应有的贡献。

参考文献

[1] 曾智．我国农村公共服务现状、问题及改革发展研究[学位论文]．重庆:重庆大学,2007.

[2] 于良芝,张瑶．农村信息需求与服务研究:国内外相关文献综述.图书馆建设,2007(4):79－84.

[3] 中华人民共和国农业部．全国省(区市)农业网站．[2010－06－13]．http://www.agri.gov.cn/.

[4] 刘亚平．我国政府门户网站文件信息效应探究．情报科学,2010(8):1174－1178.

[5] 施文蔚,朱庆华．信息构建在政府信息公开中的应用——以政府网站信息公开栏目建设为例．图书情报工作,2009,53(1):121－125.

[6] 于良芝,俞传正,樊振佳,等．农村信息服务效果及其制约因素研究:农民视角．图书馆杂志,2007(9)14－21.

[7] 王建楠,张坤. 论政府在农业信息化网络建设中的作用. 现代商贸工业,2009(1):340-341.

[8] 吴倚天. 农村信息服务中政府的角色与责任——访农业部信息中心主任郭作玉. 信息化建设,2009(4):18-19.

[9] 刘婧. 农村信息服务体系建设亟待解决的问题——来自革命老区农民信息需求调查报告. 图书情报知识,2008(7):70-75,53.

[10] 于良芝,罗润东,郎永清,等. 建立面向新农民的农村信息服务体系——天津农村信息服务现状及对策研究. 中国图书馆学报,2007(6):30-35,40.

[11] 雷娜. 农业信息服务需求与供给研究[学位论文]. 保定:河北农业大学,2008.

[12] 陆春一. 增强政府网站服务功能研究[学位论文]. 长春:吉林大学,2009.

[13] 蒋冠. 政府信息公共获取影响因素探析. 情报资料工作,2010(2):53-57.

[14] 吴志强,刘梅. 我国政府信息资源公共获取的现状分析与对策. 图书情报工作,2009,53(17):126-129.

[15] 黄永庆. 浅谈地方政府门户网站信息服务的策略(上). 东方城乡报,2010-08-24(5).

作者简介

杨木容，女，1977年生，副研究馆员，发表论文20余篇。

第五章 基于成熟度视角的机构库评价模型构建及应用研究

第一节 国内外机构库评价研究现状述评*

长期以来，出版商在传统学术交流体系中占据中心位置，并逐步形成了对学术信息交流的垄断，这在一定程度上阻碍了学术交流的发展。进入20世纪90年代，开放存取运动（Open Access Movement）在全球兴起并广泛发展。开放存取主要有开放存取期刊（Open Access Journal）和自存储（Self-archiving）两种主要实现途径，而机构库则是科研人员进行自存储时的一个重要选择。

笔者通过对LISA、Web of Science、Scopus、Google Scholar、CNKI、VIP等数据库进行文献调研，全面搜集、分析涉及机构库评价的研究文献，并从机构库系统软件评价、机构库数字资源管理评价、机构成员态度评价、综合评价以及实践建设宏观评价5个方面对此进行阐述，以勾勒出国内外机构库评价研究的全貌。

---

* 本文系《图书情报工作》杂志社出版基金项目“基于成熟度视角的机构库评价模型构建及应用研究”（项目编号：2010CB07）研究成果之一。

1 机构库系统软件评价

机构库的运行与发展必须以系统软件为基础，目前机构库系统软件可以分为免费开源软件和商业软件两大类。出于经费的考虑，学术机构一般都会选择开源软件。因此，目前对系统软件的评价也主要集中在对机构库开源软件的评价。其中最受关注的是麻省理工学院（MIT）与惠普公司（Hewlett-Packard Corporation）合作开发的DSpace。2003年，Tansley R. 等对Dspace的各项功能和系统架构进行了详细的述评，并指出未来进一步优化的设想[1]；国内多位学者等对DSpace进行了多方位的研究，如与其他机构库系统软件进行比较，改进DSpace以及基于DSpace构建机构库等[2-5]。

目前对机构库系统软件最为全面的评价来自于开放社会研究所（Open Society Institute）的“A Guide to Institutional Repository Software”的报告，该报告在对Archimede、ARNO、CDSware、DSpace、Eprints、Fedora、i-Tor、MyCoRe和OPUS等9个软件进行介绍的基础之上，从技术特点、软件管理功能、内容管理、信息保存以及信息检索与利用等多个方面进行评价[6]。此外，Kim H. H. 等通过实验测试和用户调查等方法确定了机构库系统软件可用性（Usability）评价框架，该框架包括满意度（Satisfaction）、支持度（Supportiveness）、有用性（Usefulness）和有效性（Effectiveness）等4个方面[7]；洪梅和马建霞对开源机构库系统软件可用性评估方法分成没有用户参与的可用性评估和有用户参与的可用性评估[8]。

机构库系统软件评价是机构库研究中开展得比较早、成果比较多的领域之一。从现有研究来看，大多数机构库系统软件的基本功能大同小异，特别是DSpace、Eprints和Fedora等几个常见的系统软件，目前应用比较广泛，同时也得到了许多用户的好评，很难说哪个更好。只是不同的机构库系统软件可能在某些细节上独具特色。因此评价与选择时需考虑系统软件的各自独特功能及机构库自身的需要，诸如机构库战略定位、资源及用户特点等，根据机构库的特定需求选择合适的系统软件方是明智之举。

2 机构库数字资源管理评价

机构库中的数字资源是评价一个机构库建设成功与否的关键因素，因此数字资源管理的评价也是学者比较关注的话题，其中最主要的研究即是对机构库中自存储（Self-archiving）的评价。Xia J. F. 和 Sun L. 认为存储信息、存储资源数量、全文可获取性、用户态度、单位存储费用和资源利用信息等是评价自存储的因素[9]；国内学者郭清蓉构建的自存储评价体系也与此类似[10]。此后，Xia J. F. 和 Sun L. 对澳大利亚、意大利、瑞典和英国的 9 个机构库用户自存储比例和全文可获取性进行调研，结果表明作者自存储比例相当低，来自澳大利亚和意大利的机构库的全文可获取性比较高，而其他的机构库提供的大多为文摘信息[11]；Xia J. F. 还对不同学科的自存储情况进行了评价，发现学科差异对自存储没有明显的影响，而强制存储政策等则可促进自存储[12]，同时 Xia J. F. 对学科库和机构库自存储进行比较分析，发现在学科库中的自存储行为与机构库中的自存储行为并不存在着明显的相关性[13]。此外，对于机构库数字资源的检索利用，Markland M. 利用 Google 和 Google Scholar 检索了 26 个英国的机构库资源，结果表明，利用这两个搜索引擎能够比较准确地查找到机构库中的数字资源，但最相关的检索结果并不一定排在首位，因此需要检索者做一定的甄选[14]。

机构库数字资源管理评价无疑是机构库评价中的一个关键问题，可以说数字资源的管理是事关机构库最为核心的影响因素。从目前的研究成果来看，主要集中在资源获取的评价，而对进入机构库中资源的组织、长期保存以及检索利用的评价开展得不多，当然这也与机构库历史较短，相关研究难度较大有关。因此，机构库资源管理评价还是一个有待进一步深入研究的领域。相信随着数字资源管理技术的进一步发展，机构库数字资源管理评价研究深度也会逐步加强。

3 机构成员态度评价

机构库的持续稳定发展离不开机构成员的支持，因此机构成员对机构库是否了解，对其发展是否支持等问题也成为一个比较受关注的课题。Kim J. Y. 基于社会－技术网络模型（Socio-Technical Network Model）和社会交换理论（Social Exchange Theory），构建了一个成员存储成果的影响因素模型，该模型主要包括成本、外在益处、内在益处、个人经历以及环境影响5个因素，作者在对67位教授进行调查后发现，理解、支持开放存取的科研工作者更愿意支持机构库的发展[15]；Watson S. 对克兰菲尔德大学（Granfield University）的成员调查发现，不少成员没有听说过该校的机构库 QUEprints，并且不清楚建设机构库的目的[16]；Davis P. M. 与 Connolly M. J. L. 发现康奈尔大学（Cornell University）的成员对该校机构库 DSpace 的了解和利用被大大高估，该校成员对 DSpace 了解很少，使用意愿也很弱，很多成员选择将科研成果存储到其个人网页和学科库。该校成员给出的不利用机构库的原因有很多，其中包括学术信息交流途径的多样性、对版权纠纷的担忧以及担心科研成果被剽窃等[17]。国内学者也对科研人员对于开放存取和机构库的接受情况进行了调查[18-19]，与国外调查结果类似，国内科研人员对机构库的接受度不够理想。

从现有的大多数调查研究来看，学术机构成员对机构库的了解和支持不够理想。因此笔者认为，今后对于机构成员态度的研究，调查分析当然有必要进行，但更需要思考的是，应该采取哪些措施，以促使机构成员了解、接受和支持机构库的发展，而这也正是我们应当关注的重点。

4 综合评价

机构库系统软件、资源管理以及用户态度的评价并非对机构库的整体情况进行评价，而只是关注机构库发展的某一个或几个方面。为反映机构库建设的全貌，不少学者着眼于全局，对机构库进行综合评价。2006 年，Westell M. 指出了机构库发展的关键成功因素，主要包括强制存储、与机构库发展规划相结合、资助模式、与数字化中心的关系、互操作性、内容评价、机构支持以及长期保持战略 8 个方面[20]；Kim H. H. 与 Kim Y. H. 针对韩国的机构库构建了一个综合评价模型，该模型包括内容（Content），系统与网络（System and Network）、利用、用户及提交者（Uses, Users and Submitters）以及管理与政策（Management and Policy）等 4 个方面，随后作者通过德尔菲法对评价模型的指标进行一定的调整，最后形成了如图 1 所示的机构库综合评价模型[21-22]。

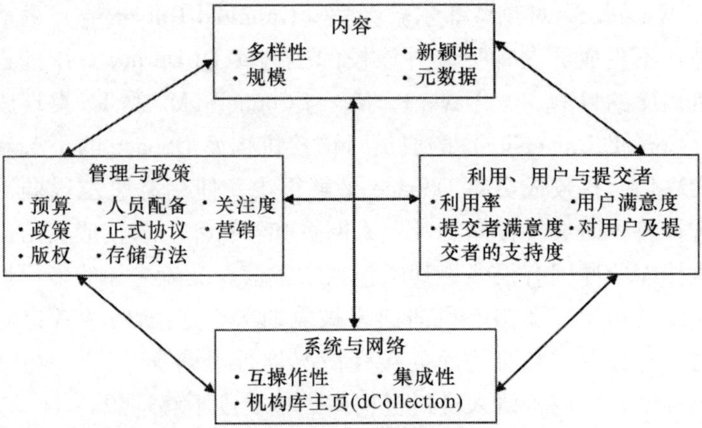

图 1　机构库综合评价模型

此外，Proudman V. 从政策、组织、推广机构库的机制与影响、服务、支持与沟通以及法律事务等角度对欧洲的机构库进行了评价。不过 Proudman 也指出，利用这些指标不能给每个机构库打出具体的分数，但可以看出不同机构库的优势与不足[23]；而董文鸳与袁顺波认为知识产权、经费、资源的质量控制、元数据等是机构库发展所面临的问题，也应是评价机构库时考虑的因素[24]。

目前对机构库进行综合评价的研究还不多见，体现在文献量较少、评价样本偏小等方面，并且评价指标数据的可获得性也还有待提高，如 Westell M. 所提出的 8 个方面更多的是定性评价而非定量评价，Proudman 的评价指标也并非定量评价。因此需要思考的问题是，在部分评价指标为定性评价指标的情况下，如何更好地进行评价？事实上，国外其他行业的评价，如软件评价、知识管理评价等研究表明，成熟度（Maturity Model）可以较好地应对定性与定量评价相结合的评价工作，故笔者将在后续研究中对基于成熟度视角的机构库评价进行探析。

5 实践建设宏观评价

除了对个别机构库进行评价之外，国外不少学者对某一个或多个国家的机构库实践建设进行宏观层面的评价。2005 年，网络信息联盟（Coalition for Networked Information，CNI）、英国联合信息系统委员会（UK Joint Information Systems Committee，JISC）以及荷兰 SURF 基金（SURF Foundation in the Netherlands）联合对美国、英国、澳大利亚等 13 个国家的机构库建设状况进行了抽样调研，内容涉及机构库数量、资源类型、资源所涉及的学科、使用的软件以及机构参与度等情况。结果表明，机构库正在成为高校基础设施的组成部分，大多数被调查的国家都在大力建设机构库，调查者也相信机构库的建设会越来越受到重视[25-26]；事隔两年后，McDowell C. S. 对此又做了一次类似的调查[27]；袁顺波等则对美国、英国、澳大利亚和日本机构库理论与实践建设的现状进行评述，并据此为国内机构库建设提出了建设性建议[28]。此外，澳大利亚、西班牙以及希腊等国家的研究者均进行了类似的宏观评价。

从现有研究来看，机构库在发达国家，尤其是美国、西欧国家以及日本等国的发展速度比较快，对宏观范围内的实践建设评价研究也开展得比较普遍，应该说取得了不错的成就，但从调查结果来看，机构库中的资源成为了各国机构库发展中的一个难以突破的瓶颈。相比之下，国内机构库的实践建设还处在初步发展阶段，体现在建设机构库的学术机构数量少、机构库资源少、用户关注度有待提高等问题。因此，对我国机构库建设现状进行一个全面的调查，以引起相关学者和用户的关注，是一个值得研究的课题。

6 结语

综上所述，对于机构库评价研究，国外研究比较多，文献量较多，研究角度也比较多样化。相比之下，国内研究还处在初步发展阶段。从关注的内容来看，主要集中在机构库系统软件评价以及机构成员态度评价等方面，而对于机构库综合评价，开展的研究尚显不够。因此，在后续研究中，需要引入科学合理的理论为基础，从宏观入手，通过切实可行的方法，构建一个普适性较强的机构库综合评价体系，并以此为基础开展机构库综合评价的实践研究。

参考文献

[1] Tansley R, Bass M, Stuve D, et al. The DSpace institutional digital repository system: Current functionality//Proceedings of the 3rd ACM/IEEE-CS joint conference on digital libraries. Washington, DC:IEEE Computer Society, 2003: 87 – 97.

[2] 董丽,张蓓,邢春晓. 开放源代码的数字资源管理系统 DSpace 和 Fedora 的分析和比较. 现代图书情报技术, 2005(7): 1 – 6.

[3] 祝忠明,马建霞,卢利农,等. 机构知识库开源软件 DSpace 的扩展开发与应用. 现代图书情报技术,2009(7/8): 11 – 17.

[4] 徐震,李超,常晓茹. 数字图书馆与开源软件(OSS)——以数字资产管理系统(DSpace)为例. 情报资料工作,2009 (1):37 – 39.

[5] 王颖洁. 机构知识库建库软件 DSpace、Eprints、Fedora 的比较分析. 图书馆学刊,2008 (4): 133 – 137.

[6] Open society institute, a guide to institutional repository software.

[2010 - 05 - 05]. http://www.soros.org/openaccess/pdf/OSI_Guide_to_IR_Software_v3.pdf.

[7] Kim H H, Kim Y H. Usability study of digital institutional repositories. The Electronic Library, 2008, 26(6): 863 - 881.

[8] 洪梅,马建霞. 开源机构库软件可用性评估方法的探讨. 现代图书情报技术,2007(12):6 - 10.

[9] Xia J F, Sun L. Factors to assess self-archiving in institutional repositories. Serials Review, 2007, 33(2): 73 - 80.

[10] 郭清蓉. 机构知识库自存储评价体系的构建. 情报杂志,2009, 28(7): 74 - 76, 73.

[11] Xia J F, Sun L. Assessment of self-archiving in institutional repositories: Depositorship and full-text availability. Serials Review, 2007, 33(1): 14 - 21.

[12] Xia J F. Assessment of self-archiving in institutional repositories: Across disciplines. The Journal of Academic Librarianship, 2007, 33(6): 647 - 654.

[13] Xia J F. A comparison of subject and institutional repositories in self-archiving practices. The Journal of Academic Librarianship, 2008, 34(6): 489 - 495.

[14] Markland M. Institutional repositories in the UK: What can the Google user find there? . Journal of Librarianship and Information Science, 2006, 38(4): 221 - 228.

[15] Kim J H. Motivating and impeding factors affecting faculty contribution to institutional repositories. [2010 - 05 - 05]. http://journals.tdl.org/jodi/article/viewArticle/193/177.

[16] Watson S. Authors' attitudes to, and awareness and use of, a university institutional repository. Serials, 2007, 20(3):225 - 230.

[17] Davis P M, Connolly M J L. Institutional repositories: Evaluating the reasons for non-use of Cornell University's installation of DSpace. [2010 - 05 - 05]. http://www.dlib.org/dlib/march07/

davis/03davis. html.
[18] 李麟. 我国科研人员对科技信息开放获取的态度——以中国科学院科研人员为例. 图书情报工作, 2006, 50(7): 34 - 38, 50.
[19] 王香莲. 关于高校科研成果公开保存的意愿研究——基于台州学院教师的调查. 现代情报, 2009, 29(7): 33 - 35.
[20] Westell M. Institutional repositories: Proposed indicators of success. Library Hi Tech, 2006, 24(2): 211 - 226.
[21] Kim H H, Kim Y H. An evaluation model for the national consortium of institutional repositories of Korean universities//Proceedings of the American Society for Information Science and Technology. USA: American Society for Information Science and Technology, 2007, 43(1): 1 - 19.
[22] Kim Y H, Kim H H. Development and validation of evaluation indicators for a consortium of institutional repositories: A case study of dCollection. Journal of the American Society for Information Science and Technology, 2008, 59(8): 1282 - 1294.
[23] Proudman V. The population of repositories//Weenink K, Waaijers L, van Godtsenhoven K. A driver's guide to European repositories. Amsterdam: Amsterdam University Press, 2008: 49 - 101.
[24] 董文鸳, 袁顺波. 聚集学术机构知识的中心: 机构库(Institutional Repository)探析. 图书馆杂志, 2005, 24(8): 51 - 55, 59.
[25] Westrienen G V, Lynch C A. Academic institutional repositories: Deployment status in 13 Nations as of Mid 2005. [2010 - 05 - 05]. http://www.dlib.org/dlib/september05/westrienen/09westrienen.html.
[26] Lynch C A, Lippincott J K. Institutional repository deployment in the United States as of early 2005. [2010 - 05 - 05]. http://www.dlib.org/dlib/september05/lynch/09lynch.html.
[27] McDowell C S. Evaluating institutional repository deployment in a-

merican academe since early 2005: Repositories by the numbers, Part 2. [2010 - 05 - 05]. http://www.dlib.org/dlib/september07/mcdowell/09mcdowell.html.
[28] 袁顺波,董文鸳,李宾.西方机构库研究的现状分析及启示.图书馆杂志,2006,25(8):4-8.

作者简介

袁顺波，男，1982 年生，讲师，博士研究生，发表论文 20 余篇。

华薇娜，女，1953 年生，教授，博士生导师，发表论文 70 余篇。

马学良，男，1980 年生，博士研究生，发表论文 6 篇。

第二节　机构库评价的关键问题研究*

1　引　言

知识的有效管理与高度共享一直是人类追求的梦想，历史上无数学者对此进行了不懈的努力。进入数字科研时代，基于传统出版模式的学术交流体系已经不能完全适应科研活动的要求，在传统出版模式下，出版商取得了对科学信息交流的控制权，其为了追求利润的扩大化，不断提升期刊价格，对电子资源则实行许可控制，导致学者所需求的信息远远大于可以获取到的信息，形成了信息需求与信息获取之间的失衡。为此，自 20 世纪 90 年代开始，开放存取运动（Open Ac-

* 本文系《图书情报工作》杂志社出版基金项目“基于成熟度视角的机构库评价模型构建及应用研究”（项目编号：2010CB07）研究成果之一。

cess Movement）在全球兴起并广泛发展，而机构库（Institutional Repository）正是实现开放存取的重要途径之一。

诞生于21世纪的机构库至今已有十年历史，在此期间，国内外学者对此展开了较为广泛的研究并取得了不少成绩，据OpenDOAR统计[1]，全球已有超过1 600个开放存取库，其中主要为机构库。但通过文献调研发现，大多学者关注与机构库发展的基本理论问题、机构库应用技术软件分析、图书馆的应对策略以及机构库实践建设经验总结等问题，而对机构库的评价缺乏系统性的研究，主要的研究成果集中在对机构库中数字资源或软件的评析或某一个具体的机构库进行述评。有鉴于此，本文在阐述机构库评价意义的基础之上，分析机构库评价的影响因素与难点，并提出从成熟度的角度出发，构建机构库的评价模型。

2　机构库评价的意义

在机构库蓬勃发展的今天，开展机构库评价研究，具有较强的理论与实践意义，具体来说：

- 开展机构库评价研究，有助于拓展国内机构库研究的新视角，推进机构库理论研究的丰富与发展，进而对有效解决数字学术信息资源的长期保存与利用、完善数字信息资源管理理论体系具有重要的理论指导意义。
- 开展机构库评价研究，对国内机构库的建设与发展具有重要的实践指导与参考价值。通过构建数字科研时代机构库综合评价模型，可以明确机构库建设中的关键成功因素，为机构库建设的软件选择、资源共享、成本控制以及数字资源管理等提供重要的参考依据。
- 开展机构库评价研究，有助于进一步丰富国内图书馆的数字信息资源。目前国内图书馆的数字信息资源以购买的商业数据库和自主开发的特色数据库为主，而对网络上大量免费的高质量数字学术信息资源重视不够，通过机构库评价模型的构建与应用，精选优质机构库，将为图书馆对现有数字信息资源与机构库资源进行整合、进一步丰富数字信息资源提供基础。

- 开展机构库评价研究，有助于缓解科学信息获取与信息需求之间的失衡状态，为学者快速、准确地获取免费的高质量数字学术信息资源提供指导，拓展学者在信息搜集中的途径，满足学者对科学信息的需求，从而对弥补当前学术交流体系的缺陷、推动科学知识交流具有实践意义。

3　机构库评价的影响因素

要对机构库的发展进行全面的综合评价，需要确定其影响因素，即评价机构库，需要从哪些方面着手。笔者认为，机构库评价主要考虑机构库系统软件、学术机构成员、机构库资源、机构库管理与政策、机构库建设经费等五大方面。

3.1　机构库系统软件

机构库系统软件评价是对机构库进行全面综合评价必不可少的环节。一般来说，评价机构库的系统软件，主要考虑以下几个方面：①系统软件的功能。如是开源软件还是商业软件、系统是否接受多媒体文件、是否支持搜索引擎或全文搜索功能、用户的认证与管理、系统的可扩展性、速度以及可靠性等；②系统软件技术。如技术特征、元数据标准、系统配置、互操作技术以及用户界面等；③系统软件服务。如技术文档等；④系统软件费用[2]。

3.2　学术机构成员

学术机构成员是影响机构库建设成功与否的关键因素。目前机构库发展的实践表明，机构库能否成功，关键不在于技术因素，而在于人文因素，其中最为重要的就是机构成员对机构库的了解与接受程度。因此，对机构库进行评价，需要考虑学术机构成员对机构库的了解度、接受度、支持度、满意度和利用情况等。

3.3 机构库资源

机构库的价值集中体现在机构库资源之上。故需要对机构库资源进行评价。机构库资源评价一般包括资源的数量、资源的全文可获取性、自我典藏情况、资源的类型、资源的新颖性、资源提交人员信息等。

3.4 机构库管理与政策

这也是影响到机构库能否长期稳定发展的重要因素。评价机构库的管理与政策，主要应考虑机构库管理人员的配备情况，机构库相关政策、尤其是自我典藏强制性政策的制定情况，版权管理，机构库宣传推广与营销等多个方面。

3.5 机构库建设经费

机构库建设首先需要回答的问题便是“建设一个机构库需要花费多少”的问题，当然这也不是一个容易回答的问题。机构库的建设经费受等多种因素的影响，其中最为主要的是人员和设备费用等。

4 机构库评价研究的难点

从文献调研来看，国内外机构库评价研究不多，并且主要是集中在对机构库的某一方面进行研究，如对机构库系统软件、机构库资源等，少有学者对机构库进行全面系统的评价。当然，这主要是因为对机构库进行全面系统评价，存在着不少的难点，具体来说，有以下几个方面：

4.1 评价指标的构建缺乏理论基础

从现有研究来看，目前机构库综合评价指标的构建缺乏相应的理论基础，基本上为作者自行确定。如 Kim H. H. 与 Kim Y. H. 确定的机构库综合评价模型[3]包括内容、系统与网络、用户及提交者、管理与政策四大方面，虽然该评价模型经过了实证，但因缺乏相应的理论基础而使其说服力不够强。事实上，机构库的建设涉及到技术、人员、经费、文化、资源等方方面面的因素，评价时确定选择哪些指标、舍弃哪些指标并非易事，而若没有合适的理论作指导，将会大大降低所构建的评价指标体系的权威性和说服力。

4.2 评价指标权重不易确定

如何合理地确定机构库评价各指标的重要程度，也是对机构库进行综合评价中的一个难点，现有研究一般选择通过德尔菲方法确定评价指标的权重，甚至部分研究只是构建评价指标体系，而回避了权重的确定。这就使得评价指标体系的实用性和科学性都大打折扣。

4.3 评价指标值难以获取

这是机构库评价中最难以解决的问题。因为机构库的发展涉及到多个方面，其中部分指标，如机构库成员态度、机构库对学术交流的影响、机构库的资源管理等多个指标，均难以量化，因而评价指标值也无法获取。

由此可见，要对机构库进行全面系统的评价，需要有相应的理论基础，还需要克服评价指标权重不易确定和评价指标值难以获取的难题。笔者尝试引入成熟度理论，从成熟度的视角构建机构库评价模型。

5 能力成熟度模型

5.1 能力成熟度模型简介

能力成熟度模型（Capability Maturity Model，以下简称 CMM）是由美国卡耐基－梅隆大学（Carnegie Mellon University）于 20 世纪 80 年代提出，最初主要用于评估软件承包商能力并改善软件质量，同时 CMM 也是评估软件能力与成熟度的一套标准，它侧重于软件开发过程的管理及能力的提高与评估[4]。

CMM 的实质是软件过程改进（Software Process Improvement）的系统方法，它通过履行一系列的关键过程域（Key Process Area，KPA）中的关键实践来达到改进软件过程的目的：CMM 建立在好的软件过程是产生好的软件质量的假设前提下，通过改进软件过程达到最终提高软件质量的目的[5]。

CMM 分为 5 个成熟度级别：初始级、可重复级、已定义级、已管理级和优化级。其中除了第一级之外，每个成熟度级别又由一些关键过程域组成，这些关键过程域用来描述欲达到某个成熟度级别需要执行的关键活动和主要工作，如表 1 所示：

表 1　CMM 成熟度等级特征及 KPA[6]

成熟度等级	特征	KPA
第一级：初始级	软件过程是混乱无序的，对过程几乎没有定义，成功依靠的是个人的才能和经验，管理方式属于反应式	
第二级：可重复级	建立了基本的项目管理来跟踪进度，费用和功能特征，制定了必要的项目管理，能够利用以前类似的项目应用取得成功	需求管理，项目计划，项目跟踪和监控，软件子合同管理，软件配置管理，软件质量保障
第三级：已确定级	已经将软件管理和过程文档化，标准化，同时综合成该组织的标准软件过程，所有的软件开发都使用该标准软件过程	组织过程定义，组织过程焦点，培训大纲，软件集成管理，软件产品工程，组织协调，专家评审
第四级：已管理级	收集软件过程和产品质量的详细度量，对软件过程和产品质量有定量的理解和控制	定量的软件过程管理和产品质量管理
第五级：优化级	软件过程的量化反馈和新的思想与技术促进过程的不断改进	缺陷预防，过程变更管理和技术变更管理

5.2 基于 CMM 构建机构库评价模型的可行性分析

CMM 结合 20 多年来的成功实践，对软件业的成熟和发展起到了巨大的贡献，同时也给其他领域的评估与改进提供了良好的理论框架，最为典型的就是企业知识管理领域，Siemens、Infosys 等不少知名企业均基于 CMM 构建了知识管理评估模型。笔者认为，基于 CMM，从成熟度的角度构建机构库评价模型确为可行：

- CMM 作为一个指导性框架，已是被广泛认可的理论模型。该模型并未明确确定评价指标，而是提供一个包括了等级和 KPA 的指导性框架。该框架为组织提高过程能力而设计，从低到高分成五个等级，尽管上下等级的目标之间存在包容关系，但 CMM 不提倡跨级评估。而从结构模型分析，每个等级都是实现更高等级目标的基础。该模型多年来在不同领域得到了广泛的应用，尤其是知名企业以此为基础构建知识管理评估模型并取得成功，让 CMM 更是被广泛认可与接受。以此为基础，构建机构库评价模型，可较为准确地传递信号，使学术机构可以有意识的不断提高机构库建设的过程能力。

- 基于 CMM 构建机构库评价模型，有助于明确机构库建设的现状，做到有的放矢。基于 CMM 的机构库评价模型可以很好地发现机构库建设的实际情况，对于对机构库进行管理的学术机构来说，没有比知道机构库建设所处阶段更为重要的事了。有了该评价模型，学术机构可以了解自己所建设的机构库与优秀的机构库相比差距在哪里，该如何改进。通过比较可以及时纠正路径，少走弯路。

通过应用基于 CMM 的机构库评价模型对已有的机构库建设水平进行评估，找到机构库存在的薄弱环节，找准切入点，克服这些弱项，这是解决目前机构库在建设过程中所面临的主要问题的最好途径。

- 基于 CMM 构建机构库评价模型，可为机构库建设指引方向，确立发展目标。基于 CMM 构建机构库评价模型，不仅可以作为机构库建设成熟度的评估手段，为机构库建设项目提供切入的工具，还可以为提升机构库成熟度明确道路和方向，为实现机构库建设的持续改善提供参考，使学术机构在建设机构库时真正做到有的放矢。

机构库建设是一项持续完善的过程，基于 CMM 的机构库评价模型并不只是将学术机构定位在哪里，还要给学术机构指引一条提升机构库建设水平的道路，不断进步和完善。通过评估，学术机构可以从与标竿的比较中发现自身的不足，及时调整机构库的建设策略并确立下一步发展的目标。

- 基于 CMM 构建机构库评价模型，有助于解决现有机构库评价的难点问题。现有的机构库评价面临着指标权重不易确定，指标值难以获取等多方面的难点。基于 CMM，构建机构库评价模型，可以有效地解决这些问题，因为所构建的评价模型并非是一个完全定量化，而是一个介于定性与定量之间的评价模型，该模型主要通过 KPA 的方式来评估机构库建设所处的现状，并且为机构库的发展指引方向，这就可以有效地解决指标数值难以获取的问题。

6 结　语

根据上述分析，基于 CMM 构建机构库评价模型可有效解决机构库评价当中现存的问题。因此本项研究将以成熟度理论为基础，并借助知识管理成熟度模型的研究成果，构建基于 CMM 的机构库评价模型。该模型机构库建设中所面临的共同问题、发展阶段进行明确定义、管理以及控制的一个完整的框架体系。基于 CMM 的评价模型在结构上分成初始级、可重复级、已定义级、已管理级和优化级等 5 个成熟度等级，前面的成熟等级是之后成熟度等级的基础，要实现从低等级往高等级发展，就需要关注每一个等级当中的 KPA。而本项研究所构建的评价模型包括学术机构高层领导、学术机构战略与知识共享、信息基础设施、建设资金、学术机构成员和团队合作与组织文化等 6 个 KPA。成熟度等级与 KPA 有机结合，形成了一个完整的机构库评价模型。

参考文献

[1] OpenDOAR. [2010 - 05 - 25]. http://www. opendoar. org/.

[2] Barton M R, Waters M M. Creating an institutional repository: LEADIRS workbook. [2010 - 05 - 25] http://hdl. handle. net/1721. 1/26698.

[3] Kim H H, Kim Y H. An evaluation model for the national consortium of institutional repositories of Korean universities. American Society for Information Science and Technology, 2007, 43(1): 1 - 19.

[4] Wikipedia. Capability maturity model. [2010 - 05 - 05] http://en. wikipedia. org/wiki/Capability_Maturity_Model.

[5] 邓景毅, 叶世绮, 郑欣. 软件成熟度模型(CMM)发展综述. 计算机应用研究, 2002(07):6 - 9.

[6] 中科永联高级技术培训中心. CMM. [2010 - 05 - 25] http://www. itisedu. com/phrase/200603051508215. html.

作者简介

马学良，男，1980 年生，博士研究生，发表论文 6 篇。

第三节 基于成熟度视角的机构库评价研究*

1 引 言

诞生于20世纪80年代的能力成熟度理论构建了软件能力的评价框架，提供了软件开发的等级演化机制，对软件开发的评价实践、软件开发质量的改进等都具有重要的指导作用。经过20多年的发展，能力成熟度理论不仅在软件行业得到了普遍应用，在其他领域也受到了广泛的关注，尤其是在知识管理领域的成功应用，显示出能力成熟度理论应用于非软件评价领域的价值。本项目尝试基于成熟度理论，通过专家调查，并借鉴知识管理成熟度模型构建与应用的经验，构建机构库的综合评价模型。本次专家调查以访谈为主要形式，选择南京大学信息管理系、南京大学图书馆、国家图书馆、嘉兴学院商学院信息管理与信息系统专业、嘉兴学院图书馆、嘉兴学院科技处的负责人、教师以及部分博士研究生共25位作为调查对象，访谈的主要内容是听取调查对象对于机构库评价模型等级划分以及评价影响因素等方面的意见，然后结合成熟度理论，得出机构库综合评价模型中的成熟度等级和关键过程域（Key Process Areas，KPA）。

2 机构库评价模型结构

虽然不同学术机构对机构库开发与管理的理解有所差别，在机构库项目实施过程中的侧重点也会有所不同，但在建设过程中，会面临

* 本文系《图书情报工作》杂志社出版基金项目“基于成熟度视角的机构库评价模型构建及应用研究”（项目编号：2010CB07）研究成果之一。

一些共同的问题，需经过相类似的阶段。本项目所要构建的基于成熟度视角的机构库评价模型可以看作是学术机构对机构库建设中所面临的普遍问题、所经历的阶段进行明确定义、管理以及控制的框架体系。

机构库的建设过程中会面临一些共同的关键问题，也会经历相似的建设阶段，而这些关键问题和阶段分别成为了评价模型中的关键过程域和成熟度级别。本项目所构建的机构库评价模型以软件能力成熟度为基础，因此评价模型中成熟度等级的划分和级别名称可以与软件能力成熟度相同，专家调查的结果也支持沿用原有名称。据此确定基于成熟度视角的机构库评价模型的级别分别为初始级、可重复级、已定义级、已管理级和优化级[1]，如图1所示。

图1　机构库评价模型的5个成熟度级别

当然在机构库评价领域，各个级别已有了不同于软件能力成熟度模型的全新内涵，不同成熟度级别反映的是学术机构建设机构库进程中开展的各项活动。

2.1　初始级

在数字化科研时代，任何一个学术机构中都会有成员进行或多或少的开放存取活动，如通过个人网页、博客、BBS等途径将其教学科研成果公开。但处于初始级的学术机构最常见的表现就是这些开放存取活动并没有引起相关管理部门的关注，学术机构也没有对这些活动进行有意识地控制；某些“成功”的开放存取、知识共享活动仅仅是凭借运气，而不是学术机构既定目标和规划实施的结果；部分成员自发的开放存取、学术机构对某些数字资源进行管理等活动并不是有意识地为建设机构库服务；学术机构的绝大部分成员尤其是管理人员尚未清楚认识到机构库对于反映其教学和科研成果、衡量现有研究水平与明确今后发展方向以及对外提高学术机构影响力和知名度的意义。

2.2 可重复级

一旦学术机构已经认识到开放存取与知识共享对于学术机构、机构成员的重要性，就可以确定机构库的建设已从初始级发展到了可重复级。虽然此时学术机构并没有明确提出构建机构库，但是部分业务的开展已经可以看作是机构库建设的准备工作。在个别成员的引导下，个别部门或者部分学术团体已经开始了小规模的知识共享活动，可称为“雏形”的机构库建设。这些小规模的部门或者学术团体所进行的开放存取与知识共享活动可以为以后整个学术机构层面的全面机构库建设活动奠定一定的基础，并且部门和学术团体的开放存取活动是可以重复进行的。

2.3 已定义级

当学术机构不仅认识到了机构库的意义，而且已经采取了一定的措施和实际行动对部门与学术团体的开放存取活动提供支持，同时已着手从全局进行机构库建设项目的调研、规划以及系统建设等工作，则表明机构库的建设进入了已定义级。从该成熟度级别开始，学术机构对部门和学术团体的开放存取活动与组织层面的整体机构库建设活动进行整合，相应的活动也均有信息技术提供支持与保障。因此，对处于已定义级的机构库建设项目来说，其相关活动已经被学术机构清楚地识别与定义。处于已定义级的机构库建设活动将成为今后学术机构开放存取与知识共享战略的重要组成部分。

2.4 已管理级

完成已定义级中的调研、规划以及系统建设工作之后，机构库即可开始投入使用，通过一定时间的运行，得益于学术机构相关政策的制定以及宣传推广工作的开展，更多的机构成员已经认识到了机构库对于学术机构、机构成员学术研究的重要意义，成为了机构库的资源提交者和用户，以实际行动支持机构库的建设。此时，机构库的建设已进入到已管理级。在这一阶段中，学术机构已安排相应的工作人员对机构库的运转采取了较为标准和规范的管理；机构库的建设已经进入了平稳期，在机构库建设总体目标的指导下，与机构库有关的部门已经开始设立机构库建设的阶段性目标，并进行有计划的测评和宣传推广工作。上述这些活动也能得到学术机构领导及成员的长期支持（包括关键的经费及人员支持），机构库的建设逐步实现了系统－资源－成员等多方面的协调发展。

2.5 优化级

当经过一定时间的系统－资源－成员等多方面协调发展之后，机构库逐渐能够面对学术机构成员等多方不断变化的知识共享要求，而学术机构也在机构库的管理实践中不断积累了经验，并逐步具备了不断适应环境和自身调整的能力，使得机构库的建设一直能够较为平稳地保持现状，机构库建设进入到了平稳发展的成熟期，这个时候即可称机构库建设进入到了优化级。在这一级别中，已经将前一个成熟度级别进行的机构库测评和宣传推广工作与机构的其他战略控制工具进行了有机地结合。进入优化级以后，机构库建设需要注意的问题就是，要尽可能地使机构库建设保持在优化级中，并想法设法使学术机构及机构成员可充分享受机构库建设与开放存取所带来的各项益处。

根据成熟度理论和知识管理成熟度模型的构建经验[2-4]，同时听取部分专家所提出的意见，笔者认为，学术机构在最初开始机构库建设时，应该以当前所处的级别为基础，并以下一个更高级别的成熟度为目标。而要使机构库建设能够从一个成熟度级别往更高地级别发展，就需要关注每一个级别中的所有 KPA。因此，学术机构在从整体上建设机构库之前，应该把重点放在改善相对落后的 KPA 上，待其改进之后，再考虑机构库的整体建设，然后沿着评价模型中各个级别的顺序逐步推进。

3 机构库评价模型中的 KPA 分析

与软件能力成熟度模型相类似，除了初始级以外，基于成熟度视角的机构库评价模型中每一个级别都包含了若干个 KPA，每个 KPA 又包含了若干个关键活动。关键活动是对 KPA 起重要作用的基础工作，只有完成了这些关键活动，才能实现 KPA 的目标，进而推动机构库的建设进入下一个成熟度级别。

目前不少基于成熟度理论的评价模型都提出了各自的 KPA[5]，在借鉴前人研究的基础之上，笔者列出了若干个基于成熟度视角的机构库评价模型的备选 KPA，然后在访谈中咨询专家意见，最终确定了机构库评价模型的六大 KPA，分别是学术机构高层领导、学术机构战略与知识共享、信息基础设施、建设资金、学术机构成员、团队合作与组织文化。

- 学术机构高层领导。此 KPA 主要指的是学术机构高层领导对于机构库建设的理解与支持，包括学术机构的管理模式以及管理者对机构库的认同感。在机构库的建设活动中，高层领导及管理者除了应该要求机构成员积极参与，并提供必要的支持与激励之外，本身也应该在机构库建设中发挥重要作用。

- 学术机构战略与知识共享。此 KPA 要求的是学术机构能够将机构库的建设与学术机构的长期发展战略相联系，确定机构库的建设有助于保存学术机构的知识产品、促进学术机构教学科研的发展，更为重要的是可以提高学术机构的知名度和影响力，在此基础之上，依据学术机构战略对机构库的发展进行规划，并明确机构库在学术机构中的地位。

- 信息基础设施。此 KPA 涵盖了机构库系统的数字资源管理所涉及的多个方面，也包括与机构库管理相关的其他信息基础设施。机构库系统的建设以及数字资源管理流程的设计都应该以学术机构的组织结构、业务流程和数据流程等现有条件为基础，并与之相适应。尤其是数字资源管理流程的设计，应以方便用户提交资源、保存资源和利用资源作为指导思想，从用户出发进行设计。

- 建设资金。此 KPA 要求学术机构能对机构库的建设给予足够的资金支持，除了为开发机构库系统提供必要的资金支持外，还应对机构库管理以及日常维护提供长期的资金支持。该 KPA 与“学术机构高层领导”KPA 有着密切的联系，一般来说，如果机构库的建设能够得到学术机构高层领导的支持，那么建设资金一般能得到保障。而这也是机构库长期稳定发展的基础。

- 学术机构成员。学术机构成员对机构库的接受度与支持度是机构库发展的决定性因素。此 KPA 要求学术机构成员能够充分认识和理解建设机构库的意义，能切身感受到机构库给机构成员本人所带来的益处；要求成员能够主动将自己的教学科研成果提交给机构库进行资源共享，同时也作为用户享用其他成员所提交的学术资源。

- 团队合作与组织文化。此 KPA 关注的是学术机构在机构库建设中机构层面上的一些“软因素”，如组织文化、成员交流渠道、学术团队结构以及关系结构等。需要注意的是，学术机构的团队合作和组织文化在一定程度上受学术机构高层领导影响，因为学术机构内的不少行为准则与规范或多或少是由管理层所制定，而正是这些准则与规范形成了各具特色的组织文化。

4 机构库评价模型实施和评价流程

一般来说，应用基于成熟度视角的评价模型对机构库建设进行评价，其流程如图 2 所示。

具体来说，在机构库建设定位与规划阶段，学术机构应该按照机构库评价模型的要求，确定机构库建设的总目标，并对机构库建设中的各项实践活动进行准确定位与规划；在激励机制与数据收集阶段，

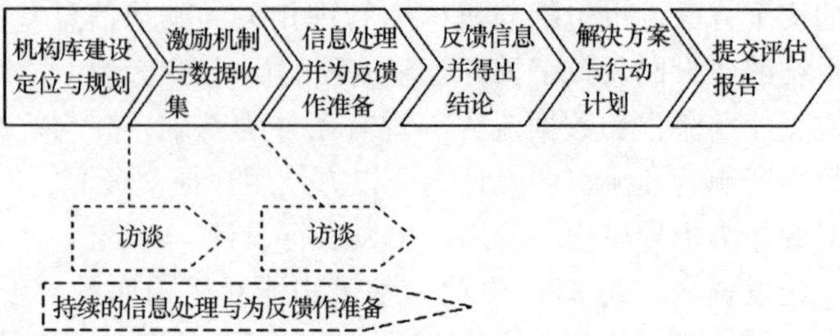

图 2　机构库评价模型的实施与评价流程[6]

需要采取适当的激励机制，促使机构库建设的相关员工大力宣传机构库，尽可能使学术机构成员能认识到机构库建设项目的重要性；然后对各相关部门的成员进行调查，收集必要的数据；数据收集完成后便进入信息处理阶段，在此阶段，需要对机构库建设活动的成熟度等级进行评价，得出初步的评价结果，并为信息的反馈作准备；进入反馈信息阶段，需要机构成员以及部分专家对初步得出的评价结果进行讨论，以取得一致意见，必要时可对评价结果进行调整，并得出机构库建设现状以及需要优先考虑的 KPA 等方面的结论；针对机构库建设中所存在的问题与不足，提出具体的解决方案与行动计划，最终提交机构库评估报告。

5　机构库评价模型的应用研究

基于本文所构建的机构库评价模型，笔者于 2010 年 8—9 月对嘉兴学院机构库的建设现状进行了调查与评价研究。调查主要采用访谈的方式，访谈的重点是与评价模型中 KPA 相关的问题，整个调查共分为两个阶段进行，在第一阶段调查时，通过对科技处、教务处和图书馆相关负责人的访谈，首先明确嘉兴学院机构库建设的重要目的是为了长期保存嘉兴学院教师所创造的教学和科研成果，同时也为提升嘉兴学院教学科研管理水平、提高学校学术影响力创造条件。同时调查表明，嘉兴学院科研管理部门已经认识到了机构库对于学校的重要意义，已委托嘉兴学院图书馆资源建设部的相关人员着手进行机构库系统的建设，并提供了必要的资金和技术支持；然后在图书馆、商学院、机电学院、文法学院、医学院、外国语学院中抽取 50 位教师，调查他们对机构库的认知、理解和支持程度。结果表明，有接近 6 成的教师已在网络上通过个人主页、博客等方式进行过资源共享，并且图书馆、商学院、机电学院、医学院等部门中，已有 30% 以上的成员了解开放存取的理念。在第二阶段，将之前所得到的调查结果进行反馈，由调查对象对第一阶段的调查结果进行讨论与评价。最终确定嘉兴学院机构库的建设已经处在已定义级的成熟度。并确定建设资金、学术机构成员以及信息基础设施是应该优先考虑的 KPA。同时也证明了基于成熟度视角的机构库评价模型的科学性与可行性。

参考文献

[1] Ehms K, Langen M. Holistic Development of Knowledge Management with KMMM. [2010 - 08 - 25]. http://kmmm. org/objects/kmmm_article_siemens_2002. pdf.

[2] Kochikar V P. The Knowledge Management Maturity Model - A Staged Framework for Leveraging Knowledge. [2010 - 08 - 25]. http://www. infy. com/knowledge _ capital/knowledge/KMWorld00_B304. pdf.

[3] Timbrell G, Koller S, Stefanie N, et al. A knowledge infrastructure hierarchy model for call centre peocesses. Proceedings of I - KNOW, Graz, Austria. 2004:440 - 448.

[4] Feng Junwen . A knowledge management maturity model and application. PICMET 2006 Proceedings, Turkey, 2006:1251 - 1255.

[5] Pee L G, Teah H Y, Kankanhalli A. Development of a general knowledge management maturity model. [2010 - 08 - 25]. http://citeseerx. ist. psu. edu/viewdoc/download? doi = 10. 1. 1. 111. 1581&rep = rep1&type = pdf.

[6] Langen M. Knowledge management maturity model – KMMM: Methodology for assessing and developing maturity in knowledge management. [2010 – 08 – 25]. http://www.kmmm.org/objects/KMMM_Flyer.pdf.

作者简介

袁顺波，男，1982 年生，讲师，博士研究生，发表论文 20 余篇。

第六章　公益性信息资源开发利用的长效机制与服务创新研究

第一节　我国公益性信息资源开发利用的发展现状与业务模式*

1　引　言

信息资源的公益性开发利用是当前我国信息资源开发利用事业的重要组成部分[1]，其开放与利用的程度直接影响到公众工作与生活质量，同时对提高国民素质起到关键作用。发达国家通常很重视科技、教育、文化和医疗保健等公益信息资源的开发利用。日本政府认为，促进公益领域信息资源的数字化和网络化发展，能够对恢复经济增长产生正面效应[2]。《中共中央办公厅、国务院办公厅关于加强信息资源开发利用工作的若干意见》（中办发［2004］34 号）也指出[3]，要加强信息资源的公益性开发利用和服务，增强信息资源的公益性服务能力，推广人民群众需要的公益性信息服务典型经验。本文拟对自新中国成立至今我国公益性信息资源开发利用的发展现状进行回顾，在此基础上归纳出当前我国公益性信息资源开发利用的 4 种基本业务模式，并分别进行论述和分析。

* 本文系《图书情报工作》杂志社出版基金资助项目“公益性信息资源开发利用的长效机制与服务创新研究”（项目编号：2010CB03）研究成果之一。

2 我国公益性信息资源开发利用的现状

党和政府向来重视公益性信息资源的开发利用和服务工作[4]。公益性信息资源的开发利用在我国起步较早，并取得了很大成就。本节将对科、教、文、卫4个行业公益性信息资源开发利用的发展历程和现状进行回顾。

2.1 科技行业

科技行业的公益性信息资源开发利用主要依托以科技信息工作为主要业务的信息研究所等机构开展。国家层面的科技公益性信息机构主要有科技部下属的中信所、工信部下属的电子科技情报研究所等，省、市、县一级也设有很多科技情报机构。1956年，中国科学院科学情报研究所正式成立，为我国科技信息事业的建设与发展拉开序幕[5]。1959年，国家科委专门成立了科技情报局，负责全国科技情报工作的组织、管理和协调工作。到20世纪60年代中期，一个组织结构完整、服务对象独立的信息资源开发利用体系已经初步形成。

20世纪90年代以来，面对信息化和网络化挑战，科技情报机构原有的信息资源收集和保藏等功能开始退化[6]。充分利用信息技术、进行虚拟信息资源整合成为公益性科技信息机构发展重要方向。2000年，在科技部牵头下，中国科学技术信息研究所（以下简称“中信所”）、中国科学院文献情报中心等7家单位联合组建国家科技图书文献中心（NSTL），成为面向全国服务的科技信息资源共享联合体。此外，中国核科技信息与经济研究院、北方科技信息研究所等7家科技情报研究机构共建国防科技工业数字图书馆系统，并于2006年开通了中国国防科技信息网。地方层面上，各省科技情报所也联合各类图书馆建设了地方科技文献信息资源共享系统。

2.2 教育行业

教育行业的公益性信息资源开发利用主体主要包含两大部分，一部分是面向高校师生提供科研和教育信息服务的机构，包括各高校图书馆、档案馆等；另一部分是面向中小学师生提供教育信息服务的机构，以中央电教馆、各省市电教馆（教育信息中心）等为主。

我国高等教育历来重视以图书馆为依托的教育信息资源开发利用体系建设。1999 年，教育部高校图工委正式成立，成为促进高等学校文献信息资源的共建共享的专门机构，各省市也都成立了相应机构。以中国高等教育文献保障系统（CALIS）工程为依托的高校教育公益信息资源共享建设不断推进。

中小学教育公益信息资源开发利用方面，教育部 1999 年成立“教育部现代远程教育资源建设委员会和教育部现代远程教育资源建设专家组”。2000 年开始实施的“校校通工程”也在教育信息资源建设和教育信息服务方面投入大量经费[7]。中央和各省市电教馆（信息中心）在“十五”期间构建了区域资源中心，整合大批网络教育资源，面向社会提供公益性教育信息服务。目前我国已拥有多个国家级教育信息资源平台，如国家基础教育资源共建共享联盟、国家精品课程共享系统以及面向国民教育领域的中国数字科技馆等。

2.3 文化行业

文化行业的公益性信息资源开发利用主体以我国目前自中央以下的各级公共图书馆、文化馆、博物馆等为主。文化公益性信息资源开发利用主体由于其直接面向基层群众提供信息服务的特殊职能，是弥补东西部数字鸿沟、实现全国范围内的数字机遇平等的关键部门。

自 2002 年起，文化部开始实施“全国文化信息资源共享工程”，其主要目标是：通过采用现代通信技术和网络技术，整合现有的文化信息资源，彻底消除不同地区在获取文化信息资源上的不平等，实现文化信息资源在全国范围的共建共享。2007 年起，又在全国范围内实施“农家书屋”工程，在全国各行政村建立农民自己管理的、能提供农民使用的书报刊和音像电子产品。按照该工程的计划，“十一五”期间在全国建立了 20 万家农家书屋，并力争到 2015 年基本覆盖全国的行政村。

2.4 卫生行业

现代西方医学重视循证的研究传统，医疗卫生行业的信息资源保障工作很早就受到高度重视。1958 年中国医学科学院情报研究室成立，标志着我国医学情报事业的正式诞生[8]。1990 年，卫生部医学情报工作管理委员会成立，全国医学信息资源开发利用工作有了一个统一的归口管理机构。时至今日，以 140 所医学院图书馆为主体，再加上中华医学会、科研院所以及各地预防医疗系统图书馆，已形成一支为教学、医疗、卫生和科研服务的医学图书情报网络。

为统筹协调全国的卫生信息机构，1992 年卫生部科教司成立了医学期刊资源建设与共享协作组。1996 年，中国医学信息网络（CMINET）初步建成，医学情报工作开始逐步走向网络化。1998 年，CALIS 全国医学文献信息中心正式成立，与各高等院校医学图书馆的合作与交流，共同建设高等院校医学信息资源联合保障体系。

3 我国公益性信息资源开发利用的业务模式

3.1 配置 - 共享模式

配置 - 共享模式主要适用于以信息资源的配置和管理为主要功能定位的公益性信息机构。较典型的如 CALIS，其主要任务就是建设以中国高等教育数字图书馆为核心的教育文献联合保障体系，实现信息资源的共建共享。这类公益性信息机构尽管也对信息资源进行开发、利用和服务，但主要定位还是对信息资源进行科学、合理、有效的配置。

配置 - 共享模式的信息资源开发利用，就是通过对多种类型的信息主体所拥有的信息资源进行有效配置，促进主体之间信息资源建设工作的互补和共享。配置 - 共享模式一般不产生大量的信息资源，而主要是促进主体间信息资源的协调建设和互通有无。从空间意义上说，信息资源的配置要达到均衡配置的三个条件（资源的充分流动性、消费的充分选择性、生产者有足够的能力和信息)[9]。与其他资源相比，信息资源自身的流动性更为突出，特别是电子信息资源，流动成本极低，因此能够发挥很好的倍增效应。

3.2 保存-传递模式

保存-传递模式是传统公益性信息机构信息资源开发利用的主要模式，最典型的案例就是各类图书馆。与日本相似，目前我国图书馆主要负责图书方面的收集与提供，但很少对信息内容进行研究，也不提供信息研究咨询；而各类情报研究所、信息中心等负责信息研究咨询工作，同时向社会提供信息资源[10]。由此可见，图书馆服务是典型的以信息资源的保存和传递为主要目的业务模式。

在信息技术尚未大规模兴起的时代，传统的公益性信息机构是人们应对信息匮乏的重要手段，在这种情况下，图书馆进行信息资源建设要力求馆藏建设的全面性和时效性。而随着互联网等信息技术的不断涌现，人们获取信息的能力空前增强。信息泛滥取代信息匮乏成为人们应对的首要问题。在面对大量垃圾信息时，人们往往无所适从，反而加剧了对有用信息的渴求。因此，信息时代的公益性信息机构的保存-传递模式在强调信息资源建设的全面性的同时，更加需要重视信息传递工作的准确性和主动性，帮助用户解决“信息爆炸”与“知识饥渴”的矛盾。

3.3 挖掘-支撑模式

公益性信息资源开发利用的挖掘-支撑模式是指系统整合现有信息资源，并使其发挥效用，强调的是信息资源的有效性；这与后文所谈到的“服务-增值”模式不同，后者是针对客户而言的，是一种帮助解决用户的信息需求的行为，强调的是信息资源的增值性。公益性信息机构的挖掘-支撑模式的信息资源开发利用与信息服务的另一个不同，则在于其面向的对象，一般而言，前者支撑的对象大多为政府机构，而后者则可以是企业、个人或社会团体等多种机构。

在公益性信息机构中，信息资源开发利用的挖掘-支撑模式的主要目的，是通过对所收集的信息资源的整理、分析、挖掘等深度开发活动，为政府机构的重大问题决策、发展规划制订等活动提供支撑保障。这种支撑行为大多不是市场行为，而更多是通过行政性指令等方式开展。目前，我国公益性信息机构大多为部委和各级政府所属，因此承接政府委托的情报追踪、政策研究、产业规划等方面的支撑性业务成为这些公益性信息机构的主要业务。

3.4 服务－增值模式

一般而言，公益性信息机构的信息资源开发利用活动并不涉及盈利性问题，但是并非公益性信息资源开发利用与增值服务之间不能够并存。事实上，改革开放后，我国公益性信息机构也陆续开展了很多面向企业的增值性信息服务，如竞争情报服务、科技查新服务、定题研究服务等。公益性信息机构可以借助提供增值服务，提升自身的信息资源开发利用能力和服务能力。因此“34号文”特别强调，要确定公益性信息机构认定标准并规范其服务行为，形成合理的定价机制。

尽管以配置－共享模式和保存－传递模式为主的公益性信息机构，都具有信息服务的职能。但此处所谈到的服务－增值模式，则主要特指那些以提供信息咨询等增值服务为主要内容的公益信息资源开发利用行为。我国公益性信息机构，如科技部下属的中信所、工信部下属的中国电子科技信息研究所（一所）等，都面向社会提供各种增值性服务，如一所就开设有电子音像、专利开发等增值服务部门。

4 公益性信息资源开发利用模式的具体应用及其基本特点

4.1 4类公益性信息资源开发利用模式的应用

以上4种模式，基本上涵盖了我国科、教、文、卫4类行业中的公益性信息机构的信息资源开发利用的工作内容和业务特征。表1总结了我国4类公益性信息机构中采用上述4类基本模式的典型案例。

表1　各行业中4类业务模式的具体应用

模式 行业	配置－共享	保存－传递	挖掘－支撑	服务－增值
科技	国家科技图书文献中心（NSTL）、科技文献信息资源共享系统、中国国防科技信息网	国家工程技术图书馆、工信部一所电子科技期刊全文数据库	中信所战略研究中心为政府部门提供的决策支持、工信部一所成立“五部一中心”为部委提供对口支撑	工信部一所下属的鑫海威信息中心的“海威商城”服务、以及纲正公司推出的数字电视地面国标知识产权联盟等
教育	中国高等教育文献保障系统（CALIS）工程、国家基础教育资源共建共享联盟、国家精品课程共享系统	各大学和中小学图书馆；依托各级电教馆构建的区域教育信息资源中心等	各地政府设立的教育信息门户网站，为政府决策部门和社会公众提供教育行业发展信息	高校图书馆“科技查新”等服务
文化	文化部实施的“全国文化信息资源共享工程”等	各级公共图书馆、文化馆、博物馆；“农家书屋”工程等	面向行业，如上海图书馆开设的上海行业情报服务网；面向政府，如首都图书馆设立的信息咨询部等	各类公共图书馆和博物馆等开展的会展培训服务、剪报服务、查新服务等
卫生	全国医学期刊联合目录、CALIS全国医学文献信息中心等	国家医学图书馆；各医学类高校图书馆；综合性大学医学部图书馆；各地医学情报研究所	中国医学科学院医学信息研究所卫生政策知识服务平台等	广东医学情报研究所医学专业培训服务、广西医学情报所医学机构市场推广服务等

4.2 4类公益性信息资源开发利用模式的基本特点

- 4种信息资源开发利用模式在公益性信息机构中并存的现象比较普遍。以中信所为例，由于其是一个综合性信息研究机构[11]，因此上述4种模式在其业务序列中都能找到。中信所有关业务部门需要配合政府进行一些科技信息资源的配置共享协调等工作，遵循“配置－共享模式”；中信所下设有国家工程技术图书馆，其开展的特色业务包括原文传递、代查代借等，遵循“保存－传递模式”；中信所下战略研究中心等政府支撑服务部门，主要从事以“科技决策支持”为特色的信息分析研究、科技信息服务、新技术研发推广等政府支撑工作，遵循“挖掘－支撑模式”；中信所下设的北京万方数据股份有限公司，是我国三大期刊数据库服务商之一，其主要业务模式正是“服务－增值模式”。

- 4类信息资源开发利用模式在4类行业中受重视程度各不相同。整体来看，信息资源配置－共享模式在4类行业中均受到高度重视。20世纪90年代以来，随着国家对信息资源开发利用工作的重视程度越来越高，一大批以促进全国范围或区域范围内信息资源共建共享的项目，如科技行业的科技文献信息资源共享系统、教育行业的国家基础教育资源共建共享联盟、文化行业的全国文化信息资源共享工程以及卫生行业卫生部医学期刊资源建设与共享协作组等重大工程或实体结构纷纷成立，使得我国信息资源的共建共享工作在国家层面得到了正规化、制度化的推进，成为我国近年来在弥补数字鸿沟、消除数字不平等现象方面取得巨大成就的根本保障。但与之相比，公益信息资源的挖掘－支撑和服务－增值等模式在部分行业中表现并不突出，例如在文化行业中，公益性信息机构所发挥的政府决策支撑作用并不普遍，仅在少数发达地区的大型公共图书馆中有类似服务；而在教育行业中，公益性信息机构提供的增值性教育信息服务也非常少见，这反映出我国教育行业目前信息资源建设过度重视公办或体制内教育信息资源开发利用，但对面向社会盈利性教育机构和社会民众的教育信息资源重视程度不足。

- 未来面向基层民众的信息资源开发利用将进一步加强。正如上文所述，目前4类行业中，文化行业一直以来较为重视对基层或弱势群体的信息资源建设工作，近年来在面向基层民众提供文化信息资源方面的动作较大，取得成果也较多。其他几个行业尽管通过全国范围内的信息资源共享工程建设，初步弥补了我国地域之间的信息资源不平等问题，但针对基层民众和社会困难群体的信息资源建设尚未到位。而未来随着我国社会改革的持续深入，一些大的国家级工程，如卫生系统的农村医疗保障体系建设等，将对面向基层民众的信息资源开发利用工作产生巨大需求。因此，面向基层民众的信息资源建设，将成为未来保存－传递模式的重要增长点。与此同时，随着国家对多类社会力量参与信息资源开发利用工作的大力倡导，各类目前的公益性信息机构也将逐步探索与社会力量合作，强化针对基层民众的信息资源开发利用，因此服务－增值模式也将成为未来面向基层的信息资源开发利用中的新模式之一。

- 现有各类信息资源开发利用模式的机构范式需要突破。目前，各类信息资源开发利用模式中，除了服务－增值模式之外，其他三类模式均以公益性信息机构的业务流程或者信息流程为标准展开。从研究视角的角度来看，其所采用的均为机构视角，即关注的主要是对机构本身的业务架构或业务内容进行优化配置，但较少考虑以用户为导向而进行要素创新或集成创新的问题。而服务－增值模式尽管考虑到了用户的问题，但由于公益性信息机构本身主要还是以提供公共性、非营利性的服务为目的，因此增值服务在公益性信息资源开发利用中，很难成为主导性模式。为了对目前的公益性信息资源开发利用的机构范式进行突破，在后续研究中，将服务创新理论中的服务创新四维度模型理论引入公益性信息资源开发利用的模式创新研究之中，提出从概念创新、界面创新、传递创新和技术创新4个角度，重新整合公益性信息资源开发利用的业务要素和业务流程，并将其应用到具体实践之中。

5 结 语

本文对我国科、教、文、卫 4 类基础行业的公益性信息资源开发利用现状进行了回顾，在此基础上，明确了公益性信息资源开发利用主体的基本使命，并总结和归纳了我国公益性信息资源开发利用的 4 种基本业务模式及其基本特点。希望本文的研究能够对新时期我国公益性信息资源开发利用事业的进一步发展提供有益借鉴。

参考文献

[1] 王建冬,孙慧明,刘合翔. 公益性信息资源开发利用研究的三种理论视角. 情报资料工作,2010(4):19 - 24.

[2] 刘晓白. 信息资源公益性开发利用研究//《中国信息年鉴》编辑部. 中国信息年鉴 2004. 北京:中国信息年鉴期刊社,2004.

[3] 中共中央办公厅、国务院办公厅关于加强信息资源开发利用工作的若干意见. [2009 - 10 - 01]. http://law. baidu. com/pages/chinalawinfo/11/62/71a0f88d9952bd64372660652c00162b_0. html.

[4] 冯惠玲. 信息资源的公益性开发利用与服务研究. 国务院信息化工作办公室软科学研究课题,2005.

[5] 关家麟,张超. 我国科技信息事业发展的回顾与展望. 情报科学,2007(1):1 - 7.

[6] 赵刚. 建立国家竞争情报体系:目标与原则. 情报学报,2004,23(3):367 - 371.

[7] 王建冬. 中美两国教育信息服务比较研究. 图书情报工作,2009(9):142 - 145.

[8] 柳晓春,涂启建. 中国医学情报事业的理论与实践——纪念中国医学情报事业诞生 40 周年. 情报科学,1998(6):564 - 570.

[9] 赖茂生. 信息资源配置的含义、目标、机制和策略// 信息资源配置理论与模型研究——2009 信息化与信息资源管理学术研讨会

专集. 武汉:第六届信息化与信息资源管理学术研讨会,2009(3):17－22.
[10] 刘雅轩. 我国公益型信息咨询服务机构发展分析. 中州大学学报,2006(1):44－46.
[11] 中国科学技术信息研究所简介. [2009－10－01]. http://www.istic.ac.cn/tabid/591/default.aspx.

作者简介

刘红霞，女，1967 年生，馆员，发表论文 7 篇。

第二节　公益性信息机构信息资源开发利用的模式创新研究*

1 引　言

所谓公益性信息机构，是指以国家及社会公众的整体利益为目标，面向社会各界提供服务的信息机构。公益性信息机构并不等于免费信息机构，公益性信息机构也可以提供收费服务，但是其获得的净收入不能够直接用于分配，而必须保留用于为机构的进一步发展提供资金。在公益性信息机构中，完整的信息资源包括两方面内容：①作为公益性信息机构的信息服务基础，即公益性信息机构业务活动中的信息服务资源；②作为公益性信息机构的管理工作条件，即公益性信息机构自身管理活动中使用和产生的管理信息资源。多数学者认

* 本文系《图书情报工作》杂志社出版基金资助项目“公益性信息资源开发利用的长效机制与服务创新研究”（项目编号：2010CB03）研究成果之一。

为[①]，狭义上的信息机构信息资源应当是针对前者的，本文也沿用这一观点。

当前，我国公益性信息资源开发利用的载体主要有两部分[①]，一是政府职能部门；二是政府设立的图书馆、情报所、博物馆、文化馆等公益性信息机构，其中后者承担了公益性信息资源开发利用的主要工作。因此，研究当前我国公益性信息机构信息资源开发利用的模式创新问题，对于发展新时期我国公益性信息资源开发利用事业具有重要意义。

本文探讨公益性信息机构信息资源开发利用的特殊性，并指出由于这种特殊性的存在，公益性信息机构的信息资源开发利用问题与服务创新问题具有内在一致性。因此，本文引入服务创新四维度模型，并通过对该模型的改造，提出公益性信息机构的信息资源开发利用模式创新四维度模型。

2 公益性信息机构信息资源开发利用的特殊性及其与服务创新的关系

2.1 公益性信息机构信息资源开发利用的特殊性

公益性信息机构的信息资源开发利用，是信息资源开发利用的一个特殊形态，因此同样具备信息资源开发利用的若干基本特点，如管理方法上充分利用现代信息技术和管理理念，管理对象主要是机构的信息资源，管理目标是提升机构的服务效能等。学界对这些问题研究较多，本文不再赘述。然而，公益性信息机构作为“信息机构”，在信息资源开发利用上还具有与一般机构截然不同的特殊性，即公益性信息机构将信息及其相关活动作为体现自身价值的直接途径。

党跃武[2]曾指出，对于绝大多数信息机构来说，内容丰富、功

---

① 信息产业部电子科学技术情报研究所．信息资源公益性开发利用工作策略研究．国务院信息化工作办公室软课题研究，2007

能凸现的信息资源都是其发展的根本基石。现代信息机构所有的业务管理和组织管理几乎都是围绕信息资源开发利用及其相关要素开展的，对于公益性信息机构来说同样如此。

首先，公益性信息机构的信息资源开发利用是公益性信息机构业务开展的主要组成部分，甚至在某种程度上可以说，公益性信息机构的业务活动就是信息资源开发利用。公益性信息机构的业务能力和业务水平直接取决于对其所拥有的信息资源进行配置和管理的能力和水平。在一般机构中，信息资源开发利用大多起到管理辅助功能；而在公益性信息机构中，信息资源开发利用则是机构发展的直接动力。

其次，公益性信息机构的信息资源开发利用与一般机构（包括政府、事业单位或企业等）相比，其管理体制有所不同。在一般机构中，信息资源开发利用活动的开展者是机构的信息部门，负责人是机构的信息主管（如 CIO 等）；而公益性信息机构中，信息资源开发利用活动是机构中所有部门的核心使命，负责人就是公益性信息机构的主管领导。

2.2 公益性信息机构信息资源开发利用与服务创新

基于上述认识，笔者认为，公益性信息机构的信息资源开发利用问题是公益性信息机构业务开展的本质性问题。而公益性信息机构的信息资源开发利用的模式创新问题，实际上与机构的服务创新是同一个问题的不同表述。具体原因如下：

首先，在公益性信息机构中，信息资源开发利用是组织业务开展的核心问题，且其运行管理机制就是组织中的核心管理机制，因此，信息资源开发利用的模式创新问题，不像一般机构中信息资源开发利用那样，仅仅是一个组织信息部门的业务创新，或者组织整体业务流程的信息化问题，而是一个涉及到组织的整体价值定位和战略管理的全局问题。由于信息机构是服务业的一种类型，因此上述所谓模式创新问题，实际上就是公益性信息机构的服务创新问题。

其次，对于公益性信息机构而言，其信息资源的开发利用与其对终端用户的服务能力建设密切相关。一般机构的信息资源开发利用以提高组织内部的信息效能为主要目标，其服务对象主要是组织内部的用户，其次才是组织外部的合作伙伴与终端用户。而公益性信息机构的信息资源开发利用以提高组织整体的业务能力为主要目标，其服务对象包含组织内部的用户，但更重要的是组织所面向的最终用户。

再次，公益性信息机构的信息资源开发利用与一般机构的信息资源开发利用相比，其绩效评估的目的和依据有所不同。一般机构中的信息资源开发利用以提升组织的内部运作效率为目标，对组织整体绩效的贡献是间接的。很多时候，信息资源开发利用力度的不断加大，并不一定能够提升组织的整体绩效，这就是信息技术的“生产率”悖论[3]。而公益性信息机构中信息资源开发利用的绩效评估则“直接”得多，它就是以机构的服务能力、服务水平和市场竞争力的提升为评价标准。从这个意义上说，公益性信息机构的信息资源开发利用模式创新的绩效评估，也不能沿用一般机构的信息资源开发利用绩效评估方法，而必须从用户的角度出发，坚持以服务为导向的评估模式。

由此可见，公益性信息机构的信息资源开发利用的基本模式实际上与一般机构的服务模式具有本质上的相通之处。因此，本文拟引入国外学者 R. Bilderbeek 等人提出的服务创新四维度模型[4]，并提出基于四维度模型的公益性信息机构的信息资源开发利用的模式创新基本框架。

3　服务创新四维度模型及其引入公益性信息机构信息资源开发利用的可行性

3.1　服务创新四维度模型的基本内容

国外学者 R. Bilderbeek 等人提出的服务创新四维度模型是服务创新理论中的经典模型之一，它是一个有关服务创新的整合概念模型，能较为全面地描绘服务创新并指导实际的创新活动。实践证明，该模型对创新政策制订者和服务创新企业家来说都具有一定价值[5]。四维度模型理论认为，大多数创新都不是由某一要素单独导致的，而是各种要素综合作用并包含不同程度变化的混合体，它们共同形成了最终的创新。四维度模型的基本创新维度分别是概念创新（新服务概念）、界面创新（新顾客界面）、传递创新（新传递系统）以及技术创新[6]，不同维度间存在关联和相互作用，分别对应不同的职能活动。

3.1.1 概念创新：新服务概念

在制造业创新中，产品和过程是有形可见的，但在服务业中，创新大多具有无形性，创新结果并不是一个有形实物产品，而是解决一个问题的新的概念或方法，因此服务创新在很大程度上是一种“概念化创新”。即使某个“概念”在其他市场中已被顾客所熟悉，但对某个特定市场仍是一种创新。当然不是所有服务创新都要引入新的概念，但概念化创新在服务企业中占有相当大的比重。

3.1.2 界面创新：新的顾客界面

顾客界面的设计包括服务提供给顾客的方式以及与顾客间交流、合作的方式。顾客在很大程度上已成为服务生产不可缺少的一部分，特别是在针对最终顾客的服务提供中。服务提供者与顾客间的交流和相互作用已成为创新的一个主要来源。在那些不具有明显有形特性或容易被竞争者产品替代的服务中，服务提供者与顾客间的界面就更为重要，更需要服务提供者投资于与顾客关系的建设之中，并不断开发新的顾客交互作用方式。

3.1.3 传递创新：新的服务传递系统

服务传递系统主要指生产和传递新服务产品的组织。服务传递系统维度和顾客界面维度间有着密切的关联，内部组织和传递方式（服务传递系统维度）与员工和顾客间相互作用的方式（顾客界面维度）不能分离，两者相互交织并相互支持。传递创新的核心是强调现有的组织结构以及现有员工能力必须适应新服务开发的需要；如不适应，就要通过新的组织结构设计和员工能力的培训、提升促使创新顺利进行。

3.1.4 技术创新：新技术的选择、引进与吸收

由于服务创新可以在没有技术参与的情况下发生，因此技术并不

是服务创新的一个必要维度，它在模型中只是一个可选维度。虽然不是必要维度，但技术仍在很多服务创新中扮演着重要角色，技术与服务创新也存在广泛的关系，大多数服务都可以通过使用某些技术而变得更为高效，如 ICT（信息和通讯技术）的使用，超市中购物车的使用、仓储系统的使用等。

3.2 引入服务创新思维度模型的可行性与必要性

3.2.1 可行性

由于服务创新四维度模型在服务创新理论中的经典地位，图书情报领域一些学者也探讨了其在图书馆等公益性信息机构的服务创新中的意义[7]。同时，正如本文前论述，公益性信息机构信息资源开发利用所具有的特殊性，使得公益性信息机构信息资源开发利用模式创新问题与服务创新问题具有内在相通性，因此将服务创新四维度模型引入公益性信息机构的信息资源开发利用研究之中，具有很好的可行性。

3.2.2 必要性

传统公益性信息机构的信息资源开发模式，大多是从机构信息流（工作流）的不同环节入手，分析不同环节的业务内容可能发生的创新，是一种机构视角的研究范式；基于四维度模型的公益性信息机构信息资源开发利用模式创新研究，则将客户关系摆到一个前所未有的高度，从而将一种竞争导向型的服务创新思维引入信息资源开发利用模式创新研究之中，因此能够更好地反映服务经济时代公益性信息机构创新发展的实际情况。

4 公益性信息机构信息资源开发利用模式创新四维度模型及其应用

基于四维度模型的公益性信息机构信息资源开发利用模式创新主要包含四个基本维度，如图 1 所示。

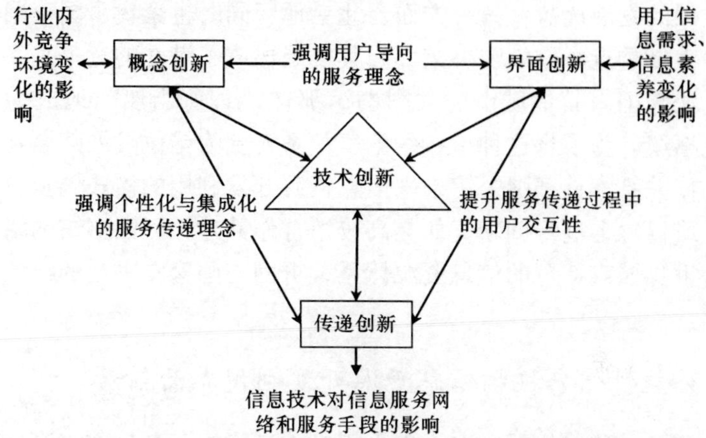

图1　公益性信息机构信息资源开发利用模式创新的四维度模型

4.1　公益性信息机构信息资源开发利用概念创新

所谓公益性信息机构信息资源开发利用的概念创新，就是在信息时代日益激烈的外部竞争环境之中，公益性信息机构对自己提供的已有服务和新服务以及竞争者提供的已有服务和新服务都有准确的认识，尤其要对其创新特性有准确的把握。在网络化和去中心化的信息日益占据社会信息流的主导地位的今天，图书馆等传统公益性信息机构在保持和拓展其业务范围时，需要认真思考的问题包括：公益性信息机构需要开发什么样的信息资源、提供什么样的创新服务形态才能保留住现有的读者，并发展新的服务对象？图书馆在当前社会中所面临的潜在竞争者有哪些？竞争者提供的服务产品有什么特征？公益性信息机构如何寻求与竞争者的错位发展与共赢发展？对这些问题的解答，就是概念创新的本质问题。

以首都图书馆为例，作为国内知名的公共图书馆，它在新时期中面临着巨大的创新发展需求，但这些需求的满足，都需要以客观认识其所处的特殊竞争环境为前提。一方面，它拥有独具特色的文献资源优势、素质较高的专业人才队伍以及地处首都北京等其他公共图书馆无法比拟的发展优势；另一方面，北京地区同时也聚集了国家图书馆以及一大批重点高校的图书馆，与其发展构成了潜在的竞争关系，使得它无法与国内其他城市公共图书馆那样“理所当然”地成为城市的文化枢纽。为了将这种潜在的竞争关系转变为错位发展甚至互动共赢的合作关系，首都图书馆未来信息资源开发利用的模式创新就需要在理念或概念上进行创新，如与高校馆合作共建社区图书馆网络，发展具有世界城市特色的信息资源体系，巩固与国家图书馆的错位发展格局等。

4.2 公益性信息机构信息资源开发利用界面创新

在服务经济时代，顾客在很大程度上已成为服务生产不可缺少的一部分[8]，对于公益性信息机构来说也是如此。用户间的交流和相互作用应当成为公益性信息机构信息资源开发利用模式创新的一个重要来源。随着互联网环境下网络信息门户等传统公益性信息服务的替代者越来越发达，公益性信息机构面临着很多新挑战。在这种情况下，公益性信息机构与用户间面对面交流的界面日益成为公益性信息机构信息资源开发利用的核心竞争力之所在。因此，公益性信息机构要投入更多精力关注其与用户关系的建设，不断开发新的用户交互作用方式。公益性信息机构信息资源开发利用的界面创新，就是要回答以下问题：如何与用户实现更加友好的交流与互动？公益性信息机构的潜在用户群在哪里？公益性信息机构是否有能力让用户在创新中扮演“合作生产者”的角色？

当前，公益性信息机构信息资源开发利用的界面创新，需要突破单纯的人机界面概念。目前各类公益性信息机构的信息化水平已经较高，技术层面上的界面创新尽管还有很多工作可做，比如跨语言检索、图书馆2.0、一站式服务等，但强调面对面交流在信息资源开发利用中的独特作用，是未来公益性信息机构的界面创新需要特别注意的地方。以公共图书馆为例，西方发达国家的公共图书馆之所以能够成为“学习型社会”的中心，并不在于其信息技术有多先进（如日本公共图书馆中信息化设施并不先进[9]），而在于其对社区信息交流的高度重视，如积极提供对残疾人士、儿童和外来人口的特殊服务，使得全社会的信息公平落到实处，从而使得公共图书馆成为国外社区正常运作必不可少的信息中心。

4.3 公益性信息机构信息资源开发利用传递创新

所谓传递创新，是指公益性信息机构应当改善其传递信息服务和信息产品的组织形态，通过合适的组织安排、管理和协调，确保公益性信息机构员工有效地完成工作，并通过对物流系统和服务网络的有效整合，为用户提供信息服务和信息产品的一种信息资源开发利用的创新形态。在网络经济时代，以服务网点布设为渠道基础的分布式服务传递系统的建设，是公益信息机构开展传递创新实践的重要基础。

当前，我国公益性信息机构在信息资源开发利用传递创新方面的重要前沿领域就是公共信息服务网络的建设与完善问题。发达国家公益性信息机构无不拥有十分完善的服务网络，并以此为基础实施网络化和一体化的服务传递。以日本公共图书馆服务网络建设为例，日本实施了较为彻底的总分馆制，在每一个区（市）中，由一所图书馆承担总馆功能，称为“中央图书馆”；其他则为分馆，称为“地域馆”，总馆和分馆服务半径难以覆盖的地方，通过“汽车移动图书馆”来补充。在公共图书馆网络内部，实施彻底的通借通还制度，任何一所图书馆收藏的资源，读者都可以通过网上、电话或到馆的方式进行借阅预约，然后自行指定就近的图书馆获取，从而有效提高了公共图书馆网络的覆盖能力。近年来我国各大主要城市的公共图书馆纷纷推广实施“总分馆制”，这将成为图书馆等公益性信息机构信息资源开发利用的传递创新的重要模式。

4.4 公益性信息机构信息资源开发利用技术创新

尽管服务对于技术的依赖性不像制造业那样强烈，但技术尤其是信息技术依然是服务创新的重要动力。姚战琪[10]指出，在服务经济时代的各式各样的技术中，能够最深刻地影响服务生产与传递的是信息和通信技术（ICT）。经济发展与合作组织（OECD）2000年的调查[11]也表明，目前服务部门是新技术的主要使用者，特别是服务部门广泛采用了许多新型的信息和通信技术。公益性信息机构在信息资源开发利用中，对信息技术的依赖性要比一般服务业更高。现代信息机构应对信息超载甚至信息爆炸最有效的工具，就是信息技术。

付立宏[12]指出，信息技术驱动下的信息资源网络化是信息资源的一种新型运动形式，它既使图书馆服务业面临严峻的挑战，又给其带来了新的发展机遇，图书馆服务业唯有立足于创新，增强自身活力，才能在网络化大潮中赢得生机。信息技术的发展对于公益性信息机构来说，既带来了更多的竞争对手，也为其提供了一个良好的服务创新的途径。公益性信息机构信息资源的建设、共享和服务是一个非常复杂和庞大的系统工程，必须充分运用现代信息技术才能实现对信息资源的采集、加工、整合、存储、交换与服务。在未来，公益性信息机构应当更加自觉地利用信息技术和网络技术，积极寻求通过技术手段提升自身公共服务网络的覆盖能力和服务能力，改善信息资源开发利用的效率和信息服务的效果。

5 总 结

本文分析了公益性信息机构的信息资源开发利用的特殊属性，即其与公益性信息机构的服务职能之间的内在统一性，在此基础上，引入服务创新的四维度模型，对公益性信息机构的信息资源开发利用模式创新问题进行了系统分析与研究。希望本文的研究能够对学界和业界的研究与实践工作提供有益借鉴。

参考文献

[1] 刘小琳．关于现代信息机构信息资源管理的探讨．广东科技，

2006(5):42-43.
[2] 党跃武. 论现代信息机构的信息资源管理. 四川图书馆学报, 1999(2):60-70.
[3] 陈冬. 信息技术创新的组织实施问题研究[学位论文]. 天津: 天津大学,2004.
[4] Hertog P D. Knowledge-intensive business services as co-producers of innovation. International Journal of Innovation Management, 2000,4(4):491-528.
[5] 王君正,吴贵生. 基于服务创新四维度模型的我国旅游企业创新模式分析——以云南旅游业为例. 商业研究,2007(8):1-6.
[6] 余向平. 刍议企业大客户服务创新的四维度模型. 商业时代, 2005(24):35-36.
[7] 夏一红. 服务创新四维度模型对学术图书馆服务创新研究的启示. 图书馆论坛,2009(5):127-128.
[8] 阿尔布瑞契特,詹姆克. 服务经济:让顾客价值回到企业舞台中心. 唐果,译. 北京: 中国社会科学出版社,2004.
[9] 李国新. 东京公共图书馆的布局与服务. 山东图书馆学刊, 2009(4):43-48.
[10] 姚战琪. 技术进步与现代服务业:融合、互动及对增长的贡献. 北京:社会科学文献出版社,2009.
[11] OECD. Science technology and innovation in the new economy (2000). [2010-05-24]. http://www.oecd.org/dataoecd/3/48/1918259.pdf.
[12] 付立宏. 信息资源网络化与图书馆服务创新. 图书情报知识, 2000(3):6-10.

作者简介

王建冬，男，1982 年生，博士研究生，发表论文 29 篇。

第三节　我国公益性信息机构信息资源开发利用的模式创新*

——对首都图书馆“十二五”发展的案例分析

1　引　言

本课题第二篇研究论文中，课题组曾将 Bilderbeek 等人提出的服务创新四维度模型引入公益性信息机构的信息资源开发利用模式创新研究之中，提出了公益性信息机构信息资源开发利用的四类创新模式，即概念创新、界面创新、传递创新和技术创新[1]。本文是在上述研究基础之上开展的应用研究，并以首都图书馆（以下简称“首图”）“十二五”期间信息资源开发利用的模式创新为对象进行案例分析。

“十二五”是我国改革开放进入第二个三十年的战略发展期的开局，也是北京在后奥运时代正式启动世界城市建设进程的关键五年。“十二五”期间，首图也面临着二期新馆建成这一难得的战略发展机遇，从新时期首图发展的内外部环境出发，深入系统地思考首图未来五年发展的战略定位和战略方向，具有重要意义。为此，本文拟通过对新时期首图发展内部的优势劣势以及外部的机遇挑战进行的分析，基于服务创新四维度模型提出对“十二五”期间首都图书馆发展的一些思考和建议。

* 本文系《图书情报工作》杂志社出版基金资助项目“公益性信息资源开发利用的长效机制与服务创新研究”（项目编号：2010CB03）研究成果之一。

2　首都图书馆当前的发展现状

2.1　首图面对知识素养相对较高的读者群体

北京是全国的人才高地，拥有丰富的高端人才资源。据我国第五次人口普查资料显示，北京大专及以上学历的人才占从业人员的21.8%，远远超过全国平均水平。首图坐落在北京这样一个高端人才汇聚的高地，拥有一个知识素养相对较高的读者群体，决定了首图满足读者文献服务信息需求的潜力是巨大的，图书馆的发展空间可以积极拓展。

2.2　首图拥有独具特色的文献信息资源服务体系

自2001年迁入新馆以来，首图进入了一个快速发展的战略期。截至2005年，藏书突破450万册，文献采购加工量跃至每年近40万册（件），年接待到馆读者达300万人次，文献借阅量近250万册。遍及北京地域的首图分馆和星罗棋布的基层送书点，使首图的服务领域得以无限延伸。此外，每年逾千余场次的各种讲座展览、报告会异彩纷呈，特别是举办世界各国艺术展，吸引了大量市民参加[1]。首图打造的“北京记忆”等数字化精品项目已登陆互联网，服务品牌“首图讲坛·乡土课堂”，每周推出一期专题讲座，取得了较大的社会影响力，服务深入人心。这些都为首都图书馆的未来发展奠定了良好基础。

2.3　形成初具规模的公共图书馆服务网络

近年来在市文化局的指导下，北京市各级公共图书馆以构建覆盖全市、服务全民的服务体系为目标，以加强服务创新为先导，以计算机信息服务网络为平台，通过市——区、县——街道、乡镇———社区、村图书馆（室）和遍布社区、农村、部队、学校、机关单位的送书点，开展了馆际互借、“一卡通”图书通借通还、流动图书车送书下基层等服务。目前已经形成了一个覆盖全市的由市图书馆、16个区图书馆、4个区少儿图书馆、3个县图书馆、276个街道（乡镇）图书馆、2 463个社区（村）图书室构成的公共图书馆服务网络[2]，使得北京公共文献资源保障体系不断完善，服务覆盖能力不断增强。

2.4 北京的文献信息资源地域分布不均衡现象明显

随着北京城区的日益扩大和土地成本的不断提高，北京地区新近大部分常驻人口分布在周边新城，如亦庄、通州等地，这些区域相比传统的中心城区而言，高学历人才、年轻居民比例较高，但图书馆等公共信息服务体系相对薄弱，使得北京信息资源地域分布上存在较明显的不均衡性。此外，北京地区除首图之外的其他重要的文献资源保障机构，包括国家图书馆、中国科学院国家科学图书馆以及北京大学等重点高校图书馆都集中在海淀区。而其他区县的文献保障体系的主要依托力量就是首都图书馆公共服务网络，力量相对薄弱。这种地域分布上的不均衡，带来很多弊端。举例来说，许多从海淀区毕业后留京工作的硕博士，都会流向公司和政府机构聚集的其他城区，比如西城、朝阳等地，而这些地区较为薄弱的文献信息资源保障能力，给他们的工作和学习带来的不便作用明显。

2.5 硬件条件不足制约首图未来发展

首图自2001年搬入新馆以来，经过近十年的发展，其所接待的读者人数连年创新高，目前已达到日接待读者9 000人次，远远超过其原来设计的日接待读者3 000人次的接待能力。在藏书量方面，首图一期设计藏书量为300万册件，但现在首图藏书量达500余万册件，书库已经饱和。此外，首图地处北京东南部，属于城乡结合部地区，由于没有地铁等交通工具直达，交通较不便利，也在一定程度上影响了首图的服务水平和服务能力。不过，二期新馆将在2011年建成，地铁10号线首图站也即将通车，上述问题都将在近期得到一定程度的解决，首图也将因此而迎来一个全新的战略发展机遇期。

3 首图面临的外部环境

3.1 北京拥有远远高于全国其他地区的信息资源储量

北京是国家的政治中心、国际交流中心，很多中央机关都设在北京，政府公共资源非常丰富，是全国重要的信息发源地，能够非常便捷地了解全国和全球各行业发展的动态，信息资源很丰富。国家主要的经济管理部门和研究机构也在北京，很多宏观调控政策、行业发展政策和标准都出自这些部门和机构。很多国际交往和国际交流活动都在北京举行和由北京发起。而且，北京是电信机构的总部所在地，北京的通信基础设施和居民的信息素养在全国名列前茅。随着"数字北京"建设的不断深入，北京作为全国信息交流中心的地位将越来越巩固。

3.2 北京建设世界城市的构想为首图带来发展机遇

北京未来建设世界城市的宏伟蓝图的制订，为首图"十二五"期间实现跨越式发展提供了难得的历史契机。公共图书馆是城市地域文化总格局中不可或缺的一部分，著名城市学家刘易斯·芒福德在其著作《城市发展史》中，将公共图书馆等服务机构所构成的城市"功能网络"，看作是现代大都市存在并不断发展的一个重要凭借[3]。城市文化体系在北京发展成熟，需要借重一个比较完善发达的公共图书馆服务网络。可以预见，未来北京的公共图书馆服务网络建设，必然随着北京建设世界城市进程的不断深入而获得更加强大的发展动力。

3.3 大型图书馆扎推的现状一定程度上限制了首图的发展空间

作为首都，北京的图书馆体系比较发达。北京不但拥有国家图书馆这样国家级的信息资源保障基地，而且拥有中科院系统的图书馆和占全国的四分之一的重点高校图书馆，其中进入“211”工程的高校就有 20 多所。从长远来看，这无疑也提高了首都文献信息资源保障能力，有利于首都未来的发展。但从中近期看，对于首图来说，如此众多的图书馆资源聚集的局面带来得一个无法回避的问题是，首图很难像上海、深圳等其他城市公共图书馆那样，在城市公共文化事业中占据当仁不让的核心地位，很容易就获得较高的社会关注度和政府重视度。这一局面的扭转，需要首图在新时期进一步发掘自身优势资源，不断提高特色服务能力，谋求错位发展和共赢发展的新局面。

4 首图“十二五”信息资源开发利用模式创新分析

通过以上分析可以看出，首图经过近几十年，尤其是迁入新馆近十年来的快速发展，已经形成了独具特色的资源优势和较强的专业人才队伍，再加上地处首都北京所具备的一些良好发展因素，有望在“十二五”期间获得更大的发展空间。但也要看到，在未来首图的发展道路上，还存在着资源空间分布不均衡、硬件条件不足和外部竞争较为激烈等负面因素。因此，“十二五”期间首图的发展，挑战与机遇并存，应当在对首图未来发展的内外部因素进行系统分析的基础上，制订更加科学的战略导向原则。结合四维度模型的基本理论，本文认为，未来首图应当在以下 4 个方面加大投入力度，从而有效提升自身的发展水平。

4.1 首图信息资源开发利用的概念创新

4.1.1 与在京总部合作开发利用信息资源，增强首图资源特色

首图拥有地处北京这样一个信息资源高地的优势，随着首图二期的建成和投入使用，首图未来的发展空间将得到很大拓展，应当积极尝试并推出更多更好的服务，快速提升首图的影响力。很多中央机关、国家级研究机构、央企和跨国公司总部都在北京，目前这些在京

机构所产生的大量信息资源缺乏一个比较专业和规范的信息收集整合平台，首图可以在这方面做一些积极尝试。例如，结合近年来北京大力提倡的总部经济发展模式，与市投资促进局等相关委办局合作，推出“总部信息导航”服务，收集全国和全球各行业的发展动态、宏观调控政策、行业发展政策和标准信息，为在京企业总部提供定向信息服务等。

4.1.2 强化首图资源的特色优势，拓展首图服务范围

多年来，首图一直坚持以地方文献等为特色的信息资源建设思路，并形成了独特的信息资源优势。未来首图应当继续坚持特色化、精品化的信息资源开发利用模式，进一步挖掘首图的特色资源，强化首图的服务优势。举例来说，随着未来北京建设世界城市步伐的不断加快，多元化的城市文化体系将成为北京城市建设的一个重要方面。纽约、伦敦等世界城市公共图书馆无不非常重视多元文化特色的体现，如纽约公共图书馆针对华人较多的特点，专门推出了中文网络门户。“十二五”期间，首图也应当将多语种文献资源建设提上日程，并将其逐步打造成为继地方文献之后的又一个特色资源和品牌资源。

4.2 首图信息资源开发利用的界面创新

4.2.1 推进与市属高校馆业务合作，提高首图服务覆盖能力

目前，我国高校图书馆和公共图书馆从属于不同的行政部门，两者之间一向是各自为政、自求发展。城市发展在依靠公共图书馆的同时，也应借助高校馆在科技人才和科研资源方面的优势。这方面，国内已有一些先例，如深圳市于 2007 年 3 月在深圳大学城图书馆的基础上，将深圳市科技情报研究所并入深圳市科技图书馆，此后，深圳市科技图书馆与大学城图书馆实行“两块牌子，一套人员”，利用大学城图书馆的研究型馆藏体系和大学城内各高校图书馆丰富的资源，为深圳市的企业科技创新、科技发展和创新型城市建设提供了科技文献保障[4]。首图也可以加强与在京高校图书馆，尤其是北京市属高校图书馆的合作，共同为推动城市发展提供更优质的服务。

4.2.2 加大专业图书馆建设力度，满足专业读者的信息需求

图书馆服务一方面既要照顾到大众的普遍需求，同时也要考虑到某些特定需求，而且这些特定需求往往更具有实用意义，更能代表实际生产活动的需要。首图地处北京，拥有专业层次较高的读者群。在新时期，北京需要进一步增强对高端人才的吸引力，这也是建设世界城市的重要内容。在“十二五”期间，首图应当积极筹划，并在一些专业人才聚集特征明显的区域建设特色图书馆和专业图书馆，开展有针对性的服务。例如在金融人才集聚的西城区开设金融专业图书馆；在先进制造业聚集区的亦庄开设工业设计图书馆，并着重加强在生物医药、汽车、电子信息等专业领域的文献资源建设；在文化产业较为发达的通州区开设文化创意图书馆等。

4.3 首图信息资源开发利用的传递创新

4.3.1 发挥公共图书馆服务网络优势，探索与其他图书馆业务合作

首图目前已经初步建成覆盖市—区、县—街道、乡镇—社区、村的四级公共图书馆服务网络体系，这是首图相比在京其他图书馆的优势。“十二五”期间，应当充分发挥首图的这一优势，积极探索与其他图书馆的业务合作模式，形成互动双赢的发展局面。例如，目前很多在京高校的教职员工居住区与校本部距离较远，这些高校图书馆目前没有提供很好的覆盖到教师社区的图书馆服务。随着未来首图社区图书馆建设的不断推进，首图可以与一些有合作意愿的高校图书馆合作，在这些社区合作建立图书流通借阅点，共同提供首图和高校馆图书的通借通还服务。这样既扩大了首图的影响力，也可筹划以此为突破口，进一步开展其他业务合作项目。

4.3.2 大力推动社区图书馆建设，改善信息资源空间分布状况

针对目前首图公共图书馆服务网络空间分布不均衡的弱点，首图应当抓住北京建设世界城市和学习型城市的契机，设计并筹划一些项目，整合内外部资源，进一步推动社区图书馆建设步伐。并重点在近

年来形成的一些人口聚集区，如天通苑、通州、亦庄等显示度和关注度较高的地区，建设一批精品社区图书馆，快速提升首图的服务能力和社会影响力。在具体推进策略上，还可以与博物馆、文化馆等其他公共文化服务系统合作，整合文化信息资源，既能更快更好地推进社区图书馆建设步伐，同时也能够有效提升社区图书馆的利用率和影响力。

4.4 首图信息资源开发利用的技术创新

4.4.1 充分利用信息技术，提高公共图书馆服务网络覆盖能力

首图地处北京这一信息资源高地，拥有网络基础设施良好，居民信息素养较高等独特优势。首图在未来应当更加自觉地利用信息技术和网络技术，积极寻求通过技术手段提升公共图书馆网络的覆盖能力和服务能力。尤其应当大力提升首图公共图书馆网络内部的一体化服务能力。目前，东京公共图书馆网络已经实现了较为彻底的通借通还模式，在任何一所具体图书馆收藏的资源，读者都可以通过网上、电话或到馆的方式进行借阅预约，然后自行指定就近的图书馆获取[5]。如果未来首图也实现了这样的网络一体化服务能力，则会大大提高首图公共图书馆网络的服务覆盖能力，同时借助这样一个独特的渠道优势，首图也可以更加顺利地与在京的高校图书馆和专业图书馆等开展网络合作。

4.4.2 继续推进自动借还书系统建设，增强首图服务网络覆盖能力

近年来，首图充分利用现代信息技术优势，购置一批自动借还书系统，在重点服务社区开设“城市街区自助图书馆”，为读者提供24小时的自助借还书服务，并集成了证卡管理、资源查询、预约技术、图书馆宣传等功能，有效提升了首图的服务网络覆盖能力，取得良好效果。自助图书馆建设能够很好地突破目前财政体制下的四级公共图书馆体制束缚，使中心图书馆的服务和功能快速覆盖到城市各街区，实现了图书馆管理与服务的扁平化，将图书馆延伸服务真正落到实

处。在未来，随着北京建设世界城市步伐的不断加快，首图应当进一步加大城市自助图书馆的建设力度，并借助这些自助图书馆借还系统的建设，将首图的服务网络快速延伸到目前北京信息资源网络厚度不高的地方，并重点关注农民工、下岗职工、城市困难群体等聚集区域的自助图书馆建设。

5 总 结

本文以首图“十二五”期间创新发展的实际需求为例，分析了公益性信息机构信息资源开发利用模式创新在我国的实际应用。希望本文的研究能够为国内其他同类型公益性信息机构的创新发展提供有益的借鉴作用。

参考文献

[1] 王建冬．公益性信息机构信息资源开发利用的模式创新研究．图书情报工作,2011,55(9):10－14.

[2] 王世伟．世界著名城市图书馆述略．上海:上海科学技术文献出版社,2006:63.

[3] 李诚．整合地方文献 服务城市发展——首都图书馆地方文献工作的实践探索．图书馆学刊,2006(1):89－90.

[4] 刘易斯·芒福德．城市发展史:起源、演变和前景．北京:中国建筑工业出版社,2005:576－577.

[5] 李玫文．市科技图书馆建立研究型馆藏体系．深圳特区报,2007－11－27(A07).

[6] 李国新．东京公共图书馆的布局与服务．山东图书馆学刊,2009(4):39－44.

作者简介

孙慧明，女，1983 年生，助理馆员，发表论文 3 篇。

第四节　企业参与公益性信息资源开发利用的发展现状与长效机制研究*

1　引　言

近年来，社会范围内慈善意识开始复苏，企业对于参与公益性信息资源开发利用的热情逐渐高涨。在国外的公益性信息机构资源开发利用中，企业家捐赠更是一个重要的资金来源[1]。《中共中央办公厅、国务院办公厅关于加强信息资源开发利用工作的若干意见》(中办发［2004］34 号）中也指出，要制定政策，引导和鼓励企业、公众和其他组织开发信息资源，开展公益性信息服务。

尽管在实践和政策研究层面，企业参与公益性信息资源开发利用问题已经得到了很多人的关注，但目前关于这一问题的学术研究十分少见。本文拟通过对我国企业参与公益性信息资源开发利用的发展现状和基本模式的分析，探讨并构建企业参与公益性机构信息资源开发利用的长效机制。

2　我国企业参与公益性信息资源开发利用的发展现状

2.1　我国企业参与公益性信息资源开发利用的发展历程

我国自古就有社会重视公益（公共）信息机构建设的传统。到清末，已能够看到企业参与公益性信息资源建设的记载。如由于太平

* 本文系《图书情报工作》杂志社出版基金资助项目“公益性信息资源开发利用的长效机制与服务创新研究”（项目编号：2010CB03）研究成果之一。

天国战乱影响，我国南方很多著名书院藏书遭到毁坏，因此醴陵公局、湖南通志局赠送一批书籍给湖南岳麓书院；湖北、浙江、苏州、江宁等官书局赠书给江宁惜阴书院借书局[2]，都可以看作是我国企业参与公益性信息资源开发利用的最初形态。

近代以来，企业参与公益性信息资源开发利用以出版类企业为主。这些企业捐赠有两个基本特点，一是所赠书刊多为当时该机构所出版的科学文化书刊[3]，如圣约翰大学图书馆早期就接受了江南制造局和商务印书馆赠送的该机构所出版的图书[4]。二是国内机构赠书有很多都是捐赠中国古籍善本书。如岭南大学获得辛社赠四部丛刊，萃社赠万有文库，鸿社赠内府影印名贵珍本如天禄琳琅等[5]。

建国后，由于受种种因素的影响，我国慈善事业陷入“衰熄与停滞”[6]的局面达30年之久，企业参与公益性信息资源开发利用的更是稀少。直到近年来，随着我国社会公益事业的发展，社会公民和机构的慈善意识逐渐复苏，企业参与公益性信息资源开发利用活动才重新出现。这类捐赠活动的面向对象主要是中小学图书馆和农家书屋、农民工学校、社区书屋等基层信息机构。据笔者统计的2009年企业捐赠公益信息机构的结果，直接面向各类基层信息机构的捐书活动占据了全部企业捐赠活动的75%之多。可见新时期企业参与公益性信息资源开发利用已经越来越重视面向基层的捐赠活动，并强化对弱势群体的直接关注。

2.2 我国企业参与公益性信息资源开发利用的基本模式

目前，我国企业参与公益性信息资源开发利用的有以下几种类型。

2.2.1 企业将旨在为自己宣传的信息资源捐赠给公益性信息机构

这类情况过去较为常见，很多企业出于利用公益性机构影响力的考虑，将一些与自己的市场宣传相关的信息资源捐赠给公益性信息机构。这类信息资源或为企业自己出版的有关自己企业发展情况的出版物，如2006年天津万科向天大捐赠《水晶城：历史中建构未来》图书[7]，或者为企业自己组织力量研究并出版的一些著作，如2008年南方广播影视传媒集团向中国传媒大学赠送《中国广电体制改革的南方模式》等书籍[8]。这类捐赠虽然也属于公益性捐赠活动，但由于其宣传的目的性比较明显，所捐赠的信息资源的实用性也容易受到限制。

2.2.2 企业将与自己主营业务有关的信息资源捐赠给公益性信息机构

这类情况最为常见，即企业将自己的一些产品，如图书、杂志等与公益性信息机构业务密切相关的信息资源捐赠给他们。例如，2008年四川地震之后，各地出版社向当地图书馆捐赠了大量图书。如辽宁大学出版社就向绵阳图书馆捐赠价值30万元的各类图书[9]。民族出版社则向北川羌族自治县图书馆等7个市县公共图书馆捐赠了价值100万元的藏、汉文图书[10]。据不完全统计，自四川大地震发生以后，仅绵阳地区就已受到20余家出版社的捐助[11]。

2.2.3 企业出于公益性目的购买信息资源并捐赠给公益性信息机构

随着近年来我国企业家慈善精神的不断普及，涌现出一批热心于公益性信息资源开发利用的企业。如2004年延边威远房地产开发有限公司将价值一万元的图书赠给延吉市少儿图书馆[12]。浙江挺宇集团也是企业积极参与公益性信息资源开发利用的典型案例。自2007年开始，挺宇集团每年向温州市图书馆捐赠5 000册图书，供全市人民共享，温州市图书馆为此设立了“挺宇集团赠书专柜”[13]。可以看出，企业从事这类公益性活动的目的完全可以归结于慈善精神，不但所捐赠的信息资源额度较大、社会价值较高，而且企业客观上也获得了良好的社会形象。

3 我国企业参与公益性信息资源开发利用存在的不足

3.1 企业参与公益性信息资源开发利用的社会关注度有待提高

尽管“34 号文”中明确支持企业参与公益性信息资源开发利用，但实际上当前我国企业参与公益性信息资源开发利用行为受关注的范围和程度都差强人意。目前我国企业参与公益性信息资源开发利用行为宣传主体是公益性信息机构自身，宣传手段和影响范围都比较有限。公益性信息机构对捐书的报道一般以通告或消息的形式刊登在行业媒介，比如专业期刊、各种机构刊物或机构网站上，这些宣传方式的受众面太小，不能很好地带动企业的捐赠热情。毕竟大部分企业实际上捐赠的目的一方面是出于公益性考虑；另一方面也是希望捐赠活动带来的正面宣传效应对企业发展产生积极影响。

3.2 企业与公益性信息机构之间沟通渠道缺失导致效率不高

当前，企业捐赠工作中，“所捐非所需”和“所需无人捐”的问题比较突出。很多捐助企业并不了解所准备捐赠的公益性信息机构的资源结构和特色，仅凭自己的主观臆测而决定将图书、文物等捐赠给某家公益性信息机构。比如笔者在调研中发现，有企业将一些医学类图书捐助给某艺术类院校的图书馆，使本来很有价值的图书变成了鸡肋。另一方面，很多公益性信息机构对于自己急需的馆藏文献、文物等资源也不知道到何处可以索赠，只好高价从别处购得这些藏书。针对这些问题，可以建立并推广一个供捐赠方和受捐方及时发布自己的捐赠或受捐意向的平台，使双方可以凭借这一平台建立一个沟通有无的常规化机制。国外公益性机构在这方面做的努力更有成效，如布法罗大学健康科学图书馆[14] 编制的图书捐赠指南十分详尽，形成一个供捐赠双方交流的平台。

3.3 企业参与公益性信息资源开发利用的管理制度尚未建立

现阶段，我国各公益性信息机构中，除少数大型公益性信息机构外，多没有设置专门针对企业或个人捐赠的部门，而是归入相关部门，如图书馆的编目或者采访部等；很多公益性信息机构连专门的工作人员都没有指定，更没有制订成文的捐赠管理制度。此外，公益性信息机构的捐赠管理工作没有行业统一标准。各类公益性信息机构对于企业参与公益性信息资源开发利用行为的管理制度和管理方法都不尽相同，缺乏统一的规范。以图书馆为例，仅就接受捐书的著录环节而言，每个图书馆就自有一套体系。关于在 MARC 的不同字段对捐赠者、捐赠时间等信息加以著录的问题，现有文献中提出的方法就不下七八种之多。这些问题都需要在行业管理层面加以高度重视，并协调解决。

3.4 缺乏必要的对公益性信息资源使用和管理的监督机制

目前我国的捐赠图书的使用情况普遍不乐观。除了前文所说的“所捐非所需”等因素的影响之外，捐赠双方都不重视受捐公益性信息机构的使用反馈。据笔者调查，除少数外国企业或团体，如“亚基会”等要求接受其资源捐赠的公益性信息机构提供信息资源的使用情况统计外，绝大部分捐赠企业或个人都没有要求反馈的意识或行为。公益性信息机构一般在接到捐赠后，除了给捐赠人回执，以及一些象征性奖励之外，也就没有进一步的措施了。因此，有必要建立一套较为完善的反馈和监督机制，以促使公益性信息机构提高对于受赠信息资源利用率的重视程度，同时也使得捐赠企业对自己的捐赠效果更加清楚，使以后的工作更加有的放矢。

4 企业参与公益性信息资源开发利用长效机制的构建

针对上述问题，我们认为，未来应当在以下四个方面加强制度建设，并构建企业参与公益性信息资源开发利用的长效机制。

4.1 完善我国企业参与公益性信息资源开发利用行为的宣传机制

针对公益性信息机构的捐助行为，最终会通过公益性信息机构的服务活动转化为广大用户群体所享有的社会利益。因此，企业参与公益性信息资源开发利用行为的对象，从本质上说其实是双重的，即公益性信息机构和公益性信息机构背后的社会公众。公益性信息机构应当积极转变观念，从服务社会、服务用户的这一公益性信息机构的根本使命出发，站在为公益性信息机构所在的社会群体谋求社会援助的更高层次上，努力争取更高领导的重视和社会媒体的关注，争取更加广泛的资源支持。

现有企业参与公益性信息资源开发利用行为的宣传机制应该突破既有的单一化模式，建立一个多层次、多角度的立体式宣传机制，将公益性信息机构自身、公益性信息机构所在的单位或地区、社会媒体三方的宣传力量结合起来，让企业捐赠活动得到各级政府的大力支持和媒体的广泛宣传，以求最大限度使企业参与公益性信息资源开发利用行为得到社会公众的关注和认同，从而更好地促进企业参与公益性信息资源开发利用行为良性发展。

4.2 规范我国企业参与公益性信息资源开发利用行为的管理机制

由于行业现状和管理体制所限，目前建立一个面向全行业的管理机制尚缺乏可行性，但这并不意味着当前企业参与公益性信息资源开发利用行为不需要规范化的管理机制。相反的，由于当前我国企业参与公益性信息资源开发利用行为的管理主体主要是公益性信息机构自身，在全行业提倡规范化的管理机制才具有特别重要的意义。

在机构设置上，应当大力推进捐赠管理工作的正规化建设。鉴于目前大多数公益性信息机构接受的企业与个人捐赠量比较少，中小机构可暂不设立独立的职能部门，但应当指派专人负责。同时，由行业协会或者国家级机构牵头，建立一个供全行业受捐工作管理人员沟通和交流的平台，在此基础上逐步实现全行业范围内的捐赠管理工作统一管理和捐赠资源统一调配。同时，大力推进捐赠管理工作的制度化建设工作，提高捐赠管理工作的规范性。

4.3 发展我国企业参与公益性信息资源开发利用行为的激励机制

目前，我国已经将企业参与公益性信息资源开发利用行为列入到公益事业捐赠范围之中，捐赠人可以按照相应法律依法享受税收优惠等待遇。例如《北京市图书馆条例》第十一条就规定，“本市鼓励自然人、法人和其他组织兴办图书馆或者以捐赠资金、文献信息资料、设备等形式资助图书馆事业发展。捐赠人依照《中华人民共和国公益事业捐赠法》享受税收等优惠”。但是，目前我国针对企业慈善捐赠的税收优惠比例过低，企业捐赠额分别在年度纳税所得额3%以内的部分，才准予扣除；并且对超过部分不予扣除。而美国则规定，慈善捐款的扣除额不能超过该捐款人调整后毛所得的50%，公司不超过10%[15]。相比之下，中国现阶段企业捐赠后获得的税收优惠比例较低，不利于激励企业社会慈善捐赠。如能适当提到税收优惠比例，将更加有利于企业参与公益性信息资源开发利用行为的积极性。

在公益性信息机构的微观层面上，对于企业参与公益性信息资源开发利用行为的激励机制主要包括各种形式的精神馈赠，比如颁发证书、致感谢函、公告捐赠名录、设专藏室、举办捐赠表彰仪式等等。在公益性信息机构行业管理的层面上，对于企业参与公益性信息资源开发利用行为的关注也应当进一步加强。比如仿照社会上流行的各种公益慈善事业排行榜，由行业协会或者权威机构定期发布企业参与公益性信息资源开发利用行为的一些参数指标，提高社会各界对企业参与公益性信息资源开发利用行为的关注度，扩大群众基础。近年来，类似尝试已经开始出现，如中国图书馆学会举办的《中国捐书榜》等。

4.4 推行我国企业参与公益性信息资源开发利用行为的监督机制

对一般意义上的慈善捐赠事业监督而言，除强调政府有关部门监督和慈善组织内部监督之外，还通过规定捐赠人的权利和受赠人的义务来体现社会对慈善事业的监督要求。《基金会管理条例》规定，受捐人有义务公布公益资助项目的种类以及申请、评审程序；有义务公布公募基金所募资金后的详细使用计划；有义务公布年度工作报告等。在国外，还有很多专门负责监督公益慈善事业的第三方非营利性评估机构，比如美国慈善信息局，就是一个民间非盈利机构，每年4次公布对全国几百家基金会的测评结果，具有较高的权威性；美国公众往往根据它的公报，决定给哪个基金会捐款[16]。

我国现阶段企业参与公益性信息资源开发利用行为与一般慈善捐赠事业相比，有其特殊性。比如受捐人是公益性信息机构而非基金会，无法适用《基金会管理条例》中的有关规定。同时，信息资源（图书、数据库、文物古籍等等）相比一般性的捐款或者捐物而言，其管理、利用、乃至淘汰方法等具有专业性。因此，无论国外还是国内，公益性信息机构在接受社会捐赠的时候，都会明确申明公益性信息机构对受捐资源具有明确的所有权、使用权和处理权。美国图书馆界就有共识[17]：图书馆接受了的赠书是图书馆的财产，图书馆有权在适当的时候自行处置它们，如在 ebay 上出售、在图书馆网页上出售、在图书馆设置出售/转让角、转赠送给社区成员、转赠给海外图书捐赠项目等[18-19]，这与一般慈善事业的监督机制具有明显不同。然而，公益性信息机构对受捐资源的使用情况的及时通报，也是指导企业捐赠的重要信息，方便他们根据情况选择加大捐赠力度或提高资源质量。因此，公益性信息机构具有主动向捐赠者和社会通报受捐信息资源管理和使用情况的义务。

5 结 语

本文对我国企业参与公益性信息机构的信息资源开发利用的发展历史、目前的主要形态进行了较为系统深入的探讨，在此基础上，对构建我国企业参与公益性信息机构的信息资源开发利用活动的长效机制进行了研究，并提出若干政策建议。希望本文的研究能够对目前国内学界对于该领域的进一步研究提供有益借鉴。

参考文献

[1] 孙慧明. 社会力量捐书助馆研究. 北京大学硕士论文. 2008.

[2] 陈谷嘉，邓洪波. 中国书院制度研究. 杭州:浙江教育出版社，1997:155 - 163.

[3] 孟雪梅. 近代中国教会大学图书馆研究. 北京:国家图书馆出版社,2009:132.

[4] 黄维廉. 圣约翰大学罗氏图书馆概况. 上海:圣约翰大学罗氏图书馆,1932.

[5] 岭南大学图书馆. 岭南大学图书馆一览. 广州:岭南大学出版社,1936:2.

[6] 周秋光,曾桂林. 中国慈善简史. 北京:人民出版社,2006:375.

[7] 万科为天大捐书. [2009 - 11 - 30]. http://news. sina. com. cn/c/2006 - 11 - 14/040110488402s. Shtml.

[8] 中国传媒大学新闻网. 南方广播影视传媒集团向我校图书馆赠书. [2009 - 11 - 30]. http://lib. bbi. edu. cn/news/2008/20080428. htm.

[9] 辽宁大学出版社为地震灾区四川绵阳图书馆捐书 18000 册. [2009 - 11 - 30]. http://www. sinobook. com. cn/press/newsdetail. cfm? iCntno = 7091.

[10] 民族出版社举办向四川绵阳 7 个市县图书馆赠书仪式. [2009

-11 -30]. http://www.seac.gov.cn/gjmw/xwzx/2008 -07 -08/1215156330427474.htm.

[11] 民族出版社赠书四川绵阳7个市县图书馆.[2009-11-30]. http://jsb.dglib.cn/bookinfo.asp? id=153.

[12] 为少儿图书馆捐书.[2009-11-30]. http://www.yanji.cn/tv/readnews.asp? newsid=1166.

[13] 挺宇集团向温州市图书馆捐书.[2009-11-30]. http://www.88088.com/wenzhoupp/ppgz/2008/0602/297593.shtml.

[14] University at Buffalo Health Sciences Library. book_donations. [2008-12-17]. http://libweb.lib.buffalo.edu/dokuwiki/hsl-wiki/doku.php? id=book_donations.

[15] 徐麟. 中国慈善事业发展研究. 北京:中国社会出版社, 2005:228.

[16] 姚俭建,Janet Collins. 美国慈善事业的现状分析:一种比较视角. 上海交通大学学报(哲学社会科学版),2003,1(11):13-18.

[17] Kay Ann Cassell. Handling gift books in libraries: a view from the US. New Library World. 2005(5): 450-453.

[18] Drummond. etc. Gifts in policy and practice. Acquisitions librarian,1999 (22):33-50.

[19] Anonymous. Book Donation Dilemma. Library Journal, 12/22/2005.

作者简介

王建冬，男，1982年出生，博士研究生，发表论文29篇。

第七章 基于市场导向的管理咨询公司知识转移研究

第一节 知识密集型服务活动视角下的创新能力建设*
——以咨询企业为例

1 引 言

当前，企业越来越需要知识密集型服务业（KIBS）用于研究和产品开发、组织变革、新技术的引进、市场营销等。过去几年中，知识日益增长的重要性增强了知识密集型服务业（KIBS）的影响，使之成为具有重要战略意义的产业部门。KIBS 作为单独部门，向不同组织提供专业知识，并因此被视作其他产业获取信息和专业知识的一个重要来源[1]。

近年来，将知识作为创新重要资源的文献中主要呈现两种趋势：一种关注于最大化组织知识，另一种关注于知识的“中间商”，如知识密集型服务（KIBS）、研究和技术组织（RTOs）以及知识密集型服务活动（KISA）。其中，对于知识密集型服务业（KIBS）的研究

* 本文系《图书情报工作》杂志社出版基金项目“基于市场导向的管理咨询公司知识转移研究”（项目编号：2010CB06）研究成果之一。

主要集中在其为生产商和供应商提供知识密集型服务这方面，然而，对企业如何进行有利于持续创新的活动却少有研究。当前的研究还不能清楚地解释 KIBS 如何在企业创新过程中发挥作用，推动企业创新能力的建设。为了更好地解释企业创新过程的本质，OECD 提出了知识密集型服务活动（KISA）的概念。本文假设知识密集型服务活动（KISA）是企业建立学习能力的关键成分，企业的创新过程与这种能力有着紧密的联系，并以作为知识密集型服务业典型代表的咨询企业为例，说明知识密集服务活动如何帮助其建设创新能力。

2 知识密集型服务活动

OECD（2004 年）首次提出了 KISA（Knowledge Intensive Service Activities）这个概念，把焦点集中在知识密集型活动本身。KISA 是指企业与内外部专家进行多领域合作构建企业能力的服务活动，包括研发服务活动、IT 服务活动、工程服务活动、管理咨询服务活动、金融与会计服务活动、营销服务活动、法律服务活动和人力资源服务活动八大类[2]。这里的“活动”主要是指企业员工与内外部服务提供者一起参与企业创新的过程。它强调在企业内部通过整合组织外部和内部各种类型的知识来生产知识；强调知识可以有许多来源并且可通过多种方法传递给企业。企业吸收和使用知识的能力，解释和转化知识的能力，以及学习能力都十分依赖企业内部知识基础和吸收能力。

为了获得对知识密集型服务活动在创新过程中角色的更深理解，我们对 KISA 和 KIBS 两种视角进行比较，分析其相互关联。

2.1 制度视角：KIBS

知识密集型服务业是由高度依赖于特定学科或领域内的专业知识和技能的、提供以知识为基础的中间产品（服务）的企业或组织组成的产业[3]。这些不同信息和知识的结合可以使 KIBS 企业解决客户的特殊问题。

实际上 KIBS 企业不只向客户传递信息，而且也致力于合作的学习过程。因此，在试图解决客户的特殊问题时，KIBS 企业经常能开发新的服务，并且在与客户的协作中获得新知识，这种协作需要参与者之间长期紧密的合作。客户的反馈为 KIBS 企业提供可引导现有服务的优化和新服务开发所需的信息，同时 KIBS 企业通过他们提供的服务来给客户企业的创新提供支持。

知识密集型服务业主要涉及到正式机构以及市场上销售知识密集型服务的机构。然而，从基于功能的视角来理解，知识密集型服务也会通过不同于机构和市场的渠道来提供。这些知识来源可能很难绘制，但对企业的创新有着潜在的非常重要的影响。

2.2　功能观点：KISA

知识密集型服务可能有多个源头而不仅是来自市场上以销售这些服务为其核心活动的企业。OECD 认为，知识密集型服务活动涉及了由企业和公共部门开展的服务活动的综合，以及通过开展不同活动来激发企业的创新过程[4]。KISA 创新模式与 KIBS 的区别主要表现在三个方面，分别是强调信息提供者，即知识源；强调知识交换的多种渠道；强调知识生产。

- 首先，相对于 KIBS 企业，KISA 关注更大范围的潜在的重要信息来源。它认为知识密集型产品的所有形式都可以作为企业创新活动的潜在竞争力的源头。因此，OECD 将 KISA 视作一个“创新系统中普遍存在的功能”。

为了进一步阐述两个视角的不同，我们将知识密集型服务提供者分为四个主要团体：①将提供知识服务作为其核心业务的专业供应商。②公共研究和技术组织（RTOs）。③不把为创新活动提供信息和知识视为其核心业务的非专业供应商，例如客户和厂商。这些外部成员经常为创新的公司提供想法和知识，但通常没有直接回报。④服务提供者也存在于企业内部。这些内部的服务提供者一般都是单独部门，如研发团队和销售代表。

- 其次，这些 KISA 视角下的大量潜在相关信息提供者也反映出信息交换渠道的多样性。信息交换的类型有两种：第一个类型中，交换对象双方保持市场关系（arm’s-length ties）（Uzzi，1997）[5]。交换的特点是人与人之间的，并且交换关系会变化，买家经常会因为更低价位而选择新的供应商。知识交换通过市场来实现并且有明确的合同约束。市场关系在某种程度上代表了 KIBS 企业与其客户之间的协作关系。KIBS 企业与其客户之间有着相当紧密的合作，包括频繁的面对面接触。另一方面，KIBS 企业经常提供给客户有时间限制的项目。

但是，公平关系、基于市场的交易只是企业之间联系的方式之一，第二种信息交换类型为非正式的非贸易关系。在更多的知识经济体中，市场关系通常要通过额外的债券市场和联系进行补充，来改善企业的反应和创新能力（Gertler，2004 年）[6]。交换伙伴双方物理位置的邻近也会刺激知识流动，而这种知识流动也是影响区域产业集群和创新系统的高竞争力的重要因素。基于社会关系、认知关系和制度关系比单纯基于位置的邻近关系具有更深层的共性。交换在这种情况下通过稳定的交易伙伴关系网来实现，这些交易伙伴在相互理解的氛围中合作，并且通过信任和私人关系来约束管理。嵌入式关系的特征是“浓的”信息流和隐性知识交换。

- 第三，KISA 视角强调知识的合作生产，强调创新过程作为内部和外部知识密集型服务的一个混合与匹配。企业在学习和创新过程中运用相关的外部知识来补充完善其内部知识。

上述知识交换的重要维度都被总结在表 1 的解析模型中。这个模型对于不同的外部知识提供者，不同的知识传递模式以及不同的知识库是有区别的。

3 两种视角下知识交换的类型

表 1 显示的四种知识交换之间没有十分明确的区分。实际情况中，知识通过这些“理想的关系类型”在机构间流动。表 1 作为一个解析模型，来帮助我们调查研究知识交换中 KIBS 和 KISA 途径的重要性，也表示了在咨询企业创新过程中的知识交换模式。

表1　知识交换中的关系类型

外部知识来源的类型	知识交换类型	
	静态的（知识传输）	动态的（集体学习）
提供者将输送知识作为其核心业务，通过正式的贸易关系	①销售关系（从 KIBS 或 RTOs 购买“标准”的知识	②争吵关系（客户和 KIBS 企业或 RTOs 之间紧密而持续的互动来定制知识密集型服务）
提供者进行非专业的输送知识，通过非正式的非贸易关系	③知识溢出（知识的‘准备完成’部分，或通过观察和复制别的提供者）	④非正式关系网络（和特定伙伴间的紧密并长期的合作）

表1纵格第1列表示两种知识来源和它们的主要关系。KIBS 企业和客户之间的知识交换通常是基于市场的，通过合同约束并执行有时限的项目，组成了贸易关系。基于非正式关系建立交易的双方通常只会进行普通知识的传递，而那些关键知识通常没有得到传递。企业通过观察和复制竞争对手的方法来获取新知识。这些知识交换通过非贸易关系发生，一般通过惯例、非正式规则和习惯来约束交易双方[7]。

表1中的第二列涉及了知识交换中的静态方面。静态知识交换主要指发送者和接收者之间相互作用时一方传给另一方不含新创造的知识和信息，如显性知识流。静态知识流包括科学文献、特定技术的授权许可、出席研讨会和学术会议以及效仿其他企业。动态知识交换是指知识交换者之间的相互学习和知识的合作生产。由相互作用产生的新知识是一个共同努力的产物，并不能通过任何一方的单独工作产生，因此动态知识交换就意味着传输过程中产生了新知识。

表1中知识交换的两个类型通过四种“理想类型”来定义知识流。关于贸易关系，我们在销售关系和争吵关系之间进行区分[8]。销售关系包括由 KIBS 企业或 RTOS 向客户输出的标准服务。例如，标准软件程序的购买，包括安装和培训。一些学者认为由 KIBS 企业提供的知识因为严格的标准化而变得非常简单。这种提供知识的简易化、同质化现象强调了大部分知识交换大体上是单向进行的事实，这

种情况下顾客购买“完成的”服务产品，而知识包含在服务中。

争吵关系包括服务传递，其传递过程中，服务内容需要由提供者和客户讨论。提供者为客户制定服务，这要求交换双方之间紧密而持久的互动。集体学习被视为这种关系的一种产物，而集体学习需要比信息传输更多更紧密的互动。当客户和其雇员紧密合作的时候，KIBS 企业更能激励创新活动。

知识交换的非贸易类型首先包括知识溢出效应，是指企业受益于与之具有相近技术的其他企业的研发工作这种现象。知识溢出效应主要有四种途径：①员工的流动性，员工将他们累积的技术和知识带到新的公司；②新企业从其他当地企业或知识机构中的剥离。溢出通常发生在员工运用他们已获得的经验和技术开设新公司；③知识溢出体现在产品、专利和执照中，包含商业信息、技术知识等；④当个人获得各种类型的非正式版本的知识时，容易发生知识溢出，这种溢出是企业通过自觉地观察和监控其他公司的学习活动来实现的。

我们将动态知识交换看作是由知识的联合生产和雇员的集体学习组成。集体学习需要持续和稳定的组织间关系，由一些个体中共同的或分享的知识实现，允许它们彼此之间有效的沟通。动态知识传输最经常发生在知识密集服务提供者和客户的紧密并持续的互动中，这种联系包含了贸易关系。

4 行业环境：不同的知识库

由于上述两种不同的知识密集型服务形式不仅区别于知识交换的第一段类型，还区别于行业环境和行业类型，因此，我们从吸收能力的角度，对不同行业拥有的知识库类型进行分析，总结出 KIBS 和 KISA 各自适用的企业类型。企业原有的知识水平以及企业对新知识的开放程度决定了企业查询、吸收和使用其外部知识的能力，这种能力组成了我们所谓的“吸收能力”。吸收能力的本质是管理外部知识的技能和知识，反映了组织对外部知识吸收的潜在能力[9]。自身进行 R&D 的企业通常具有使用外部知识的能力。

吸收能力和知识创造能力区别于行业。为了分析企业吸收能力如何影响知识交换，我们通过分析型和集成型知识库两个概念进行区别。这两种不同的知识库影响企业的吸收能力，并且进一步影响了企业的外部知识源。集成知识库在传统工业中使用较多，企业主要基于其生产活动的逐步发展成熟，将实践技能发展为知识库。分析型知识库一般存在于 R&D 密集型产业，例如生物技术、信息技术。这类产业中的公司通常和大学等研究机构联合，进行创新活动，其创新活动的结果一般比以综合知识库为主导的产业更加先进。

拥有分析型知识库的企业被视为具有较高的吸收能力。这些企业具有内部竞争力，可以和 KIBS 公司保持争吵贸易关系。而拥有集成知识库的企业主要依赖和 KIBS 公司的商业关系。这类企业经常缺乏足够的显性知识和 KIBS 公司的专家进行更深的沟通，并且容易和供应商、客户进行交互式学习。交互式学习作为非线性的、基于用户和生产者之间重叠交互的方式代字表了集成知识库企业进行创新的主要模式[10]。这种交互通常以双方的信任、共同的理解以及技能共享为基础。这种交互方式也是拥有分析型知识库的企业进行知识交换的主要途径。

KIBS 和 KISA 两种方式在检验知识交换和创新过程时，可能随着企业和行业类型的不同而有所变化。我们认为，KIBS 企业对拥有分析型知识库的企业的知识交换和集体学习过程异常重要；KISA 方式则主要针对具有综合型知识库的企业。

5 KISA 视角下咨询企业的创新能力建设

5.1 咨询企业

咨询企业是知识型组织的典型代表，为个人与组织的决策和运作提供智力服务，被视为典型的知识密集型服务业。然而，咨询企业在为其他行业担当“智库”的同时，自身也需要进行创新能力建设，包括公司内一切与咨询知识相关的新思想产生与应用的行为与活动[11]。咨询企业一般不会选择在市场上通过贸易方式进行知识获取和创新，即像其他行业那样选择知识密集型服务行业进行知识的购买，而是通过一系列知识密集型服务活动来扩大企业的知识源、增加知识的交换渠道以及知识的合作生产。

咨询企业和客户的互动，企业内部活动（营销服务）或两者混合（研发活动）密切相关，这些活动组成了KISA，并且成为咨询企业和KIBS、RTOs、客户、竞争者和其他组织，比如产业集群、产业协会相联系的一个纽带和桥梁。这些活动涉及到企业员工和内外部服务提供者互动的过程。互动过程既包含了企业同外部资源供应商通过合同进行的正式活动，也包含了建设企业内部竞争力的知识的非正式渠道的获取。企业通过这些活动促进组织学习和刺激产品创新和组织创新。

5.2 咨询企业创新过程的特点

表2总结了咨询企业创新活动的特点，包括创新的主要类型、创新活动的动力、刺激创新活动的因素、主要信息源以及创新障碍。其中，外部活动是创新活动的主要动力，包括对竞争者的模仿，企业间的竞争，和行业的主要客户保持联系，以及外部信息源。企业通过外部活动向企业内部不断输入重要信息，包括客户信息、R&D信息等。作为给企业提供智力和决策支持的咨询企业，以知识密集活动的形式为自组织提供创新渠道。此外，内部竞争力通常是最重要的信息源。内部知识的重要性通过对影响创新活动的关键因素的集成而表现出来，包括非正式教育、工作培训以及开发新产品等活动。

表2 咨询企业创新过程

创新项目	咨询企业
创新的主要类型	知识创新
创新的动力	行业竞争、和主要客户互动
创新的激励因素	员工的高度竞争意识和创新精神、和客户及其他行业竞争对手的密集互动
主要信息源	从完成的咨询项目中获取经验、客户需求
创新障碍	对新知识的吸收和使用

5.3 咨询企业的知识密集服务的来源

咨询企业自身作为知识密集型服务业，其知识密集服务来源是其自身进行的知识密集服务活动（KISA）。我们关注的对象是咨询企业在其创新活动中使用哪些类型的知识密集服务。咨询企业的知识密集服务主要在组织内部和员工的个人网络中进行，其员工通过网络、会议以及同其他公司和组织的员工进行交流获得信息，属于非贸易类型的知识交换。

咨询企业的知识创新一般以“非购买”的形式嵌入在企业与客户的长期合作关系中。通过建立活跃的外部关系网络，帮助咨询企业评估市场趋势和新技术。咨询企业员工通常把与同事、学习伙伴以及科研机构专家的非正式联系当作知识来源。这种非正式的关系网包括价值链上的所有对象，比如咨询企业、客户、研究机构。此外，主要客户为咨询企业提供知识创新的重要信号和信息。外部环境也为咨询企业进行知识创新提供了重要信息资源。咨询企业的区域集群包含了大量的信息和知识，企业通过当地产业集群的分支论坛、会议收集信息和想法。

进行知识密集型服务活动（KISA）的目的是为了弥补知识密集型服务业（KIBS）的不足，彻底解开企业创新过程的本质。而咨询企业本身作为典型的知识密集型服务行业，唯有通过各种知识密集型服务活动，才能推动自身创新能力的建设。总的说来，知识密集型服务活动对咨询企业创新能力的建设的影响主要包括：

- 直接影响企业的创新活动。通过扩大咨询企业的内外部知识源，转变了企业的创新视角。其作用表现为，使咨询企业进一步注重企业内部组织学习的重要性以及和客户企业互动，共同创新。此外，知识密集型服务活动视角不仅能提高咨询企业的创新意识，扩大其创新来源，更能直接参与企业的创新过程，使咨询企业通过与研究机构、政府等进行合作创新。

- 知识密集型服务活动直接提高企业的学习能力和创新能力。一方面，咨询企业通过参与各种知识密集型服务活动，将各种内外部知识资源吸收并转化为企业内部可以识别和应用的知识，从而提高企业的学习能力；另一方面，企业在知识密集型服务活动视角的影响下，注重企业综合型知识库的建设，及时转移和整合新获取的知识，从而提高企业的创新能力。

6 结　语

对于咨询企业的知识密集型活动的分析可得出三个主要结论：首先，企业内部的知识来源对企业知识创新的重要性。这种学习通常以工作培训的形式进行。咨询企业以项目到项目的形式进行学习，这种形式的学习包括了更多的编码知识。其次，知识的交换形式不以贸易形式进行。企业通过价值链上的众多对象进行集体学习获取知识资源。对于咨询企业，客户是其主要知识资源，知识溢出是其进行知识创新的主要形式。第三，研究表明，咨询企业通过知识密集型服务活动进行创新能力的培养。

知识密集型服务活动为我们研究企业的创新活动提供了新的视角，它强调在新知识的共同生产中，不同知识来源以及混合异质信息和知识的重要性。知识密集型活动关注了注入创新过程的“无形资产”，强调了知识交换中的非贸易形式，认为这种形式是企业知识创新的重要输入。

参考文献

[1] Marja T. Expertise as business long-term development and future prospects of knowledge-intensive business services (KIBS) [dissertation]. Espoo: Department of Industrial Engineering and Management, Helsinki University of Technology, 2004.

[2] Aslesen H W, Isaksen A. New perspectives on knowledge-intensive services and innovation. Geografiska Annaler: Series B, Human Geography, 2007,89(S1):45 – 58.

[3] Hertog P D. Services in innovation: Knowledge intensive business services (KIBS) as co-producers of innovation. International Journal of Innovation Management, 2000,4(4): 491 - 528.
[4] Martinez-Fernandez M C. Are knowledge-intensive service activities enablers of innovation process? -A study of australian software firms. [2010 - 12 - 14]. http://citeseerx. ist. psu. edu/viewdoc/download? doi = 10. 1. 1. 134. 3977&rep = rep1&type = pdf.
[5] Uzzi B. Social structure and competition in inter-firm networks: The paradox of Embeddings. [2010 - 12 - 14]. http://gatton. uky. edu/Faculty/ferrier/Uzzi%201997. pdf.
[6] Gertler M. Manufacturing culture: The institutional geography of industrial practice. Oxford: Oxford University Press, 2004.
[7] Maskell P, Malmberg A. The competitiveness of firms and regions: Ubiquitification and the importance of localized learning. European Urban and Regional Studies, 1999,6(1):9 - 25.
[8] Tordoir P P. Transactions of professional business services and spatial systems. Tijdschrift voor economische en Sociale Geografie, 1994, 85 (4): 322 - 332.
[9] 张小兵.知识吸收能力研究评述.技术经济与管理研究,2010,(3):48 - 49.
[10] OECD. Sectoral case studies in innovation: Knowledge intensive service activities (KISA). [2010 - 12 - 14]. http://www. oecd. org/document/43/0,3343,en_2649_34273_15709675_1_1_1_1,00. html.
[11] 石晶,卢小宾.基于咨询服务创新构建隐性知识共享机制.情报资料工作,2007(4):82 - 85.

作者简介

孟 玺,女,1983 年生,博士研究生,发表论文 5 篇。
车 尧,男,1982 年生,博士研究生,发表论文 6 篇。

第二节　面向知识转移的咨询公司档案信息管理研究*

随着知识成为重要的生产要素和机构的核心战略资源，对知识转移的探讨研究也在不断深入。而作为知识转移重要第三方的咨询公司[1]，其知识转移的内涵和要求有何不同，其基石是什么，知识转移与咨询公司档案信息管理的关系如何，有何共通之处，又该如何把握和结合，都有必要认真探讨研究。

1　知识转移与咨询公司档案信息管理

1.1　知识转移的内涵及其特征

从1977年Teece提出知识转移的概念起[2]，国内外对知识转移内涵的探讨一直不断深入。与知识管理兴起于工商管理一样，最初理解知识转移是基于其对企业管理的功能和意义，由此产生了“功能说”，如Kogut等认为企业转移知识的能力是企业存在的重要理由，知识转移的目的是吸收新知识和有效利用新知识，通过知识转移，将那些使组织获益的知识加速应用，从而使组织获得竞争优势[3]。

随后产生了“过程说”，如斯德哥尔摩经济学院的Hendrik等人提出知识转移是一种知识传递者与知识接受者之间的沟通过程[4]；Hansen也认为知识转移是机构成员间的知识迁移和吸收[5]；许强等认为知识转移是知识从转移方向知识接受方传递，并让接受方理解和接受的过程[6]；Davenport等提出“知识转移=知识传达+知识接收”，接收知识意味着对信息的充分理解并能够据此采取行动[7]；

---

* 本文系《图书情报工作》杂志社出版基金项目“基于市场导向的管理咨询公司知识转移研究”（项目编号：2010CB06）研究成果之一。

Krogh 等认为知识转移的过程分为初始化、转移和整合三个阶段[8]；詹青龙等指出知识转移是指知识势能高的主体向知识势能低的主体转移知识的过程[9]。

随着研究的深入，对知识转移的认识逐渐上升到本质和宏观层面，如陆侠等认为知识转移是指建立起技能传授、学习和知识管理的体系，将战略设计、组织和绩效设计、管理流程设计、系统流程设计各方面知识在员工中进行贯彻，让大家对相关知识消化吸收，保证系统的运行[10]；施琴芬等认为知识的转移是通过组织的地域维度、业务维度及职能维度来降低组织风险的不确定性，破除一些节点问题和壁垒枷锁[11]；而谭大鹏、霍国庆等撰文对此进行概括比较，他们认为知识转移是一个特殊的知识传播过程，是在受控环境中进行的，其根本作用是缩小人类个体或组织之间的知识差距并促进人类的共同发展。[1]

根据以上学者的概念界定，可以看出知识转移具有以下主要特征：

- 首先，知识转移具有较强的目的性和主动性。与知识传播和扩散不同，知识转移是在组织机构有意识的主导下开展的，旨在促进个体和组织的共同可持续发展，因而更为主动和积极，更强调方法和策略的计划性、针对性。如当企业自身不具备某类知识转移条件时，就会选择向咨询公司等第三方寻求获得知识源的策略。

- 其次，知识转移活动是受控的和可控的。所谓“受控的”包含两层含义：一方面指的是并非所有的知识都能顺利地实现转移，只有可编码的知识才能更好地为接收方所理解和接纳；另一方面是指知识转移往往需要在受控环境中进行，这样能保证知识转移的效果和效率，还能更有效避免被动的知识外溢①。由此机构需要设计可控的平台系统，以保证对知识转移的过程和结果进行控制。

---

① 所谓知识外溢是指包括信息、技术、管理经验在内的各种知识通过交易或非交易的方式流出原先拥有知识的主体。被动的知识外溢有利于社会和竞争对手，却会有损于知识所有者自身利益和收益。

- 再次，知识转移的过程具有增值性和创新性。知识转移不只是一个被动的接受和继承的过程，而是一个创造性的同化和内化的过程。知识通过转移产生增值、裂变、聚合后，进而就会形成新的知识。因而，知识转移过程伴随着知识使用价值的相应回报，转移完成后往往能达到知识供需双方彼此双赢，乃至多方共赢。

- 此外，知识转移的对象更为广泛和深刻。与传统信息利用和传播只关注显性知识不同，知识转移关注隐性知识的共享和扩散。刘丽萍指出，知识具有“波粒二相性”。知识“粒”是指作为实体的知识（即显性知识），知识的“波”是指作为过程的知识（即隐性知识）。因知识转移产生的作用有知识结果的转移和知识过程的转移，而后者的影响将会更持久、更深远[12]。

1.2 档案信息管理为咨询公司知识转移提供保障和支持

咨询公司开展知识转移活动的前提是：拥有足量的、可靠的信息和知识储备。因而对于咨询公司来说，广义的档案信息管理不仅包括人事档案、会计档案、文书档案等，还包括根据其业务范围和服务导向建立的各类知识库（即知识档案）。在这个知识库中不仅要有事实性的知识（Know-What）、原理性的知识（Know-Why）和技术性的知识（Know-How），还要建立专家档案。因为随着客户需求专业化和精细化程度的提高，任何公司都难以独立完成咨询课题和任务，只有掌握了“谁拥有知识（Know-Who）”，才能更好地实现知识转移方与接受方的匹配。这对于中小型咨询公司而言更是立命之本，杨文等在对福建 36 家管理咨询公司进行调研时发现，绝大多数管理咨询公司都无力聘请全职的管理咨询师，只好聘请兼职顾问，在整个咨询项目运作过程中，管理咨询公司负责接单，再“下单”给管理咨询师“生产”，而后公司负责“交货”及“客服”[13]。

1.3 知识转移有利于咨询公司档案管理的发展和价值实现

档案信息管理是基础性工作，事关咨询公司的生存和可持续发展，而档案管理本身也是一个承上启下的过程，需要建立素质优良、继往开来的档案工作团队，在笔者对中山卓力、佳信等几家咨询公司的调研中发现，由于员工流动性较大，经常导致公司业务开展存有难处和困境：一方面新上岗的档案人员，对于原有档案存放规律和技术不甚了解，相关信息无法及时查找；另一方面，大量的咨询信息和客户信息及时归档，存入知识库，一旦业务员辞职或离职，这些重要信息也随之而去，对公司损失颇大。而知识转移的提出，对咨询公司及其档案管理工作的发展都是极为有益和有利的。

2 面向知识转移的咨询公司档案信息管理维度分析

所谓管理维度，是在对管理活动要素类型进行剖析的基础上，对管理活动空间范围和视角方位的具备程度、判断条件和评价标准的表示，即对管理活动赖以存在的内外条件予以判定、描述和评价的概念集合。管理维度的分析与构架，一般要从两个以上具有互斥性的视角进行，这无论对于管理理论研究，还是管理活动实践的归纳和指导，都具有积极意义：一方面，有助于引导管理学研究的视角创新，一个新的管理维度的描绘，是建立在对管理活动的要素、环节和生存空间的重新认识和挖掘基础之上的，必然带来研究视角的重新发现和研究定位的修正，能拓展管理学的研究视野，推动管理学研究理念的创新；另一方面，能直接提供新的分析方法和理论框架。对管理维度的描述实质上是对各类管理活动的内核分析，为分解和区别管理要素类型提供了思路和方法，并确定各类要素在管理中所司职责，管理维度的重新审视和划分，正是管理模式重新构建的前提和基础，为其提供可资利用的方法和框架。

中国人民大学的胡鸿杰教授通过对管理活动机理层面的考察，提出任何管理活动都包括资源、方式和内容三个主要维度[14]：

所谓管理内容，即指管理活动的对象及其所要实现的职能和任务，对于某一特定的管理活动和行为，其管理内容既可以是具体的对象标的，也可以是抽象的过程，还可以是具有更深内涵的职能，特别是在许多宏观的管理活动中，对程序和职能的管理更是其日常工作的主要内容。如档案管理活动中，档案工作者和档案信息自然都是管理内容，而对文件案卷的收集、整理等过程也是管理内容，此外档案管理机构的职能同样还是管理内容，只是考察的层面和范围不同而已。

至于管理资源，一般认为无非就是“人力、物力、财力”资源，再加上近年来比较吸引眼球的“信息资源”，这些理解和认知比较通俗易懂，但也略显粗浅和表象，对管理资源缺乏深层次的思考，只注意到了直观的显性资源，忽略了管理中的隐性资源，胡鸿杰教授则撰文指出，管理资源还可分为基础性资源和“特有资源”两个层次[15]，前者有如人力资源、物力资源、财力资源和信息资源等，为管理活动提供外在保障，后者诸如规则、权力、人脉和文化等，为管理提供内在保障，管理活动中两类资源都是不可或缺的。

管理方式是指依据管理内容的特点和要求，对管理资源进行整合、配置的方法与途径，依据不同的标准管理方式有不同划分，如根据是否产生口语或书面语行为，可以分为言语型与非言语型管理方式；根据发生的场合，可分为直接型管理方式与媒介型管理方式；根据对资源处理的程度可分为一次管理和二次管理两个不同层次的方式等。文件（档案）方式是其中的言语型、媒介管理方式，是社会与机构管理方式中最重要、最通用、最经济的一种，具有确定性、规范性、可控性等比较优势。

从这三个维度对档案信息活动进行考察，不仅能引发对档案管理活动的重新认识和把握，既有助于理解和深度挖掘档案信息资源，又能凸显其在管理中的保障作用，有利于减少或避免管理资源重复建设，一定程度上改变对管理资源的浪费或漠视现象，从本源上促进管理资源的最优配置，还有助于管理方式的规范与创新，为解决当前诸多社会管理问题提供新的思路和方法，具有实践意义和现实价值。三维度分析如图 1 所示。

咨询公司的档案信息管理也同样不能置身于这三维度空间之外，下面即依此分维度对其中的知识转移相关问题进行分析和探讨。

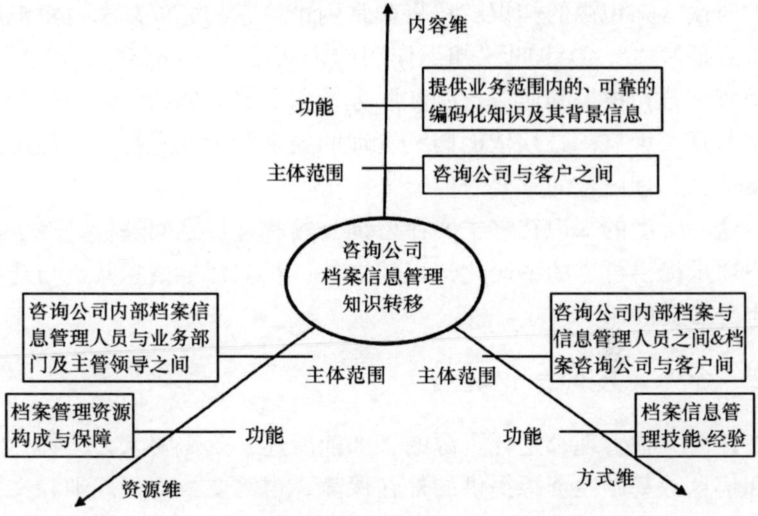

图 1　面向知识转移的咨询公司档案信息管理维度分析

2.1　内容维度的知识转移

一般认为，档案信息管理的主要是文书档案、会计档案等传统内容，这就有必要首先了解和明确档案信息的特点。和宝荣教授指出档案信息具有联系性和积累性的特点[16]，李国庆指出档案信息作为信息资源的一个重要组成部分，除了具有信息的一般特点外，最大优势在于其真实性、可靠性、权威性和凭证性[17]。在传统环境下，这些特点通过固化在特定载体（如纸张）上予以保证，而数字环境下，则有赖于元数据信息了。当然图书与情报类信息也需要元数据，但不同的是，这一类的元数据信息主要用于知识的组织和检索，主要关注知识载体形式和内容分类关联，而归档信息的元数据更侧重于知识的来源信息及知识产生者的背景结构，借此来保证知识源的可靠性。

Szulanski 认为，在知识转移的初始阶段，知识源的可靠性、转移的预期困难是影响知识转移效率的重要因素[18]。当知识源的可靠性没有得到确证，即当知识源并不被认为是可信赖的、讲信用的或有见识的时候，知识源的知识转移将非常困难，它的建议和示范将被质疑并受到抵制[19]，这也叫“知识作用的未实证性（unprovenness）”[20]。因而咨询公司根据其业务范围和服务导向所建立的各类知识库，为了确保其真实可靠，必须依据档案管理的要求和标准进行，自然也就是档案信息管理内容的重要组成。

这一维度的知识转移主要在咨询公司和客户之间进行，除了满足用户需求提供可靠的编码化知识源之外，相应背景信息共享与迁移也是十分必要的。

2.2 资源维度的知识转移

任何一种管理都是耗资源的，如前所述，既需要人力、物力、财力和信息等基础性资源提供的外在保障，也需要权力、规则和文化等管理的“特有资源”提供内在保障，管理活动中这两类资源都是具有支撑性的，缺一不可。咨询公司档案信息管理也离不开人、财、物等资源的保障，如设备和装具的配备、人员的培训、信息的加工和服务等，同样档案管理水平的提升还需要权力、文化层面的支撑，如公司高层的重视和强调（特别是像北大纵横等大型咨询公司），一则有利于各个部门的档案信息整合；二则利用权力资源可以督促实现将存储在员工个人电脑（乃至人脑）中的知识信息予以全面及时的转移和归档，以丰富公司的财富和资本。

这一维度的知识转移主要在咨询公司内部进行，不仅要在档案信息管理人员中予以传播与接纳，如一方面要熟悉档案工作需要哪些资源；另一方面也要掌握这些资源能在何处获得，又该如何获取。这类知识转移更要推广到公司业务部门和相关领导，使他们形成概念、习得程序，最终养成大力支持档案信息管理的习惯和氛围。

2.3 方式维度的知识转移

咨询公司档案信息门类较多，其机密性高低不一，因而信息组织的方式和使用权限的控制存在较大的差异性。这就需要重视对档案信息管理方式的知识转移，以促进机构档案工作的可持续发展。方式维度的知识转移重点和难点在于管理技能和经验等隐性知识，档案信息管理从原理上讲是比较直观和简单的，但是具体的操作需要长期的经验积累和技能熟悉，也绝非一朝一夕能做好的。

这一维度的知识转移还存在于咨询公司和客户之间，不过这主要是指开展档案管理咨询业务和有档案管理专业优势的公司。如浙江省首家公司制档案中介机构——杭州伟邦档案管理咨询有限公司，就针对机关、团体、企事业单位提供档案咨询与指导、档案培训、档案技术推广、档案人才租赁等相关的专业服务[21]，而方式维度的知识转移即是此类公司的核心优势之一。

3 面向知识转移的咨询公司档案信息管理实现策略

如上文分析可见，不仅档案信息管理在咨询公司知识转移中起着基础性和关键性的作用，关注知识转移对于档案信息管理也大有裨益，两者互为依托、相互促进。而实现面向知识转移的咨询公司档案信息管理需要在以下几方面予以强调和努力。

3.1 主动调研掌握公司档案管理中知识转移内容

首先是咨询公司领导层要从宏观上对档案信息管理中的知识转移有充分的认识和把握，深入调研公司管理中知识转移的层次和范围，明确哪些显性知识必须按照档案信息的标准和要求予以存储、传播和控制，哪些个体隐性知识应该显性化为组织知识[22]并予以及时存档，把握档案信息管理各个维度的知识转移内涵和要求；具体操作执行的档案管理信息工作者更要积极主动，对具有潜在价值、有必要作为档案信息保存的知识，与业务人员共同商讨，拟定归档范围并明确共享权限，业务人员也要认真配合，提出建设性意见和需求，以框定知识转移的目标和范围。

3.2 优化档案信息管理中知识转移的资源保障

所谓资源保障就是为知识转移创造必要的软硬件环境。一方面要在人、财、物等基础性资源上对档案信息管理予以必要配备和支持，在档案信息管理人员梯队建设上要引起足够重视，尽早做好准备，有计划、有步骤引导档案专业人员间的业务交流和知识转移，让新生力量在日常的档案信息工作中充分习得管理技术和技能，避免突然的工作移交带来的措手不及；另一方面要利用权力和公司文化等特殊资源，大力宣传、积极引导和推动各类档案信息知识转移，不仅在信息管理人员中，更要在业务部门里，形成健康的知识存档和归档意识，培育良好的知识转移的习惯和氛围。

3.3 量身打造面向知识转移的档案信息管理系统

咨询公司要着力开发和建设面向知识转移的档案信息管理系统，一方面要依据和符合本公司的客观实际，另一方面也要保证系统的可扩展性和通用性。如在设计知识采集功能模块时，要对本公司业务流程予以梳理和考察，在各关键环节中嵌入背景信息捕获器，保证归档知识的可靠性和可用性；而在知识传播功能模块中，要实现目录信息开放的同时，对知识内容进行有效控制，这一方面是指利用技术手段严格控制资源使用权限；另一方面是指实现知识转移环境的控制，以提高资源利用率和知识转移效能。

3.4 有力控制、有序开发咨询公司知识资产

在拓展和丰富档案信息资源的类型、数量的同时，档案管理人员要建立和完善公司资产档案，特别是对无形资产的归档和建档，不仅要及时接收和控制公司核心知识，保证其安全性和可用性，还要与业务人员积极配合，有条件地对之进行开发和传授，使之不断增值和升值，增加知识转移的吸引力和动力。

3.5　创新咨询公司档案管理中知识转移的路径和方法

知识转移不仅仅是一个知识传递的过程，更重要的是要让接受方理解、接受进而创新的过程。知识转移存在许多障碍性因素，如知识源强烈的社会身份和群体本位可能会影响组织内的知识跨群体或跨部门转移[23]，而接受方的态度和能力也同样制约着知识转移的效率和效果，所以有必要创新路径和方法，实现多维度、多渠道的信息共享和知识转移。同时要建立良好的激励机制和利益补偿机制，促进咨询公司档案信息管理水平的提升，促进相关信息和知识转移的规范化和常态化。

综上所述，咨询公司知识转移和档案信息管理互为条件、相互依存，只有在厘清档案管理各维度的知识转移内涵和要求的前提下，从内容控制、资源保障、系统建设、资产开发及方式创新等多方面着手，建立面向知识转移的档案信息管理体系，才能充分发掘咨询公司自身潜力和核心竞争力，增强发展动力以保证其市场地位和竞争优势，最终实现公司的战略目标和可持续发展。

参考文献

[1]　谭大鹏,霍国庆,王能元,等. 知识转移及其相关概念辨析. 图书情报工作,2005,49(2):7－10,143.

[2]　Teece D. Technology transfer by multinational firms the resource cost of transferring technological know-how. The Economic Journal 1977, 87(6): 242－261.

[3]　Kogut B, Zander U. Knowledge of the firm, combinative caper abilities, and the replication of technology. Organization Science, 1992, 3(8): 383－397.

[4]　Bresman H, Birkinshaw J, Nobel R. Knowledge transfer in international acquisitions. [2010－09－21]. http://www.doc88.com/p－33473160155.html.

[5]　Hansen M T. The search-transfer problem: The role of weak ties in

sharing knowledge across organization subunits. Administrative Science Quarterly, 1999,44(1):82 - 111.
[6] 许强,郑胜华. 母子公司的知识转移关系和管理权分配. 科技进步与决策,2005(4): 96 - 98.
[7] Davenport T H, Prusak L. Working knowledge: How organizations manage what they know. Boston: Harvard Business School Press, 1999.
[8] 张海涛,蔡景平,过仕明. 知识转移的研究现状与展望. 图书情报工作,2009 (22),53:108 - 111.
[9] 詹青龙,刘光然. 教育知识管理:教育技术学研究的新视角. 现代教育技术,2002(2):22 - 25.
[10] 陆侠,孙会军. 实施 ERP 的必要性探讨. 计算机系统应用, 2005(7):91 - 93.
[11] 施琴芬,崔志明,梁凯. 隐性知识转移的特征与模式分析. 自然辩证法研究,2004(2):62 - 64,68.
[12] 刘丽萍. 知识转移过程的运行机制与隐性知识转移机理研究. 哲学动态,2004(9):13 - 17.
[13] 杨文,陈躬仙,余建辉. 福建管理咨询业的现状分析及发展对策——基于36 家管理咨询公司的调查报告. 科技和产业, 2010(5):26 - 30,40.
[14] 胡鸿杰. 中国档案学的理念与模式. 北京:中国人民大学出版社, 2005.
[15] 胡鸿杰. 管理资源分析. 档案学通讯,2009(1):19 - 22.
[16] 《档案文荟》编辑部. 和宝荣谈档案信息的特点. 档案文荟, 1989(2):24.
[17] 乐正. 来自改革前沿的报告 深圳市哲学社会科学"十五"规划课题成果内容摘要选编. 北京市:社会科学文献出版社, 2009.
[18] Szulanski G. The process of knowledge transfer: A diachronic analysis of stickiness. Organizational Behavior and Human Decision Processes, 2000, 82(1):9 - 27.

[19] 唐炎华,石金涛．国外知识转移研究综述．情报科学,2006(1):153 - 160.
[20] 周和荣,张鹏程,张金隆．组织内非正式隐性知识转移机理研究．科研管理,2008(5):70 - 77.
[21] 杭州伟邦档案管理咨询有限公司．公司简介．[2010 - 09 - 28]. http://www. hzwbda. com/.
[22] 卢小宾,车尧,丁海珈．知识创新理念下咨询业隐性知识转移研究述评．情报科学,2010(1):140 - 146.
[23] Argote L, Ingram P. Knowledge transfer: A basis for competitive advantage in firms. Organizational Behavior and Human Decision Processes, 2000, 82(1):150 - 169.

作者简介

王娟娟，女，1982 年生，主任，硕士研究生，发表论文 5 篇。

王广宇，男，1975 年生，博士研究生，发表论文 8 篇，参编教材 1 部。

第三节　我国管理咨询市场现状分析研究*

1　管理咨询的基本理论

1.1　管理咨询的定义

关于管理咨询的定义有许多，例如“管理咨询是帮助企业和企

* 本文系《图书情报工作》杂志社出版基金项目“基于市场导向的管理咨询公司知识转移研究”（项目编号：2010CB06）研究成果之一。

业家，通过解决管理和经营问题，鉴别和抓住新机会，强化学习和实施变革以实现企业目标的一种独立的、专业性咨询服务”[1]。又如“管理咨询是具有丰富经营管理知识和有具体实践经验的专家，根据咨询委托方提出的要求，按咨询协议或是合同利用现代化知识手段和科学方法帮助委托者找出存在的问题及对导致的原因进行分析研究，综合出可行性的改善方案并引导实施的智力服务过程”[2]。

笔者认为管理咨询是发生在管理信息供应者和管理信息需求者之间的信息流双向互动的过程。其定义有广义和狭义之分。广义上泛指有管理信息需求冲动的信息需求者向可以为之提供管理信息支持的信息供应者发出获得相关管理信息的请求行为和管理信息的供应者向管理信息的需求者提供其所需相关管理信息的行为。狭义上指从事生产经营和管理活动的公司企业集团等为了追求更多的利润空间或是更加有效地组织协调其内部各生产、管理要素，向管理咨询公司提出信息帮助请求及管理咨询公司为其提供信息支持的有偿服务行为。出现在本文当中的“管理咨询”皆指此狭义概念上的管理咨询。

1.2 管理咨询的类型

管理咨询的类型有多种不同的分法，焦玉英教授认为企业管理咨询包括企业战略管理咨询、企业生产管理咨询、企业文化管理咨询、企业客户关系管理咨询、企业供应链管理咨询[3]。曾庆学认为在管理咨询层次上的咨询公司主要按照企业管理的各个层面划分为专业业务领域，这些领域一般包括：投融资咨询、财务会计咨询、税收咨询、市场营销咨询、人力资源咨询、生产管理咨询、创业咨询、工程技术咨询、业务流程重组与管理信息化咨询等[4]。

1.3 管理咨询的作用

管理咨询的作用不但体现在企业的经济效益上，即生产型的公司、企业集团可以通过实施开展管理咨询活动，达到降低生产成本、提高产品质量和生产效率，完成制定、优化人才引进培养机制，实现走创新型企业发展路线，从而提升企业的总体竞争力和可持续发展的能力；同时，管理咨询的作用还可以体现在社会效益上，例如众多原本属于高污染、高能耗、低附加值的企业，在购买了科学的为其"量身定制"的管理咨询产品并付诸实施后，转变成为绿色的、环保的、高附加值的企业后，不但企业自身可以从中获得指数性增长的经济效益，而且国家和社会都会从这一变化中体验到逐步显现的巨大的社会效益。

2 国内管理咨询市场现状

伴随着管理咨询行业的发展，北京新华信正略钧策管理咨询公司（简称"新华信"）自2002年以来，已经连续7年对中国沪深两市全部上市公司进行关于管理咨询采购状况的调查研究，推出《中国管理咨询行业市场发展研究》报告，旨在研究分析中国管理咨询市场的变化和发展，提高从业企业对市场的认识和理解；同时，为客户选择管理咨询服务提供参考依据。

新华信选取每年年底截止日前的所有上市公司进行调研，每年成功访谈1 000家以上的企业，平均占所有上市公司的80%以上，并以此形成高价值的上市公司数据库。其中2003年的调查对象为截止至2002年12月31日之前上市的1 197家企业，并成功访谈其中的889家；2004年的调查对象为截止至2003年12月31日前在沪深两市上市的1 285家上市公司，并成功访谈950家；2005年成功访谈1 049家上市公司，占2004年沪深两市上市企业总数的76%；2006年的研究调查对象为日期截止至2005年12月31日，在沪深两市证券交易所上市的1 333家企业，并成功访谈1 161家，占两市国内公司总数的87%；截至2007年底，沪深两市共有1 563家上市公司，本次调研共访谈1 351家，访谈率达86.4%，其中回收有效访谈问卷1 210份，有效问卷率为77.4%；截至2008年底，沪深两市共有上市公司1 575家，其中成功访谈1 290家，占两市国内公司总数的 81.9%①。

可以看出，新华信对上市企业的调查数量及成功调查数量从 2006 年度开始进入了一个相对稳定状态。

2.1 管理咨询的市场渗透率

市场渗透率是一个衡量某一行业或产品的客户市场开发成熟情况的一个重要数据指标。管理咨询的市场渗透率 = 曾经购买过咨询产品的上市公司数（时间不限）/上市公司总数。

自 2000 年以来，管理咨询行业市场在国内逐渐兴起，至 2007 年 12 月我国管理咨询市场渗透率已高达67.44%，如图 1 所示[5]。

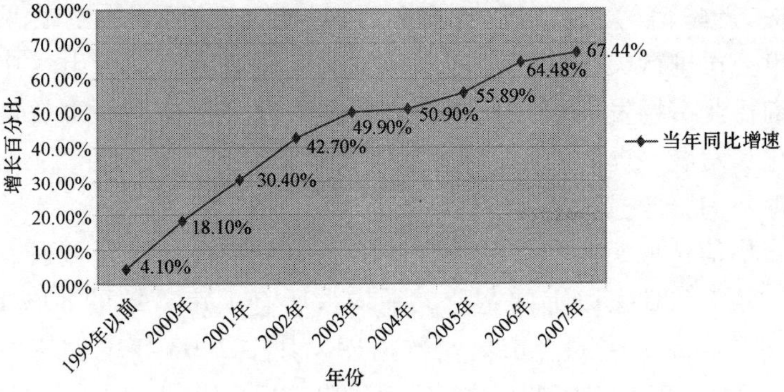

图 1　2007 年前我国管理咨询市场的渗透率变化情况

2.2 管理咨询市场的客户比例

客户比例 = 当年接受过管理咨询服务的上市公司数量/当年上市公司总数。

---

① 数据来自新华信 2003—2009 年度中国管理咨询行业市场发展研究报告。2003 年起新华信每年推出前一年度的中国管理咨询市场行情报告，至 2010 年 6 月 25 日，2010 年度报告未发布。

2.2.1 近几年客户比例的变化情况

2000－2008 年我国管理咨询行业客户比例增长情况如图 2 所示。

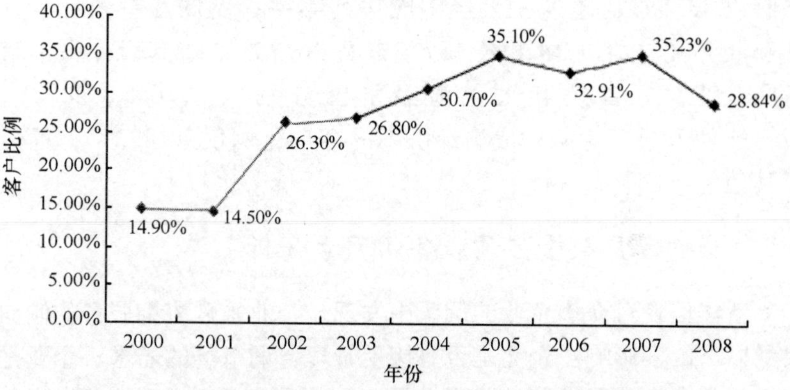

图 2　2000—2008 年中国管理咨询市场客户比例变化趋势

2.2.2 管理咨询市场按“大都市经济圈”的分布状况

2008 年新华信以我国的九大“大都市经济圈”① 为依据，利用 SPSS 的列联分析和回归分析统计功能，将 2007 年我国的管理咨询市场进行了细化研究，并分析指出按“大都市经济圈”划分，目前我国管理咨询市场存在以下特点。

- 管理咨询服务客户主要集中在大上海、珠江三角洲和京津冀经济圈。作为中国经济发展的三大龙头，大上海、珠江三角洲和京津冀三个“大都市经济圈”成为上市公司主要聚集地，也是管理咨询服务现有客户与潜在客户的主要来源。相应地，这三个经济圈采购管理咨询服务的上市公司的绝对数量也是最多的，占除去“其他”经济圈的八个“大都市经济圈”所有客户数的 70%。
- 济青经济圈和成渝经济圈的客户比例分别位居榜首与榜

① 九个“大都市经济圈”是：沈大（沈阳、大连）、京津冀（北京、天津、唐山、秦皇岛、石家庄）、济青（济南、青岛、烟台）、大上海（上海、苏州、无锡、常州、宁波、杭州）、珠江三角洲（广州、深圳、珠海、汕头）、吉黑（长春、哈尔滨）、湘鄂赣（武汉、长沙、南昌）、成渝（成都、重庆）和其他。

尾。大上海、珠江三角洲和京津冀三个“大都市经济圈”虽然在管理咨询服务客户的绝对数量中名列前三，但在客户比例中，济青经济圈以43.5%超越这三大经济圈位列第一；而珠江三角洲、京津冀和湘鄂赣分别以38.8%、37.8%及36.7%紧随其后，属于第二梯队；沈大、吉黑和大上海经济圈分别以29.6%、28.0%及27.1%列入第三梯队；成渝经济圈的客户比例仅有18.2%，远落后于其他经济圈。

2.3 影响客户接受咨询服务的因素分析

新华信在对众多企业的调研中发现，企业采购咨询服务的倾向主要受以下因素影响：企业是否有接受管理咨询市场的需求、企业是否信任外部咨询公司的能力、企业是否愿意承担采购咨询产品的开支；并选择了四个影响因素作为衡量企业采购管理咨询服务的可能性指标：上市年数、企业规模、盈利能力、企业接受咨询的经历，采用Logistic回归模型进行分析，结果如表1所示。

表1 影响企业采购咨询服务的因素回归分析

步骤	卡方检验	自由度	显著水平
1	0.000	0	
2	14.778	8	0.064
3	10.075	8	0.260

可以看出，在第三步，当四个变量都进入方程后，Hosmer - Lemeshow的统计检验概率为0.260 >0.05，说明数据是吻合的。从显著性上来看，所假设的四个变量中有三个都被证实有显著影响，唯一例外的变量是公司规模，即公司总资产，可能是因为公司总资产额和上市年数这个变量之间有着较强的正相关。

2.4 经济危机与管理咨询行业

2009年新华信管理咨询行业年度报告调研中，选取可信度较高的433家公司作为核心样本，进行重点分析，经过处理后的调查情况如表2所示。

表2　2008年经济危机对企业管理采购的影响

题目	类型	选项	频率	百分比（%）	有效百分比（%）	累积百分比（%）
此次经济危机会影响贵公司采购咨询服务吗？	有效	不会	211	48.7	62.6	62.6
		缩减咨询预算	66	15.2	19.6	82.2
		增设咨询业务	12	2.8	3.6	85.8
		不太清楚	48	11.1	14.2	100.0
		合计	337	77.8	100.0	
	缺失	系统	96	22.2		
	合　计		433	100.0		

说明：数据源自2009年度新华信中国管理咨询市场发展报告。

样本中有211家（约占样本量48.7%）的公司认为经济危机对企业的管理咨询的采购活动不会产生影响，主要原因如下：①目前正在进行相关的管理咨询项目，企业不会因为经济危机的影响发展停滞，已经和某些咨询公有过长期合作关系，希望继续保持合作；②一直没有进行过管理咨询，按照企业规划来进行下面的工作，所以不会收到经济危机影响；③目前没有进行过管理咨询活动，但是经济危机不会影响公司对管理咨询的采购；④公司内部有关的研究部门可以承担这样的工作。

2.5　经济危机前后各行业管理咨询采购的比较

通过调查可以从中发现2008年和在此之前的管理咨询实施情况发生了哪些变化，如表3所示。

表 3　企业经济危机前后对管理咨询服务采购比较

	类型	状　态	频率	百分比（%）	有效百分比（%）	累积百分比（%）
经济危机前后比较	有效	2008 年前后均没有过	190	43.9	44.4	44.4
		2008 年做过但之前没有	20	4.6	4.7	49.1
		2008 年没有之前不清楚	12	2.8	2.8	51.9
		2008 年做过之前不清楚	6	1.4	1.4	53.3
		2008 年有但之前做过	103	23.8	24.1	77.3
		2008 年前后均做过	97	22.4	22.7	100.0
		合　计	428	98.8	100.0	
	缺失	系统	5	12		
	合　计			433	100.0	

说明：数据来源同表 2。

总体而言，在 190 家核心样本企业中约有 43.9% 的企业在金融危机前后都没有做过管理咨询项目，其中 20 家企业尽管在 2008 年做过管理咨询，但之前没有进行过任何项目，有 97 家企业则在金融危机前后都进行过管理咨询活动；有 103 家企业（约占总企业数的 23.8%）在 2008 年之前做过管理咨询项目，但在 2008 年没有继续对管理咨询进行投入，这其中有经济危机产生的影响。

3　我国管理咨询行业的发展对策

金融危机提供了企业重组洗牌的机会，也为很多优质企业提供了涉足海外、占领国际市场的机会，那么提供和完善对并购和重组业务的管理咨询服务有可能成为管理咨询公司的一大业务增长点。要深入挖掘已有资源，巩固现有市场，即利用在原有业务发展的领域和地区形成的口碑和示范效应，深入挖掘和巩固市场。这样既能克服目前金融危机对管理咨询业务带来的不良影响，也是进一步扩大与竞争对手之间差距的有效措施，不仅能为公司带来实际利益，也能为后继业务的拓展奠定基础。笔者认为可以从宏观和微观两个方面来考虑如何制定发展我国管理咨询业的对策。

3.1 宏观上

3.1.1 政府作为

“政府是国家经济建设和发展中的最高管理者和指导者，有责任有义务，顺应时代潮流，调控经济发展的方方面面。当社会现实需要咨询业，呼唤咨询业崛起的时候，政府应予以充分的关注和了解”[6]。为保障我国的管理咨询事业能够健康良性发展，我国相关政府部门应该努力尝试做到以下几点：

- 资金支持。可以设置国家政策性银行或国家科学基金，为我国管理咨询业开设金融“绿色通道”，为咨询公司提供优先贷款和风险基金，以弥补我国管理咨询业发展过程中的资金不足，为我国管理咨询事业壮大规模、加快发展步伐提供发展契机。

- 税收优惠。“税收政策是对管理咨询业影响较大的一个方面，尤其是在管理咨询业发展的初期，减免税的优惠政策对其的成长壮大十分有利。国家可参照高新技术产业等国家扶持和鼓励行业优惠办法，利用税收政策等方式给予管理咨询公司适当的优惠条件”[7]。还可以学习美国政府的做法，对不同类型的管理咨询机构采取不同的办法：对于非盈利性机构，免除一切税收，并委托给很多研究项目对于盈利性的管理咨询公司并没有特殊的扶持政策，但在刺激企业对管理咨询服务的需求方面采取一些措施，如作为需求方的企业的管理咨询费用可计入成本，不用征所得税，以此来鼓励管理咨询业的发展[8]。

- 改善管理咨询环境。由政府组织编制管理咨询市场准入制度条例和从业人员业务考核标准，净化国内管理咨询市场的竞争环境，规定管理咨询公司的责任和义务，从而加速推进形成一个庞大有序的、易于开展管理咨询服务的优良环境。

3.1.2 系统体系及政策法律环境

目前，“国家工商行政系统对管理咨询企业存在理解分歧，一般情况下只批准成立信息咨询公司，国家统计系统没有建立对咨询产业的一整套准确的、完整的统计指标体系，有关部门对咨询公司没有明确的界定，导致企业和公众对咨询产业体系认识不清”[9]。同时相关的用以规范咨询供求双方行为的法律法规或者是章程制度等普遍缺失。所以建立管理咨询业的系统体系，制定相关法律规定刻不容缓。

- 系统体系的建立。首先，应制定明细的行业标准分类。在“标准产业分类体系（SCI）”[10]中，代码 8742 为管理咨询服务，8748 为其他商业咨询服务。“北美产业分类体系（NAICS）”[11]正在取代标准产业分类体系，将管理咨询服务单独列为一类，代码为 54161，其下位类包括行政和一般管理咨询服务、市场营销咨询、人力资源和执行者研究咨询以及其他管理咨询服务，代码分别为 541611、541612、541613 和 561418[12]。然后国家才可以按照具体的产业分类情况，分门别类对其进行管理引导或是进行必要的干预。另外，有了标准和产业分类体系之后，会方便明确划分相关各所属主管部门的权力和责任，有助于建立一个全局无盲点式的监督机制。在制定行业标准分类的同时，为了建立起一个完整的管理咨询业系统体系，必须改善目前管理咨询市场的法治环境，因此国家应制定出台一系列科学、民主、公平的能够有效保障管理咨询业健康发展的法律、法规、章程制度等。

- 政策法律环境。在管理咨询业发展阶段，应该为其创造一个良好的政策法律环境。国家应该给予一定的扶持，在政策上给予一定的倾斜；要加快企业信息化进程，使企业有能力建立自己的管理数据库，实现网络化管理；要“通过立法来规范管理咨询业发展，规范从业人员资格，全面实行管理咨询公司和管理咨询师资格认证制度，并明确规定不同规模咨询公司的咨询范围，严格规定咨询公司的业务行为”[13]。

3.2 微观上

内资管理咨询公司是我国自己的公司，分析研究我国目前管理咨询市场现状及存在问题也主要是针对内资管理咨询公司而言，故此，提高我国管理咨询业整体服务水平和质量并将管理咨询业做强做大，自然是我国内资管理咨询公司不可推卸的责任和义务。笔者对内资管理咨询公司寄予厚望，可提供他们参考借鉴的对策措施有：

- 建立行业自律机制。管理咨询公司应在建立行业自律机制这一个问题上达成一致，通过成立行业协会，开展行业内的业务交流。成立行业协会本身也是一种探索我国管理咨询业发展道路、促进我国管理咨询公司与企业一起成长的具体方式。“2003 年 12 月 30 日，由综合开发研究院（中国深圳）主管，深圳市北大纵横财务顾问有限公司、深圳市明天企业管理顾问有限公司、深圳市采购营销策划有限公司等 30 多家管理咨询机构发起的深圳市管理咨询行业协会，在深圳正式成立，这是国内首家成立的管理咨询行业协会，该协会的成立意味着国内的管理咨询行业开始走向成熟”[14]。

- 建立公司自己的数据库和案例库。数据和案例是现代咨询业赖以安身立命的根本。国内咨询公司应该不断积累咨询实战经验，在咨询服务实践中结合我国企业的管理实际，加快对管理咨询理论、咨询服务方法和咨询技术的研究开发，建立自己的数据库、案例库[15]。

- 学习国外知名管理咨询公司的先进经验。国内管理咨询公司可以利用本土化优势与国外一些著名管理咨询开展业务合作，在合作的同时，可以取长补短，借鉴国外同行的经营理念、人才培养方式、市场营销手段、管理流程等，以力求自身的不断发展和完善。

- 适时鼓励管理咨询公司间的兼并与重组。新经济时代，企业的兼并与重组是大势所趋，咨询行业也不例外。现代咨询业要求规模的扩大，例如合并后的普华永道公司在全球 150 余个国家拥有 800 余个办事处，堪称咨询业界的旗舰。“如果中国咨询业形不成产业规模，在国外强势咨询机构的包围中永远只能小打小闹。中国咨询业要走连横合纵之路，才能找到相应的生存空间”[16]。北京新华信管理咨询公司兼并北京南洋林德投资顾问有限公司，为中国咨询公司间的兼并开创了先河。

- 加强知识管理。知识在管理咨询业中既是资源又是产品，是管理咨询公司的立足之本、服务之源，是决定管理咨询公司经营成功的重要因素，因此知识管理也就成为管理咨询公司提升核心竞争力的必由之路[17]。

- 实施人才战略。国内管理咨询公司应当建立一套能够培养人才、吸引人才和留住人才的管理机制。如提高员工的薪资福利待遇，加强员工间的业务交流，对员工实施人性化管理，建立底蕴深厚的企业文化。

- 本土化咨询战略与开拓国际咨询市场。国外知名管理咨询公司，虽然有着强大的人才资源优势、雄厚的财力和丰富的实战经验，但是它们进入中国后却或多或少出现了“水土不服”的症状，如麦肯锡兵败实达、乐百氏。因此，国内的管理咨询公司应该抓住国外咨询公司本土化速度较慢的大好时机，实施本土化战略，突出自己的本土优势。和君创业研究咨询有限公司的高级合伙人包政就曾经说过：“和君创业拥有中国本土一二十年的咨询经历，对中国企业发展规律了如指掌，就像熟练的驾驶员对着方向盘，创意则基于你对企业的理解和文化教育的把握。没有这个东西，你把一帮哈佛 MBA 毕业生弄到咨询公司来也没有用”[17]。

- 创建品牌。我国的管理咨询公司在发展过程中应该注重创建自己的品牌。就客户而言，他们更加倾向于那些有较高知名度和信誉度的咨询公司，而品牌效应的直接作用便是可以大幅提高企业的知名度和美誉度，所以打造自己的品牌，是我国管理咨询公司和广大客户建立良好联系的纽带。

4 结 论

总体而言，目前我国管理咨询市场的发展现状是：①管理咨询的市场渗透正在逐步增长，大型企业的咨询需求欲望渐强，但中小型企业的管理咨询意识依旧淡薄。②内资、外资管理咨询公司机构并存，且均存在优胜劣汰的竞争压力。国内管理咨询公司机构的实力相对较弱、规模较小、业务额和市场份额较少，但从业人员和咨询公司机构的数量较多，相对熟悉本土客户的咨询习惯和企业文化，且咨询费用较低。外资管理咨询公司机构的实力较强，业务量和市场份额较大，人才的培养选拔聘用体系更为系统，更易承揽大型企业的重大咨询项目，但是本土化进程较慢，咨询费费用较高。③管理咨询的市场环境有待进一步优化。虽然在经历了近30年的发展后，我国管理咨询行业初具规模，但我国依旧缺乏完整的管理咨询市场监管体系和行业标准，缺乏可用来规范咨询供给双方权责及交易行为的法律、法规或章程制度等。

截至目前，在我国还没有形成一个成熟完善的管理咨询市场。面对着激烈的市场竞争和潜在的庞大的市场，我国的管理咨询行业正处在一个机遇和挑战并存的、不进则退的关键时期，所以笔者认为很有必要对正处于此重要发展转折期的我国管理咨询行业，进行一次科学全面的剖析，找出症结，并制定相应的解决办法和发展策略。

参考文献

[1] 陈芳．管理咨询业的发展历程及其动因分析．科技情报开发与经济，2007，17(1)：82－84.

[2] 朱丹．我国管理咨询业发展的若干问题及对策．图书馆学研究，2005(4)：99－101.

[3] 焦玉英．管理咨询基础．武汉：武汉大学出版社，2004：50－113.

[4] 曾庆学．中国管理咨询产业发展的分析．[2010－03－20]. http://www.mie168.com/manage/2003－10/65845.htm.

[5] 赵民，高珊，杨力．2006年度中国管理咨询行业市场发展报告．[2010－03－20]. http://blog.sina.com.cn/s/blog_43a00a0901000au6.html.

[6] 马功兰，左雪梅．点击外国政府对咨询业的支持．情报理论与实践，2005，28(2)：166－168.

[7] 刘汉英．我国管理咨询业的发展对策研究．商场现代化，2006(2)：58－59.

[8] CNNIC. CNNIC首推网络统计真标准．[2010－03－20]. http://

www. cnnic. com. cn/daily/199809/1. shtml.
[9] 夏东川，敖龙．论我国管理咨询业的现状及未来发展方略．现代情报,2005(7):25 - 27.
[10] CNNIC. 第15次中国互联网络发展状况调查统计报告．[2010 - 03 - 20]. http://www. cnnic. com. cn.
[11] NetIQ. GeoTrendsDatabase. [2010 - 03 - 20]. http://www. netiq. com/support/wrc/geotrends. asp.
[12] 焦玉英，陈芳．我国管理咨询业的竞争环境与发展策略研究．情报科学,2006(4):481 - 484.
[13] 罗纪宁，卢泰宏．中国管理咨询业市场的发展与对策．南方经济,2001(1):62 - 65.
[14] Ke H R, Kwakkelaar R, Tai Y M, et al. Exploring behavior of E - journal users in science and technology: Transaction log analysis of Elsevier's ScienceDirect on Site in Taiwan. Library & Information Science Research, 2002, 3(24):265 - 291.
[15] 曹筱春．浅谈我国管理咨询业的发展．价格月刊,2006(2):10 - 11.
[16] 桂林．管理咨询业迎来春天．经济世界,2002(5):32 - 34.
[17] 王娜，焦玉英．发展我国管理咨询业的对策．情报科学,2004,22(3):374 - 377.

作者简介

车　尧，男，1982年生，博士研究生，发表论文7篇。
王广宇，男，1975年生，博士研究生，发表论文多篇。
张皓月，女，1991年生，发表论文1篇。

第八章　CCId 及其对国内网络出版产业链调整的影响研究

第一节　CCId 对国内数字出版产业调整的影响及策略研究*

1 前　言

1.1 国内数字出版业呈现的新特点

进入“十一五”以来，国内数字出版业主要呈现出以下新特点[1]：①产业不断融合，出版物生命周期延长；②数字出版模式不断涌现，手机出版势头迅猛；③数字移动终端技术不断创新，用户的移动阅读习惯正在养成；④从“内容为王”到“产品为王”；⑤数字内容在线支付需求日趋上升，促使产业盈利模式初见端倪。

1.2 国内数字出版业的发展中的问题

目前我国的数字出版虽然相比传统出版有了很大的进步，但相对来说还处于探索阶段，没有完全形成自己的模式。首先，国内数字出

* 本文系《图书情报工作》杂志社出版基金资助项目“CCId 及其对国内数字出版产业链调整的影响研究”（项目编号：CB201009）研究成果之一。

版具有散、小、多的特点[2]；其次，如何制定我国数字出版的统一标准制式、实现数字出版标准化也是亟待解决的问题之一；再次，由数字出版带来的更多关于版权保护方面的问题日益突出；第四，我国数字出版业的盈利模式初见端倪，但产业盈利格局尚不明确，利益分配存在难以调解的问题。

国内出版行业在面临着各种尴尬和问题的同时，也希望借此机遇打破僵局，由此，数字复合出版应运而生了。

2 数字复合出版

数字复合出版指内容的全媒体出版，它包括对一份内容用多种符号（多种文字、语言、图形、影像）复合表达、用多种媒体复合表达（视觉、听觉）、用多种传播载体复合表达（纸、光盘、磁盘、集成电路）、用多种传媒形态（报纸、期刊、音像制品）复合表达、用多种显示终端和制作技术复合表达等多个方面，也包括传统出版全流程数字化并生成各种传统出版载体需要的形式和格式，还延伸到内容数字化后的“结构化加工、数据库存储、有线或无线网上传播、手持终端读取”这类新的出版服务方式。后者的突破打破了单作品传播格局，可把作品分解后再聚类传播，实现按需服务[3]。

数字复合出版模式是出版业的新概念，考察数字复合出版的模式和流程，中文内容唯一标识符（CCId）在其中具有重要地位，将对数字出版格局的变化产生重大影响。在数字复合出版式模式下，数据录入/内容加工、远程编审、内容管理、标识注册、内容呈现、版权保护、多渠道发布等过程，均需 CCId 贯穿始终。这种出版业的服务新概念也会导致现存出版传播格局的变化，必然衍生出按需服务的出版新业态。

3 CCId 对于国内出版业的影响

在数字复合出版的新战略下，数字内容唯一标识符将贯穿于数字复合出版整个流程，出版企业数字内容生产方式、运营模式、管理方式等发生了革命性的变化。面对这些变化，传统出版产业如何以CCId为线索，从经营模式、内部管理模式、盈利模式等多方面入手，完成自身的整合，彰显自身的核心价值，是每个出版业从业者需要思考的内容。

3.1 出版机构经营模式的改变

数字出版正在成为出版业的主流发展趋势，各传统出版社也都在积极思考如何利用自身资源优势来发展数字出版。传统出版业要想成为数字出版中的主体，就必须坚守数字出版产业链中以内容为主导地位的思路[4]。传统出版产业链与数字出版产业链的最主要的区别在于数字出版需要依靠技术支持和网络化的传播渠道，对于大多数出版社来说，很难花费大量经费用于技术支持；而其最大的优势就在于丰富的内容资源。总的来说，目前数字出版的经营有以下3种方式。

3.1.1 传统出版社直接转型主导

就是说传统出版社直接转型进入数字出版领域，通过对内容资源数字化处理并对其进行深度加工、分类管理，建立统一的数字化内容资源数据库；对整个出版流程进行改造，包括数字化内容的生产加工及其包装、销售，形成一系列完整的数字出版产业链。此方式的优点在于一步到位，算得上是“一劳永逸”，但转型过程需要消耗巨大的人力、物力以及财力，中小型出版社往往不易做到，大型出版社也需要谨慎操作和不断改进才能实现。

3.1.2 传统出版社与相关技术商合作

此种方式就是利用传统出版社高质量的数字内容资源和相关网络服务商熟练的数字网络技术共同进行数字出版，看起来是属于强强联合，实现了优势互补和资源共享，但是在经营中往往涉及到利益分配问题，各方利益难以得到保障。

3.1.3 其他行业直接进入

即负责数字出版的公司没有专业出版的背景，只是认为此领域有利可图而参与。这些公司大都有技术优势，它们利用技术上的优势降低了出版的成本，简化了出版流程，但是缺乏对出版市场秩序的认识以及丰富的内容资源，使得其只能在外界载体和技术上寻找突破，致使内容资源短缺且质量不高，使得数字出版无法形成长期的良性循环。

综上三种经营方式，无论以哪一种方式单独进行都会困入一个僵局，并且任一种方式都需要数字唯一标识符系统的标准和规范才有可能实现。最理想的模式就是各大中小型出版社之间进行合并，并与相关技术商之间进行“再重组”，形成跨媒体、跨行业的“再集团化”的出版集团。而这其中必须有数字唯一标识符对数字出版产业链的运行起到一种标准规范以及保障的作用。在数字复合出版模式下，数字学术资源内容特别是新的网络环境下的多维网络论文、数字复合资源等学术资源的普及将改变学术内容的出版、传播格局。而这其中，中文内容标识符 CCId 将是这一改变中的隐形主线。同样，数字唯一标识符的建立对促进传统出版产业向数字出版产业转型有着十分重要的意义。

3.2 出版机构盈利模式的改变

国内数字出版业赢利模式被归纳为五种商业模式[5]。内容提供商对自有内容资源的保护日趋重视，使得很多内容难以进行数字发行；技术提供商则在自主研发新的数字出版技术和阅读技术上下足功夫，大有形成技术垄断的局面；而电信运营商方面也在想方设法地不断提高自己的利润比例。产业链的不完整及其专业化分工不足，是目前国内数字出版赢利微薄的主要原因。要建立一条完整的数字出版产业链，其关键就在于对各环节利益的分配。由于涉及利益分配的销售数据不透明，存在不合理、不透明的分成比例和分成模式，缺乏具有公信力的第三方监控，很多作者对于是否授权网络出版抱怀疑态度。同时，由于数字出版管理模式、防伪、保密、版权保护等问题尚未得到彻底解决，在一定程度上导致了数字出版产业链断裂[6]。

数字内容唯一标识符的建立恰恰是解决这一问题最有效的方法。

利用其工作机制使标识符成为数字内容的一部分，并始终与该数字对象共存，同时在注册中心数据库进行登记和永久保存，通过解析机制，实现标识符与源数据的链接[7]，不仅可解决数字资源的版权保护、防伪等问题，同时 CCId 的监管机构可以对此过程进行第三方监控，使数字出版过程中的任何行为都变得透明。解决了数字出版的利益分配问题，就保障了数字出版的良性发展，对于数字出版盈利模式的建立也起到一定的促进作用。未来的数字出版应该有五种基本模式，即版权赢利模式、用户创造内容模式、专业服务模式、增值服务赢利模式和联合经营赢利模式[8]。在 CCId 的协助下可以使得盈利模式变得更加成熟，而数字出版的赢利模式是否成熟，决定着出版单位在数字化的道路上能走多远。

3.3 出版机构内部管理的改变

传统出版产业链向数字出版产业链的转变决定了出版过程内部人员与管理也发生了巨大的改变。数字出版的传播模式是以多载体形态和内容，根据记者需要来进行组合[9]。这就要求出版社之间及其出版内部管理都需要进行相应的改变。

3.3.1 出版社之间

互联网信息服务时代，服务是需要知识共享、聚合的。因此，出版社之间加强规范建设、对规范知识的提取，注重出版信息共享与利用是必需的[10]。如此必然会出现大量的数据交换，这就需要一个统一的标准来规范数据的格式。同时，为了在出版机构间传送过程中确保数据内容的正确及版本一致性，CCId 对数据保护有着很好的作用。

3.3.2 内容管理

数字复合出版中要求可以同一内容多渠道发行、同一内容多载体出版、同一内容不同时间、地点印刷等。另外，多人协作编辑也是数字内容上的一种动态管理，要求多人在单一的数据源上同时进行编辑，并且每次更新都会有相应的记录。这样当出现异议时，就能够第一时间找到相关人员。而 CCId 的动态维护特性就能够很好地对这一问题提供解决方案。

在当前数字复合出版大潮下，如何保持出版业的主体地位，值得每一个出版人深思。复合出版模式将传统出版与数字出版融于一体，如何以 CCId 为纽带，重建传统出版社的主体地位，如何体现其“内容为王”的核心价值，值得思考。

4 基于 CCId 的数字出版产业调整策略

按照数字复合出版系统工程的总体方针，应当最终形成一系列数字复合出版标准规范，开发一批具有自主知识产权的技术产品。如果能基于 CCId 建立复合出版模式出版内容注册平台，建成一个高效的政府对于出版业的监管平台，则可以提供政府对出版监管的新的手段。

以 CCId 为主线，实施如下策略，来形成覆盖各个出版领域的数字复合出版基地，促进现有出版行业的转型，整合形成跨媒体数字出版示范企业。

4.1 变以出版机构为唯一的源头为出版机构与作者并重

出版机构讲求创新选题，追求产品内容的独特与唯一，然而“先授权，再使用”是数字出版无法逾越的障碍。因此可建立基于 CCId 的注册机制，当作者与出版机构签定授权协议后，由出版机构根据协议内容注册元数据，包括权益问题，是否 OA 或 OA 的时限等[11]。同样，作者对自己的作品也可进行注册，注册内容同样包括上述内容，并且包含是否允许多家出版机构出版经营该作品。比如：手机版内容由谁经营？印刷版又由哪家出版？等等。从而保护创作积极性，拓宽出版社作品入选渠道，增加对同类或相似作品的比较与鉴别。长远下去，利于知识的创新，提升出版物的质量，利于国家从出版大国向出版强国发展。

4.2 整合过程中基于 CCId 实现规模化与多元化并重

国家加大了出版企业规模化经营的政策支持力度，目前已经正式批准建立上海张江、重庆北部新区、杭州国家数字出版产业基地，建设由内容原创、版权交易、终端服务 3 个核心部分组成统一平台，并将动漫出版业、数字化创意内容产业、策划服务业作为基地第一阶段主要发展项目。整合过程中，以 CCId 为主线，实现“一次制作，多元发布”，提高了采编效率，降低行业运行成本，开辟出版新业态，实现国内数字出版业的产业整合，形成规模化经营，打造未来的“出版航母”[12]。在规模化的同时，还应注意避免形成新的垄断。垄断形成的一统天下的出版格局能为企业带来暴利，但不利于整个行业的健康发展，且会影响对知识的创新与科技的进步。因此国内在数字出版业产业调整时，应考虑到同一行业或同一类型的出版集团要有相应数量的多元化企业，才能形成良性竞争。未来多元化企业的经营模式及现存的国内数字网络集成平台的状况，使得必然存在同一数字内容的多个复本并存现象。这种情形下，CCId 必然承担重要的角色：对于网络支付、信息监管、第三方评价将起到基础支撑作用，因此在数字唯一标识符的催化下，以中文内容唯一标识符为支撑，借助市场手段，以资本为纽带，以产权制度改革为突破口，各出版社之间及相关产业之间进行联合或重组、并购，走向规模化与多元化并重的出版业整合之路，促进国内出版业健康发展。

4.3 团队审稿与在线评论催生的“先发表，后评议”的出版模式

数字复合出版系统工程将规范全行业的数字出版流程，同时统一平台为作者与读者的在线勾通建立桥梁，实现知识的聚类、共享与重用。一方面，可提高专家审稿远程在线操作的效率，并使审稿专家团队实现共享，大大增强审稿的针对性，有效提升审稿效率与质量。另一方面，新技术平台起点高，能够实现读者的评论信息结构化，在国内统一平台上方便地共享，并能将相似观点的读者评论聚类，方便读

者之间的交流，加速知识的传播。“中国科技论文在线”的专家审稿、读者评论内容挖掘模式为“先发表，后评议”的出版模式做了有益的尝试。在这种模式下，充分考虑同一行业或同一类型的出版集团的审稿专家的共享，对同行或读者在线评议的数据挖掘与聚类共享，可以：①以 CCId 为前提，有效避免“一稿多投”现象；②审稿专家意见的共享可以有效地降低出版机构的审稿成本；③同行或读者在线评议数据挖掘与聚类共享，能够使出版机构较好地预测某一数字内容的用户关注度及可能产生的社会效益或经济效益，降低出版机构的风险；④专家审稿意见能加深作者对问题的认识，长期来讲有利于促进知识的创新；⑤专家审稿的半公开，同行或读者的公开在线评议能有效提升作者对于作品质量的责任感，这可能也是当前提升国内作品国际声誉的有效途径。

国内在数字出版业产业调整时，以 CCId 为基础，推进“先发表，后评议”的出版模式。在该出版模式下，每一个作品在网络发表时分配 CCId 码，审核修改后正式出版时仍用该码，这样作品的不同版本间均可以呈现，便于读者、作者、出版者间形成知识沟通的网络平台，才能保持形成良性竞争，促进产业链中各方的良性发展。

4.4 基于 CCId 的版权保护与在线支付平台的监管，促进 B2C 商业模式的繁荣

“先授权，再使用”是数字出版无法逾越的障碍。版权保护及在线支付的缺失，使得内容供应商谈 B2C 色变。基于 CCId 机制，版权保护与在线支付平台的建设与监管成为必然的方案。在数字复合出版中出版社从作者处获得授权，或是作者在注册时进行的授权，打通了版权通道。而在知识的传播、网络支付过程中（或称为信息交换）包含了许多权利的转移，包括知识产权的转移、互联网的授权、DRM 授权的转移等。著作权法里有规定，未经著作权人同意不可以滥用技术保护。因此，无论是被应用到复合出版中的数字图书馆的相关技术还是部分数字图书馆的功能，均要符合法律规定。这就要求充

分发挥 CCId 的纽带作用，在注册 CCId 时，就要进行版权认定，即只有拥有版权的个人或机构才能进行注册，注册后，版权保护中 CCId 与 DRM 结合，保护注册后的作品权利人应用的权益。同理，在线支付平台中，CCId 对于与数字内容的在线交易中的权利转移能提供可行的解决方案[12-13]。

基于 CCId 的版权保护与在线支付平台的建设与监管，无论对于数字内容的超级分发者还是对于最终使用者，对网络上的合法的数字内容分发链条上采用 B2B、B2C 等多种商业模式的情形中参与者、使用者的付费机制得到保障，并能够成为监管部门执行监管的依据。这样使现行的数字内容 B2B 交易方式得到拓展，使 B2C 成为可能，并逐渐繁荣[14-15]。

4.5 基于 CCId 的数字内容细颗粒加工，拓展其他的利润模式

数字复合出版系统工程将规范全行业的数字出版流程，实现“知识标引、多重应用”。知识标引使得基于复合出版中细颗粒的数据加工，未来规模化的出版社将成为知识提供者，出版社、图书馆和读者都可以组合选择各种部件，创作者、服务者和生产者均能得到更细质、优化的服务[16]。内容资源是出版产业的源头活水，对其进行储备和再利用，则更能显示出内容产业的独特优势。在整合、管理、应用数字内容资源后，通过对出版者进行相关软件培训，建立和实现书、报、刊等传统内容与网络版、手机版等新媒体的互动性，可以发展成为该类图书出版、教学软件开发、教学流程管理、在线考试测评为一体的大型教学信息服务供应商。通过数字内容的细颗粒加工，使原有的内容具备某领域的专项功能，产出某种附加值的产品。在这方面，圣智学习、培生教育已成为国内相关企业可参考的模式。

5 结 语

基于唯一标识符是出版机构对数字内容管理、组织及长期保存问题的必然手段[13,16]，为资源内容的集成出版或跨领域多模式新产品的出版提供可以有，为出版机构带来新的利润增长点。

中文内容标识符 CCId 将是数字复合出版模式下的关键因素，是内容采集、在线编审、内容管理、长期保存、版权管理、在线支付等流程中的主线。沿着这条主线，将催生新“先发表再评审”的出版模式，促进 B2C 商业模式的繁荣，也将是数字出版业建立规模化与多元化并重、内容与作者并重的产业调整中的隐形主线[14]。

参考文献

[1] 孙寿山．加快新闻出版产业发展方式转变推动数字出版业又好又快发展．出版参考,2010(22):13.

[2] 吴江文．2009 年数字出版研究综述．中国出版,2010(3):35 -38.

[3] 左健,复合出版与传统出版社数字化转型．中国出版,2010(8):44 -48.

[4] 任瑞娟,米佳,濮德敏．建立中文内容唯一标识符规范研究．图书情报工作,2010,55(10):14 -18.

[5] 严定友．传统出版社数字出版模式设计原则．中国出版,2009(6):44 -46.

[6] 李红强．数字出版商业模式探析．编辑之友,2009(3):21 -23.

[7] 张文豪．数字出版赢利呼唤产业链的专业化分工．出版发行研究,2009(11):14 -15.

[8] 张旭．DOI 在学术出版产业链中的应用研究．数字图书馆论坛,2007(10):5 -10.

[9] 刘灿姣,姚娟,刘治．对数字出版新的商业模式的探讨．出版发

行研究,2009(9)63 - 66.
[10] 孙卫．数．复合出版工程介绍．http://202.114.9.60/dl6/pdf/20.pdf.2009 - 8 - 28.
[11] 孙卫,凌锋,张秀梅．数字复合出版的用户需求分析．出版与科技,2009(12):55 - 58.
[12] 任瑞娟,孙玲玲,赵然.DOI 在电子商务诚信机制中的应用研究.情报杂志,2010(2):135 - 138.
[13] 任瑞娟,刘丽斌,濮德敏,等．中文 DOI 路在何方？——从参考文献著录与 DOI 的关系探讨中文数字对象唯一标识符的发展方向．中国图书馆学报,2010(2):115 - 121.
[14] 任瑞娟,濮德敏,张寿华,等.CCId 对国内数字出版业的作用与价值研究．图书情报工作,2011,55(10):10 - 13.
[15] 任瑞娟,刘丽斌．建立国内中文内容唯一标识符规范的必要性探析.[2010 - 09 - 12].http://www.paper.edu.cn.
[16] 任瑞娟,孙玲玲,赵然,等.DOI 在网络信息管理中的应用价值分析．情报科学,2010(8):1143 - 1146.

作者简介

任瑞娟，女，1970 年生，研究馆员，部主任，硕士生导师，发表论文 20 篇。

王　会，男，1956 年生，教授，社长，硕士生导师，发表论文 20 篇。

窦建爽，女，1981 年生，硕士研究生，发表论文 3 篇。

米　佳，男，1976 年生，馆员，发表论文 5 篇。

第二节　CCId 对国内数字出版业的作用与价值研究*

1　唯一标识符在国内外应用状况

目前美欧等正式出版网络期刊论文有 70% 已加入到 DOIs（The Digital Object Identifier System，简称 DOIs，文中特指美欧唯一标识符系统）注册与解析，而且唯一标识符，即 DOI（The Digital Object Identifier，简称 DOI，泛指数字对象唯一标识符，非美欧 DOI 系统）的应用还涉及了正式期刊以外的其他文献类型，包括网络上可自由获取的科学数据和政府文件等[1]。同时，日本也在 DOI 的基础上自己研发出基于内容的数字唯一标识符系统 cIDf（Content ID Forum，简称 cIDf，指日本内容标识符论坛建立的内容唯一标识符系统）。考虑到知识产权付费及国家信息安全等因素，国内多数研究者及版权管理机构倾向建立中国自己的唯一标识符体系，鉴于 DOI 已被注册，不能随便使用，因此国内先前一些文献或标准中对中文数字对象唯一标识符的表述（多称为 CDOI、ChDOI、CHIDOI 等）均不能再使用，因此本文对中文内容唯一标识符体系表述为 CCId（Chinese Content Identifier，简称 CCId，笔者主张建立国家层面的中文内容唯一标识符系统）。这是一个参考了美国 DOIs、日本 cIDf 的数字唯一标识符框架体系，该体系下数字唯一标识符应该能够与国际主流的唯一标识符之间进行自由转换和对接，以实现其应用范围的扩展和面向国际化的标准。

---

* 本文系《图书情报工作》杂志社出版基金资助项目“CCId 及其对国内数字出版产业链调整的影响研究”（项目编号：CB201009）研究成果之一。

2 国内数字内容网络管理现状及问题

- 国内目前没有建立一个单独的平台，用来以一种安全的方式投递数字内容并给权利所有者补偿。通常，一旦数字内容在网络上是可获取的，就可能无损地被拷贝并再分发，更重要的是，这些数字内容可能是未从权利所有者那里取得合法的授权，也没有给权利所有者适当的利益补偿。

- 国内现存的网络环境中，对于最终使用者并没有一个有效的付费机制，并且对合法的数字内容分发链条上所有参与者也没有解决付费机制。即使数字版权处理较好的方正 APABI 平台，也只是基本解决采用 B2B 的方式，也还没有形成 B2C 成熟的商业模式。

- 国内目前没有用来决定数字内容消费者是否被允许处理、修改或改编所收到数字内容或通过何种途径拥有这样的权利的有效机制。

- 国内还不存在能够唯一定位数字内容的机制，即通过文中参考文献、科学数据或多维数字资源中的程序、视频、动画等某一部件，在不同的数据库平台之间链接而获得原文之间的关联。

国内数字出版目前面临很重要的转型期，2009 年国务院通过《文化产业振兴规划》，新闻出版总署陆续启动数字复合出版系统等 4 个工程。数字复合出版系统工程将产生一系列技术、产品、文件、交换和服务的标准或规范，一系列出版工具或制作平台，还会产生各种类型的若干批示范性的全媒体出版物[2]。数字复合出版模式将对国内数字学术资源的传播、管理与评价等带来巨大影响。

综上，上述这些问题的解决对国内数字出版领域提出了较高的要求，又恰逢国内数字出版的发展的转型期，新的标准的提出及建立将为问题的解决产生巨大作用，这其中中文内容唯一标识符将发挥决定性作用[3]。

3 CCId 在数字内容管理中的角色

CCId 是为数字内容包分配的唯一标识符（无论包含一个或多个数字内容条目），被称为“数字内容 ID”。“数字内容 ID”通过水印或其他技术的使用将永久地与数字内容关联。这种“数字内容 ID”与数字内容包的永久的关联将提供更多的深远的利益给所有的数字内容分配链条的参与者。特别是在以下几个方面[2]：

- 注册登记机制，实现权利核实。通过注册登记，确定作品的许可权限及付费等信息。它将明确权利并许可一个数字内容包的消费者享受该数字内容包成为可能，成为权利核实的唯一标识。
- 版税或免费许可机制。它将使权利所有者收到适当的补偿成为可能，无论他们的数字内容条目以任何方式通过一个分布的数字内容包被采用，都可以成为版税缴纳或免费许可系统的操作标识。
- 分配机制。它将提供一个能够使数字内容集合自动分配给其下数字内容一个唯一标识而确保此标识被其他机构或数字内容使用。
- 评价鉴定机制。它将提供通用的鉴定机制，这种机制能够检索到与参考文献所链接的元数据所关联的被定位于不同数据库中的全部数字内容包，是实现平台间的链接的核心纽带。

这样，内容 ID 将帮助打消使版权所有者考虑是否允许他们的数字内容通过网络分发的顾虑。因此，它将使高质量的数字内容通过网络可快速获得，并促进一种新的商业类型——“数字内容贸易”的形成。数字内容贸易通过内容 ID 的广泛使用而变得容易，在不久的将来它将会变成一种主要的税收产业。

在数字唯一标识符的催化下，国外出版业的整合与并购已经或正在进行[3]。虽然，我国目前还没有公开自主研发的数字唯一标识符体系，国内的期刊网络出版也还不是真正意义的网络出版，但唯一标识符系统对于数字出版业的影响是毋庸置疑的。尤其是 CCId 作为结合了美欧 DOI 和日本 cIDF 的数字唯一标识符框架体系，对于我国数字出版的发展必然有着深刻的作用和影响。

4 CCId 在数字出版中的作用与价值

最早的数字对象唯一标识符（DOI）是以 Handle System 解析系统为技术支撑研制开发，其目的是为了解决互联网著作权和版权所有者商业利益，为数字化出版物内容实体提供唯一、持久和可靠的识别，为支持出版商与用户之间各种系统的相互转换以及版权与使用权之间的协调管理提供基础。日本虽然自主研发了 cIDf（Content ID Forum），但也是基于全球化体系标准，并将各个数字内容赋予唯一的著作权识别符，即 Content ID。其目的同样是为了给著作权所有者创造出一个低成本、安全的数字内容流通环境，并通过对数字内容服务业务的创新，从而促进信息、通讯以及传媒业的发展，提高数字化艺术、文化、学术作品的质量和传播效率。

CCId 是一种基于内容的唯一标识符管理模式，可以为数字文件分配一个唯一的标识符，这个标识符是根据数字文件的内容而生成的，对授权为 OA 的作品只分配一个唯一标识符，对有版权保护的作品，通过水印或其他技术将唯一标识符和数字内容永久关联，是一种把内容和标识符融为一体的管理模式。同国外 DOI 系统一样能实现具有永久指向、动态维护、实现一对多的路径、支持标准化研究、保护著者版权等功能[4]。

4.1 促进统一的数字出版物标准制定

数字出版物如果没有统一的格式和标准，那么不同公司的数字出版物就需要用户使用不同的阅读器或软件，对于用户来说无疑是一个很大的不便，同时，对于各家出版商来说，也是一件复杂且浪费资源的事情，同时也使得阅读成本只升不降。目前，国际上使用最广泛的数字出版格式是 Adobe 公司的 PDF 格式。数字出版行业技术标准的缺乏，使得数字出版物的兼容性、便捷性大打折扣。因此，统一数字出版物标准的问题就必须尽快解决。

目前国外的标准化体系相对比较完善，如 ONIX 标准系统，最初主要用于传统图书的在线信息交换。ONIX 图书在线信息交换标准由 XMLSchemas、DTDs、code lists（代码表）和 user documentation（用户指南）系列标准组成，而后又针对期刊、图书馆和注册标识符（ISBN、ISSN、DOI）开发了不同的在线信息交换体系，形成了整个出版产业链条的标准体系[5]。DOI 标准系统则是以编码规则、解析系统、元数据框架和管理体系等相关标准相互支撑构成的标准体系，用来解决数字出版物的出版商与其用户之间各种系统的相互转换[1]。

国内中文内容唯一标识符 CCId 既是可以促使数字出版物有一个统一的标准来规范其格式，使出版商之间或与用户之间能够实现数据的自由转换，也为国内出版行业形成一套完整的标准体系打下基础[6]。其在数字复合出版标准化建设中的作用，如图 1 所示。

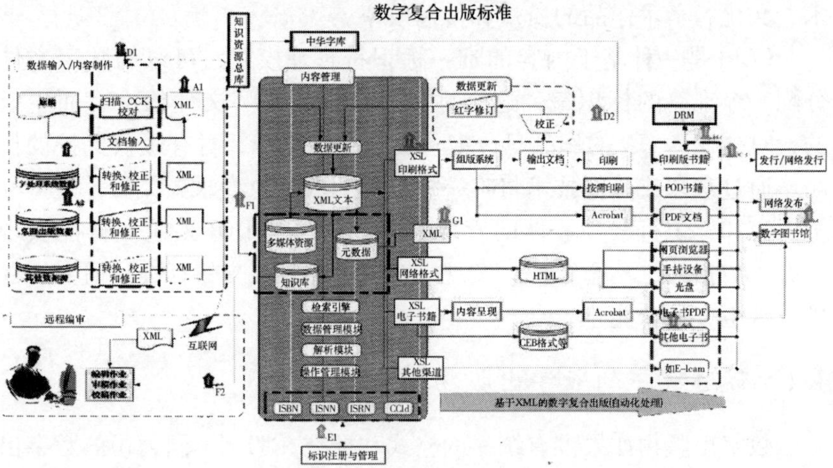

图 1　数字复合出版标准

4.2　CCId 与 DRM 结合解决知识产权保护问题

自互联网在我国发展和普及以来，只有在 2000 年颁布的《互联网信息服务管理办法》、2002 年制定的《互联网出版管理暂行规定》

及2006年的《互联网传播条例》是对数字网络知识产权有所规范的几部律法。不管是从其对数字出版的保护力度还是保护领域来说都不能够满足数字出版业的要求。很多学者都认识到版权保护对数字出版业的重要性，其中刘灿姣、黄立雄认为："版权保护的不健全，导致盗版泛滥，市场秩序混乱，严重影响数字出版产业链的健康发展。原因有三：①出版社为了保护传统出版业的利益不愿出售数字化版权，形成数字出版产业链可开发资源不足；②数字内容出版商担心投资收益的风险，数字出版动力不足；③读者的消费观念受到严重的冲击，不愿意有偿购买正版的数字产品而寻求免费利用的捷径，或者直接不利用，导致正版数字作品消费不足，整个产业链陷入恶性循环[7]。因此，从本质上说，没有版权保护，就没有数字出版产业链的健康发展。"CCId为数字化环境下的内容产品提供唯一和持久的标识符，同时通过对该内容产品的元数据的解析来对该内容产品提供详细的描述，有利于对数字环境下的内容产品进行检索和管理。因特网上进行传播和交易的作品越来越多，如电子书、在线收费电影、游戏等。随着学术研究与商业实践的发展，数字权益管理（Digital Right Management，DRM）现已成为业界的研究热点。DRM是指对数字化信息产品（如图书、音乐、图像、多媒体文件等）在网络交易、传输和利用时所涉及的各方权益进行定义、描述、保护和监控的整体机制，是数字化信息环境可靠运行和不断发展的基本保障之一。业界认为DRM与数字证书、身份认证、资源唯一标识符、权利描述语言等技术有关，但DRM的研究中表现出研究分散、标准众多、难以取得较大突破的现象。究其根源，是因为没有国家层面的唯一标识符。因此，DRM的使用必须依赖唯一标识符技术，才能更好地实现数字版权保护，因此中文内容标识符其价值不言而喻。

4.3 促进数字产品网络支付平台的建设与监管

数字对象唯一标识符主要应用在数字产品出版行业中，以CCId为基础，可以构建从数字产品生产方到数字商品购买者的电子商务产业链条，从源头上解决目前日益严重的网络诚信及数字产品的安全合法诚信使用问题[8]。

以 CCId 的注册登记机制为源头，实现版权许可的自动核实，分配的 CCId 码成为权利核实的唯一标识。CCId 与 DRM 相结合，生成 DCD（Distributed Content Descriptor，分布式内容描述体，是知识产权的子集，与数字内容一起发布），DCD 明确权利并以一种安全的方式投递数字内容，使许可一个数字内容包的消费者合法使用该数字内容包成为可能，并使权利所有者得到合法补偿。同样，权利许可中包含决定数字内容消费者是否被允许处理、修改或改编所收到数字内容或通过何种途径拥有这样的权利。无论对于数字内容的超级分发者还是对于最终使用者，对网络上合法的数字内容分发链条上采用 B2B、B2C 等多种商业模式的情形中参与者、使用者的付费情况等。这能够成为监管部门可监管的依据。

4.4 有效解决信息失真问题

网络环境下，信息资源得到空前发展，其类型繁多，形式多样。由于网络信息资源内容的系统性还较差，各类信息资源处于庞杂和无序的状态，人们对其整体状况难以把握，检索网络信息犹如大海捞针，致使绝大多数网络信息资源处于未被发现和利用的状态；况且，在整个情报过程中，存在着各种各样的选择，如信息源的选择、信息加工对象的选择、信息整合发布者、信息检索中的检索结果选择等[9]。在这一过程中，信息生产者、信息组织者、信息传递者和信息接受者位居各自的视角下审视问题，再加之信息传递系统本身的一些缺陷，造成信息在整个利用过程中或多或少地出现一些损失甚至失真，严重影响了网络资源的有效利用[10]。

唯一标识符在正式网络出版物、政府信息资源、科学数据中的应用，在这些信息资源的整个生命周期内都有唯一的标识符与之嵌套，信息使用者可以通过相关的信息平台查获得信息的真实性，可以有效解决信息失真的问题。

4.5 为学术文献提供全面客观中立的第三方评价

传统文献计量专家提出许多计量指标，如传统被引次数、影响因子以及近些年提出的 h 指数以及 g 指数、A 指数、R 指数、AR 指数等类 h 指数。但传统计量学学术评价只是针对单一的某个数据库中的资源进行统计。对同一内容在不同资源库中需多头统计、去重并累加，且同一内容往往只在学术资源库统计而忽视其在互联网上的使用与评价统计，再去统计互联网中的使用及评价要花费更高的成本[11]。Scopus 数据库的期刊评价新指数 SCImago Journal Rank（SJR）使用类似于 Google 网页和排名的 PageRank 算法，计算时给予来自高声望期刊的引用更高的权重，是一个同时衡量了期刊被引数量和质量的指标[5]。2009 年 1 月 18 日，PLoS（Public Library of Science ONE）推出"单篇文章影响力"，这些指标包括使用数据、页面浏览量、从 Scopus 和 CrossRef 获得的引用次数、社会网络链接、媒体报道、评论以及读者评分。这两个新的评价方式被认为是对汤姆森路透科技集团 Journal Citation Report（JCR）影响因子的挑战。汤姆森路透科技集团于 2009 年 1 月 22 日推出了 JCR 的增强功能，新增了两个评价指标：eigenfactor score 和 article influence score[12-13]。上述评价指标均是以对唯一标识符的解析量来作为引用次数、社会网络链接、媒体报道、评论以及读者评分的依据，而不是在某个数据库平台内进行，这克服了传统计量评价的不足。由此，以对标识符解析量作为学术评价指标数据来源是准确全面、客观中立的学术评价得以进行的关键。通过 CCId 多重解析功能可以获取全文的多种链接，包括参考文献链接与被引链接、文章纸质版中未排印的相关附件、作者的相关信息、相关主题的文章甚至读者的评论，等等。通过对网络文献的标识提高了被引用文献及其存储网站或数据库的学术影响力和认同度，才能够根据其引用与被引用的次数以及各种相关链接来提供一种客观的第三方综合评价。

4.6 数字内容永久获取，有效整合，实现知识挖掘

DOI是一种持久和可靠标识文献内容的识别符并通过相应的Handle解析系统，使标识符和文献信息源的物理地址建立永久映射。DOIs提高了网络信息资源的可访问性和再现率，可以保证即使所链接的资源的URL或版权所有者发生变化，用户仍能找到该资源，从而促进网络信息资源的传播与影响。基于著录DOI的参考文献，利用CrossRef系统的增值服务（forward linking），用户可通过原始文献点击链接到其引用的参考文献的全文，并有助于揭示知识的起源和学术的关联，提高网络文献的利用率，通过它文献检索的途径更简单、更直接、更省时，文献浏览的效率更高。

由于数字唯一标识符CCId同样具有唯一性、永久性、开放性、动态维护性、多项解析、动态追踪、版权保护等特点，才决定了数字唯一标识符在学术出版中的基础地位。作为在源头确定的唯一标志，CCId可以在学术出版各个环节的应用中，实现对数字对象的有效整合，促进数字资源的有效共享，并且可以保持版本内容在不同系统的一致性，通过与元数据的结合，实现对数字内容的整合与有效管理。数字复合出版模式下，CCId可作为规范组织、质量控制、长期保存元数据中的一个核心要素，CCId元素的作用包括从数字对象元数据创建和管理到存储在其他机构中。

CCId能唯一标识数字资源，并且检索到的原始文献相关度更好，现美国DOIs标识号体制被确认为美国国家标准（ANSI/NISO Z39.84-2005），成为参考文献标准中的必备项，即美国已将DOI其作为国家标准放在参考文献中，用于发现文献间的内容关联，实现知识挖掘，便于科学研究者发现文献间关联，扩大对网络资源的访问，增强资源的链接功能。同时，也通过对各种数字资源的互相链接，建立起了一个动态的、开放的、互动的知识链接体系，从而进一步实现网络知识资源的有效整合。

参考文献

[1] 程煜华．中国新闻出版业发展的新起点．数字图书馆论坛,2008(2):5-8.

[2] 蔡焰辉．我国数字资源唯一标识符的发展与应用研究．情报探索,2009(4):62-64.

[3] 任瑞娟等．中文内容标识符(CCId)的建立及其价值分析,2009.12.

[4] 赵蕴华．中文DOI应用现状及建设构想．情报理论与实践,2007(6):855-857.

[5] 张书卿．当前我国出版业标准化研究．标准科学,2009(8):8-12.

[6] 孙卫．数字复合出版工程介绍——图书馆的思考．武汉:2009.7.

[7] 刘灿姣,黄立雄．论数字出版产业链的整合．中国出版,2009(1):44-47.

[8] 赵星,高小强等.SJR与影响因子、h指数的比较及SJR的扩展设想．大学图书馆学报,2009(2):80-84.

[9] New impact metric. [2009-07-01]. http://www.the-scientist.com/blog/display/55343/.

[10] 米佳,濮德敏．特征因子原理及实证研究．大学图书馆学报,2009(6):63-68.

[11] 张晓林．数字对象唯一标识符技术．现代图书情报技术,2001(3):8-11.

作者简介

窦建爽，女，1981年生，硕士研究生，发表论文3篇。

濮德敏，女，1968年生，副研究馆员，发表论文10篇。

张寿华，男，1980年生，讲师，发表论文10篇。

杨敬伟，男，1970年生，副教授，发表论文10篇。

第三节 建立中文内容唯一标识符规范研究*

1 国内外数字对象唯一标志符现状

1.1 美欧 DOI 系统应用现状

The Digital Object Identifier System（简称 DOIs）是美国全国研究创新联合会根据美国出版协会的要求定制开发的系统，是 Handle System 在信息和出版行业的应用[1-4]，其建立的初衷是提出因特网环境下知识产权管理和保护的解决方案[2,5]。

1.2 日本的内容标识符

cIDf[6]（Content ID Forum，内容标识符论坛）于 1999 年成立，通过嵌入式内容标识符（Content ID）与数字水印技术来保护知识产权和数字内容权益。目前已有 180 多家机构加入其中。cIDF 以 Handle System 解析系统为底层支撑技术。日本 cIDf 起始应用于视频和图像，在规范中对 DRM（Digital Rights Managemet，数字版权管理）技术考虑得较为全面，实现了真正的数字权益保护。

1.3 中国台湾地区的 LIPS-DOI

台湾资讯处理系统实验室的准 DOI 系统，（Language and Information Processing Lab，简称 LIPS-DOI）是由陈光华教授于 2003 年建立的[7]。此系统讨论“数位物件辩识系统于中文资讯之应用”，使之与

---

* 本文系《图书情报工作》杂志社出版基金资助项目“CCId 及其对国内数字出版产业链调整的影响研究”（项目编号：CB201009）研究成果之一。

美欧 DOIs 接轨，成为在台湾地区使用的低成本的准 DOI 系统。LIPS-DOI 系统也是采用 Handle System 解析系统作为底层框架。

1.4 我国对数字对象唯一标识符的应用及研究现状

2007 年 3 月，北京万方数据股份有限公司联合中国科学技术信息研究所向 IDF（国际 DOI 基金会）申请成立了唯一的中文 DOI 注册中心，开展中文正式出版期刊及少量科学数据的 DOI 注册登记工作。中国内地截至 2009 年 12 月，系统中共注册 125 万余条 DOI，依内容种类统计如下：中华医学会杂志 119 种，精品科技期刊 323 种（件数 40 万），23 种是中国大陆发行的英文杂志[2]。

2 国内外数字对象唯一标志符系统评述

2.1 美欧的 DOIs 应用与研究评述

2.1.1 DOIs 单一解析功能已成功广泛使用，DOIs 多重解析功能仍在试验阶段

美欧等国的 DOIs 是给数字对象分配显性的标识码，在单一解析中，通过解析系统将显性标识码转换为数字对象实体的 URL 链接，以获取原文。单一解析已经广泛应用在引文与原文链接中[3-5]。DOIs 多重解析提供了更多的服务内容与诱人的前景，但目前多重解析功能仍处在试验阶段，主要面临两大问题：①DOIs 多重解析功能的技术实现草案和规模化应用方案的不成熟；②在 DOIs 解析过程中涉及到多种机构和团体，如何给不同利益体分配适当的权利与义务，使整个 DOIs 链条在最小的成本下发挥最大的效益是必须面对的问题[2]。

2.1.2 对知识产权的保护不能单独依靠 DOIs，对信息监管比较薄弱

DOIs 现在实行的仅仅是唯一标识符分配方案，即将唯一码授权给出版机构的每一个数字对象实体，并通过中间的解析系统进行跳

转。这可以提供从出版源头进行知识产权保护的方案，但并没有将DOI与DRM方案相结合[1]，完成真正意义的版权保护还需其他的技术。目前DOIs不能达到真正意义的版权保护，不能限定非法用户使用，也不能有效地防止信息内容被恶意篡改或偶然修改造成的信息内容缺失或改变等信息失真的情况。因此对信息的监管比较薄弱。

2.1.3 DOIs的单一解析在中国特定国情下实施困难

DOIs忽略了美欧与国内（指中国大陆）出版格局的差异，并且为此我国还需付出高昂的费用。因为美欧一些大型学术文献数据库商同时兼有传统出版商与网络出版商的双重身份，知识产权归属清晰，利用DOIs的单一解析功能就能方便地进行版权管理。国内的传统出版商和网络出版商是分属于不同的利益团体，DOI的注册与缴费是面向传统出版商，而使用DOI的最终受益者是网络出版商和数字资源的使用者，整个利益链条上的付出与回报不均衡，势必造成DOIs在国内推广的困难。此外，国内大部分期刊同一内容出现在不同数据库中的几率很大，DOIs单一解析指向哪一家数据库的页面必然存在不小的争议[2]。

2.2 日本cIDF规范评述

日本cIDf规范中通过DCD实现保护，如果数据是在DCD（Distributed Content Dessriptor，分布式内容描述符，是知识产权一个子集，与数字内容一起发布）插入后被人篡改过，就可以进行用户合法性的判断，从而达到版权保护的目的。此外，日本cIDf规范附录中还有对数字内容交易处理的流程，包括B2B、B2C、B2B2C等多种方式，可对现有的网络交易流程的各种形式进行信息传播、信息交易的监管，是一个值得研究和参考的标识符规范系统。

2.3 中国台湾地区的LIPS-DOI评述

LIPS-DOI系统最大特点是低成本的建设和维护费用[7]；采用Handle System解析系统，利于与美欧资源的整合；与DOI具有相同的功能，可以看成是 DOI 的兄弟，是个准 DOI 系统，从长远来讲有可能成为 DOI 在台湾地区的中文代理。

2.4 中国国内万方 DOIs 应用评述

中国内地的万方中文 DOI 系统，属于 IDF 的下属注册代理机构，永远要给 IDF 交费，在目前的形态下不可能与 DOI 处于平等的地位[9,14-15]。这种模式下，费用不但高昂且每年 IDF 有权利向上调整价格，同时考虑到国家信息安全等因素，更多的研究者及版权管理机构倾向建立中国自己的数字对象唯一标识符系统。

3 国内建立基于内容的中文数字对象唯一标识符规范必要性

3.1 国内网络信息现状对数字对象唯一标识符系统的需求

目前我国的期刊网络出版还不是真正意义的网络出版，上网全文必须等纸质印刷出版以后才能发行。而真正意义的网络发表科技论文却因没有获得类似 ISSN、ISBN 等唯一、公开、标准、公认的“标识身份”而得不到广泛一致的认可[15]；网络信息资源管理标准不统一给信息利用造成不便；信息监管问题亟待解决；网络支付成为知识产权保护中的重要环节。这些均需要唯一标识符的配合，不难看出在中国建立数字对象唯一标识符（Chinese Content Identifier，CCId）系统的需求已经毋庸置疑。

3.2 DOI 可能引发出版格局的调整，是否跟从美欧模式需时间检验

出版界人士认为 DOI 可能是引发国内外出版格局调整的因素，因此国内面对行业调整应全面客观地考察国内外情形，特别是非英语国家。德国的乌苏拉·劳腾伯格对德国及欧洲网络出版现状的分析[10]，国内出版界陈少华对中国、北美、欧洲以及亚洲其他国家等

出版业现状的分析[11-13]，不约而同地认为全球出版业的产业链调整势在必然[9-10]。DOI将对世界出版业格局改变产生重要影响，国内DOI走哪条道路的问题，不仅涉及到图书馆的管理与整合，更关系到国内出版界在世界出版业的席位问题。

综上分析，虽然万方的中文DOI已经成为全球仅次于CrossRef的第二大DOI注册中心，其前景似乎也很美好，但缺点是我国必须为此长期付出大量的注册费和使用费，并且关键技术掌握在别人手中，不利于国家信息安全。况且美欧的DOIs商业模式能否在我国很好地发展，尚需时间检验[2,8]。

3.3 中国内地网络信息资源管理对基于内容的唯一标识符需求强烈

国内相关部门信息管理与版权保护实施中对唯一标识符的呼唤。同时Web2.0的环境下，网络信息发布的来源和主题越来越自由和多元化，网络舆情监控与信息失真的问题日益凸显，利用数字对象唯一标识符跟踪监控数字内容、判断信息真伪的实际网络需求则更为强烈[14]。加强网络信息监管，净化网络信息环境，不仅是信息管理部门的需求，也是社会诚信机制建设的必然要求。随着电子商务产业的繁荣，使用唯一标识符技术可以从源头上解决目前日益严重的诚信问题。DOI不仅提升了电子商务行业的价值，而且还使用户及各经营主体从中受益，对我国的诚信机制建设将起到关键性的作用[14]。促进信息社会的健康稳定发展，进而有利于实现社会的和谐与进步，对数字对象唯一标识符需求强烈。

4 国内建立基于内容的中文数字对象唯一标识符规范可行性

尽管国外的DOIs与cIDF已经较为成熟，然而对于国内的数字对象唯一标识符系统发展方向还莫衷一是，但这些研究为基于内容的CCId规范的研究做了铺垫，提供了前期成果。

4.1 国内研究者的研究及主要观点

4.1.1 科技部“我国数字图书馆标准规范建设”项目

该项目之子项目“数字资源唯一标识符应用规范”基于 Handle System 开发唯一标识符系统[5]，建立了中国本土的唯一标识符（Chinese Digital Object Identifier，在该项目中简称为 CDOI）系统。该项目参考美欧 DOIs 从资源管理的角度探讨了国家图书馆唯一标识符系统。

4.1.2 中国新闻出版总署“数字对象标识符标准体系的预研研究”

该项目对被国际出版业广泛利用的 DOIs 进行重点研究，同时还分析中国出版界的技术情况，是从国内出版界角度对正式出版物的唯一标识符进行探讨。

4.1.3 中国版权中心“基于 DOI 的版权保护研究”项目

针对目前国内数字资源出版、交易和流通有许多侵权的行为，从版权保护的角度出发，试图探讨正式出版数字作品权益归属的明确描述问题。

4.1.4 “建立中国数字对象标识体系的研究与应用”项目

该项目是科技部国际科技合作项目，其研究对象即是万方注册的中文 DOI 系统。在中文 DOI 的基础上，研究使用权益描述语言（Rights Expressing Languang，简称 REL）实现基于 DOI 的互操作性 DRM 体系，以期扩大万方 DOI 系统的应用。

4.1.5 教育部科技发展中心“网络出版科技论文的 DOI 标识”专项系列课题

在修订现行参考文献规范（GB7714—2005）基础上，为网络发表科技论文开发设计了参考文献模版，该模版中将唯一标识符作为参考文献单独著录字段。另一项目在此基础上开发设计了参考文献模版，有利于加速国内网络发表论文的中文唯一标识符在参考文献中的标引工作的推广与普及。

综上，国内研究者认为不仅应考察美欧等国家的 DOIs，也应考查其他非英语国家和地区的唯一标识符方案。国内探索者们开辟了 3 条不同的道路：①跟随美欧 DOIs 的步伐，全国的数字资源都在中文 DOI 系统上进行标识和解析，如万方的中文 DOI 注册中心；②基于 Handle System 的底层解析架构，自主开发中文数字资源唯一标识符系统，通过租用 Handle System 解析系统实现解析；③自主开发中文数字资源唯一标识符系统，自主开发中国自己的解析系统实现国内资源的解析与定位，当需要与国外资源实现解析时，国内的解析系统与 Handle System 对话，完成与国外资源有关的解析[2]。根据什么原则、如何建立，则需要考察各个系统的优劣及存在的问题，探索可行性是必不可少的过程。

4.2 国内建立基于内容的 CCId 规范可行性

4.2.1 大量研究成果为 CCId 规范建立提供了理论保证

考虑到 DOIs 在中国的推广应用还面临着一些问题，诸如费用高、信息安全等因素，许多国内研究者认为：中文数字对象唯一标识符系统的建立与发展迫在眉睫，自主开发中文数字对象唯一标识符是一条康庄大道。同时，业界研究者的研究为国内自主建立唯一标识符系统提供了基础，大量研究成果可以用作系统建立时的参考。

4.2.2 CCId 规范站在国家层面，推行困难问题可以得到有效解决

现行国内万方 DOI 平台在美国 IDF 注册成为国内 DOIs 代理机构，当然也存在上述诸如费用高、信息安全问题，且这种模式推行难，更要紧的是整个国家信息战略可能被其牵制。但如果在国家层面建立 CCId 技术方案，则上述诸问题均可以解决。国家层面的 CCId 平台下，国内各大数据库商，各大 OA 平台、机构知识库等，处于同一层面，有利于公平竞争，在国家层面制定相应政策即可顺利推行。首先，在参考文献中加入 CCId 码，原文获取即可解决；原文解析位次

按出版商意志或其他方案（如注册时间、注册元数据质量等）决定；国内各大数据库商、各大OA平台、机构知识库的注册、组织与管理更加顺畅；国家层面数字资源长期保存战略问题迎刃而解；国家层面为国内数字资源建立了“身份证”，是促进国内版权作品合法分发、信息监管与有效支付平台的一项必备的基础建设[2]。

4.2.3 CCId规范下费用问题可以得到有效控制与解决

CCId规范自主开发中文数字资源唯一标识符系统，自主开发国内的解析系统[2]。这种模式下解析费用分为两部分：国内部分参考文献基于国内解析系统解析，不存在交给国外的费用；如果需要解析到国外资源时，则通过国内解析系统与Handle System解析系统对话，国外参考文献的原文定位可以基于Handle System解析，这种情形国内真正要解析的数量并不大，如果按一个机构算的话，一定的解析数量内，其每年注册前缀费用只有50美元。即使超过规定解析量时，这种模式下平均单条解析费用比向IDF注册交费模式下少得多，且不存在再给IDF缴各种其他费用的问题[3,8]。

4.2.4 CCId规范下国家信息战略高度问题可以得到有效解决

项目组站在国家层面研究和思考问题，提出自主设计解析系统，自主设计CCId方案。当单纯国内解析时与国外Handle System解析系统及DOIs没关系，国家层面各种信息操控方便，不会出现受制于人的局面。当需要解析到国外数字内容时，国内解析系统与Handle System解析系统对话，此时CCId规范的高度与DOIs、日本cIDF、中国台湾地区LIPS-DOIs处于同一层次，也会比现行的方案具有主动权。如图1所示：

5 结 论

笔者总结国内研究人员的研究成果，并通过认真严谨的思考，认为：我国建立数字对象唯一标识符系统的原则应有如下两条：①适合中国国情，不生搬硬套；②以最小的建设成本获得最大的应用

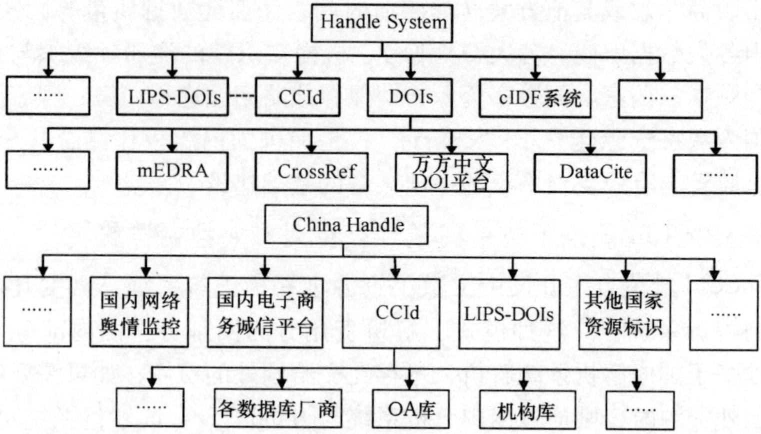

图1 国内自主设计解析系统 China Handle 示意

效果[2]。

根据我国国情，并借鉴 DOIs、cIDF、LIPS-DOIs 的成功经验，笔者及项目组认为应采用第3种方案，即：自主开发解析系统，自主建立基于内容的中文数字对象唯一标识符（CCId）规范。这种方案下，如果解析只需在国内完成，则不存在给国外交费问题；如果需要解析到国外内容，则国内解析系统与 Handle System 对话，只需交费给 Handle System，不需向 IDF 缴各种费用。

参考文献

[1] 刘丽斌,任瑞娟,董伟. 数字对象标识符系统在数字版权保护中的应用研究. 情报理论与实践,2009,32(10):60-63.

[2] 任瑞娟,刘丽斌,濮德敏,等. 中文 DOI 路在何方？——从参考文献著录与 DOI 的关系探讨中文数字对象唯一标识符的发展方向. 中国图书馆学报,2010,36(2):115-121.

[3] Doi. org. Registration Agencies. September 2009(15)[2010-01-05]. http://www. doi. org/registration_agencies. html.

[4] NISO. ANSI/NISO Z39. 84 – syntax for the digital object identifier. Maryland: The National Information Standards Organization, 2005:1 –3.
[5] 毛军,倪金松. 中国数字资源唯一标识符发展战略,CDLS – S06 –005. 北京:"我国数字图书馆标准规范建设"课题组,2005:13 –15.
[6] Content ID Forum (cIDf). cIDf Specification 2.0. [2010 – 01 – 05]. http://www.npo – ba. org/cid/cIDfSpecV2R11E. pdf.
[7] Chen K H. Integrated searching in Taiwan: The LIPS – DOI experiment. Online Information Review, 2007,31(2):148 – 165.
[8] 钱建立,吴广茂. DOI 对网络出版格局的影响. 编辑学报,2008,20(5):431 –433.
[9] 钟勇,秦小麟,刘凤玉. ODRL 权利描述语言逻辑实施机制研究. 计算机科学 2009,36(4):133 – 139,178.
[10] 劳腾伯格. 德国电子出版业当前总体趋势及未来的发展. 安欣,译. 出版科学,2009(1):17 –21.
[11] 陈少华. 数字出版将迎来新一轮发展浪潮——2008 我国数字出版发展现状及阶段性特征分析. 出版广角,2008(12):11 –16.
[12] 陈少华,余俊峰. 2008 亚洲数字出版的发展概况及趋势. 出版广角,2009(4):18 –22.
[13] 陈少华. 2008 北美数字出版的发展概况及趋势. 出版广角,2009(4):23 –27.
[14] 任瑞娟,孙玲玲,赵然. DOI 在电子商务诚信机制建设中的应用研究. 情报杂志,2010(2):135 – 138.
[15] 任瑞娟,孙玲玲,赵然,等. DOI 在网络信息管理中的应用价值分析. 情报科学,2010(8):1143 – 1146.

作者简介

任瑞娟，女，1970 年生，研究馆员，部主任，硕士生导师，发表论文 20 篇。

水　佳，男，1976 年生，馆员，发表论文 5 篇。

濮德敏，女，1968 年生，副研究馆员，发表论文 10 篇。

刘丽斌，男，1981 年生，馆员，硕士研究生，发表论文 12 篇。